凯里学院“光辉照耀苗乡侗寨：中国共产党民族政策在黔东南的实践（凯里市篇）”专项课题（项目号：GHZYMXDZ0002）结题成果

黔东南州民族团结进步研究会 资助出版

黔东南山乡巨变

凯里市篇

田维扬 编著

民族出版社

图书在版编目（CIP）数据

黔东南山乡巨变 . 凯里市篇 / 李斌主编 ; 田维扬编著 . -- 北京 : 民族出版社 , 2023.9

ISBN 978-7-105-17083-8

Ⅰ . ①黔… Ⅱ . ①李… ②田… Ⅲ . ①社会主义建设成就—凯里 Ⅳ . ① D619.732

中国国家版本馆 CIP 数据核字 (2023) 第 188713 号

黔东南山乡巨变 · 凯里市篇
QIANDONGNAN SHANXIANG JUBIAN KAILISHIPIAN

编　　著：田维扬
策划编辑：张义军
责任编辑：马少楠
出版发行：民族出版社
网　　址：http://www.mzpub.com
地　　址：北京市和平里北街 14 号
邮　　编：100013
印　　刷：北京盛通印刷股份有限公司
版　　次：2023 年 11 月第 1 版
印　　次：2023 年 11 月第 1 次印刷
开　　本：787 毫米 × 1092 毫米　1/16
印　　张：16.25
字　　数：280 千字
书　　号：ISBN 978-7-105-17083-8 / D · 3428 (汉 552)
定　　价：54.00 元

中共凯里小组革命活动旧址（中共黔东南州委党史研究室 / 供图）

20 世纪 80 年代的凯里大十字（黔东南州档案馆 / 供图）

1960 年、1980 年、2010 年的凯里大十字变化（黔东南州档案馆 / 供图）

新中国 70 年华诞，凯里从一个小小的山城，变成现代化城市（禹俊涛 / 摄）

新中国 70 年华诞，凯里发生翻天覆地变化（苏志平 / 摄）

2015 年 12 月 24 日凯雷高速建成通车，全州实现县县通高速（黔东南州交通局 / 供图）

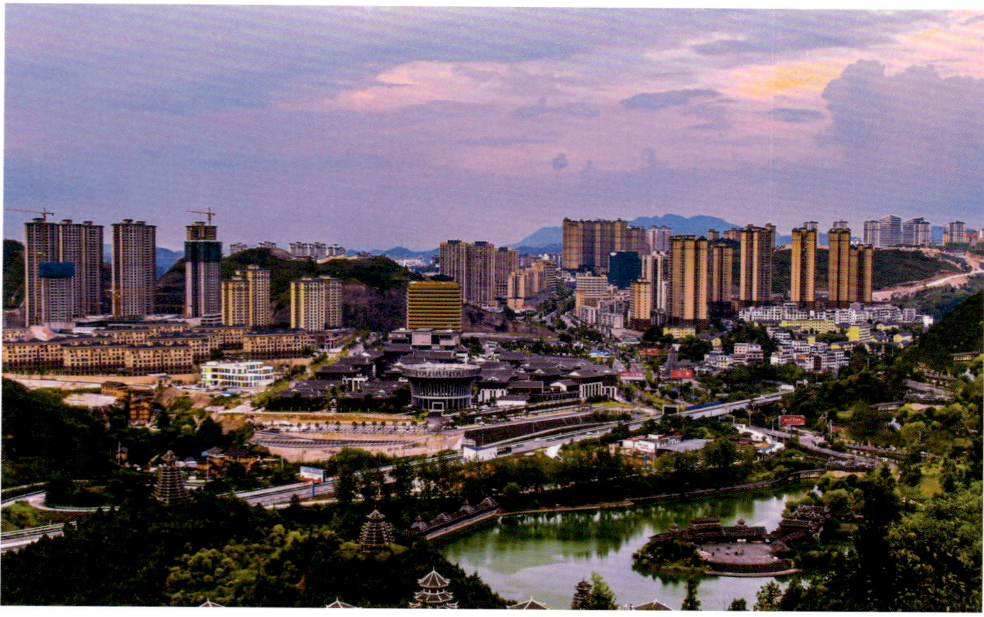

奋进中的凯里（凯里市人民政府办公室 / 供图）

扶持人口较少民族仫佬族村寨发展——凯里市大风洞镇下寨村（黔东南州民宗委／供图）

贵州医科大第二附属医院（凯里418医院）新大楼（黔东南州卫健局／供图）

贵州中科汉天下有限公司（黔东南州创建办 / 供图）

凯里互联网众创产业园（黔东南州创建办 / 供图）

凯里黄平机场试飞（黔东南州创建办 / 供图）

凯里经济开发区（黔东南高新区管委会办公室 / 供图）

凯里九黎苗妹非遗博物馆（黔东南州创建办 / 供图）

凯里炉碧工业园（凯里市人民政府办公室 / 供图）

凯里市国贸购物中心（凯里市人民政府办公室／供图）

凯里万潮苗侗百草产业园（凯里市人民政府办公室／供图）

乡村公路（凯里市交通局／供图）

新型农业——云谷田园（蒋小丹／摄）

新一天生活的开始（曾健生/摄）

幸福和谐家园（李建学/摄）

原生态民族文化节（凯里市委宣传部／供图）

《黔东南山乡巨变》丛书编委会

总 序

中国是一个统一的多民族国家，在漫长的历史长河中，各民族密切交往、相互依存、交流融合、休戚与共，形成了中华民族多元一体格局，“辽阔的疆域是各民族共同开拓的”“悠久的历史是各民族共同书写的”“灿烂的文化是各民族共同创造的”“伟大的精神是各民族共同培育的”“一部中国史，就是一部各民族交融汇聚成多元一体中华民族的历史，就是各民族共同缔造、发展、巩固统一的伟大祖国的历史”。[①] 各民族共同推动了国家的繁荣发展和社会进步。

中国共产党历来十分重视民族和民族地区工作，在不同的历史时期，把马克思列宁主义的民族理论与中国的实际相结合，制定了一系列符合中国实际的民族工作路线、方针、政策，对发展各民族经济，繁荣各民族文化，起了十分重要的作用，是我们战胜各种困难和风险，推动建设有中国特色社会主义事业不断前进的重要保证。

党的十八大以来，以习近平同志为核心的党中央紧紧围绕坚持和发展中国特色社会主义，着眼于民族团结和繁荣发展两大主题，始终坚持人民利益至上的原则，高举民族团结伟大旗帜，把人民的根本利益作为党和国家一切工作的根本出发点和归宿。坚持和完善民族区域自治制度，做到统一和自治相结合、民族因素和区域因素相结合；坚持促进各民族交往交流交融，不断铸牢中华民族共同体意识；坚持加快少数民族和民族地区发展，不断满足各族群众对美好生活的向往。

黔东南苗族侗族自治州成立于 1956 年 7 月 23 日，现下辖凯里市和麻江、丹寨、黄平、施秉、镇远、岑巩、三穗、天柱、锦屏、黎平、从江、榕江、雷山、台江、剑河 15 个县，是一个苗、侗、汉等多民族聚居区，2020 年末常住人口

① 习近平：《在全国民族团结进步表彰大会上的讲话》，见国家民族事务委员会编：《铸牢中华民族共同体意识——全国民族团结进步表彰大会精神辅导读本》，4–6 页，北京，民族出版社，2021。

376.03万人，户籍人口488.65万人，少数民族人口占总户籍人口的81.7%，其中苗族人口占43.4%，侗族人口占30.5%。[①]人口在万人以上的有水族、布依族、土家族、畲族、壮族、仡佬族、瑶族等世居少数民族。中华人民共和国成立70多年以来，黔东南苗族侗族自治州各族人民在中国共产党领导下，认真贯彻执行党的各项民族政策，各民族交往交流交融日益加深，像石榴籽一样紧紧抱在一起，和衷共济，和睦相处，和谐发展。2019年12月，黔东南州成功创建“全国民族团结进步示范州”，经济、教育、文化、交通等各项事业取得了长足的进步和令人瞩目的成就，经济实力大幅跃升，生活水平极大改善，民族文化繁荣发展，黔东南州实现了历史性跨越。据《黔东南年鉴》统计数据，1949年，黔东南州地区生产总值仅有6288万元；1955年突破亿元，达到10436万元；1978年达到56026万元；1984年突破10亿元，达到10.49万元；2003年突破100亿元，达到1130771万元；2012年达到4957500万元；2018年突破千亿元，达到1036.62亿元。城镇居民、农村居民可支配收入从1950年的115元、33元，到1978年分别增加到220元、106元，到2008年分别增加到11616元、2452元，到2018年分别增加到30130元、9227元。地方财政收入1952年时仅有1275万元，到1978年达到4284万元，2000年达到48192万元，2008年达到137382万元，2018年达到663781万元。[②]2020年，黔东南苗族侗族自治州各族人民在中国共产党的坚强领导下，打赢脱贫攻坚战，彻底撕掉千百年来的绝对贫困标签，与全国人民一道迈入全面小康。

凯里学院源于1958年创办的黔东南大学，校名几经更迭变迁，2006年2月经教育部批准升格为普通本科院校。作为黔东南州的最高学府，凯里学院始终坚持“三性一型”（地方性、民族性、师范性，应用型）的办学定位，充分发挥高校“社会服务”“文化传承创新”等基本职能，理应在黔东南地方经济社会发展和文化建设中贡献智慧和力量，有责任、有义务把中国共产党领导全州各族人民取得的历史性成就呈现出来。作为地方本科高校，凯里学院不仅在人才培养、科学研究上与地方接轨，而且在社会服务、文化传承创新上也与地方积极配合，发

① 黔东南州统计局、国家统计局黔东南调查队：《黔东南统计年鉴（2020）》（内部资料），7页。

② 黔东南州统计局、国家统计局黔东南调查队：《黔东南统计年鉴2018》（内部资料），403–405页、414–416页、402页。

挥人才高地的作用。黔东南州民族文化浓郁，是国家级民族文化生态保护区，享有“生态之州”“歌舞之州”“人文之州”“百节之乡”“民间手工艺之乡”“苗族侗族文化遗产保存核心地”“迷人的民族文化生态博物馆”等诸多美誉。基于此，学校在专业、学科设置上，主动融入地方经济社会。2013 年人类学（二级学科）被遴选为贵州省重点支持学科，2017 年民族学（一级学科）被批准为贵州省重点学科，2018 年民族学（一级学科）被遴选为贵州省区域内一流建设培育学科。2014 年民族学本科专业开始招生，2022 年非物质文化遗产本科专业获批。根据贵州省级重点学科和贵州省区域内一流学科建设需要，结合黔东南州实际，学校决定出版《黔东南山乡巨变》丛书。丛书之所以用“山乡”命名，是因为它符合黔东南州地形地貌特点，全州地处云贵高原向湘桂丘陵盆地过渡地带，州境总体地势北、西、南三面高而东部低，中部雷公山区和南部月亮山为中山地带，西部和西北部为丘陵状低中山区，东部和东南部为低中山、低山、丘陵、盆地，境内大部分地区海拔 500—1000 米，是典型的山乡。丛书作者由凯里学院、黔东南州委党史研究室、黔东南州民族研究所等单位的专家学者构成。丛书共计 17 部，对全州及 16 个县市逐一进行介绍。丛书内容除历史底蕴和文化渊源部分外，其余部分的数据资料选取时间起于中华人民共和国成立，止于 2018—2020 年。丛书全面展示中华人民共和国成立后 70 多年黔东南州各族人民在中国共产党领导下，政治、经济、文化、教育、交通以及在脱贫攻坚等各个领域所取得的历史性成就，发生的历史性变革。丛书的出版，不仅总结了在中国共产党领导下黔东南州各民族取得的伟大成就，而且有利于增强文化认同、坚定文化自信，为铸牢中华民族共同体意识提供黔东南经验。

当然，我们也意识到，丛书主要是记录黔东南州经济社会发展的各个方面，内容的广度和深度以及理论上的研究还有待提高，学术性有待进一步加强，加之编著者的水平有差异，不足和疏漏在所难免。敬请各位读者海涵指正。

李 斌

2021 年 3 月

前言

“凯里”是苗语的译音，意思是新开垦的充满希望的土地。

凯里市位于贵州省东南部，地处云贵高原向中部丘陵过渡地带的苗岭山麓，清水江畔，是黔东南苗族侗族自治州州府所在地，全州政治、经济、文化的中心。是国家发改委规划建设的现代化黔桂湘三省交界中心城市和贵州省实施全方位带动战略的前沿城市，是黔中经济区重要组成部分，是一个多民族聚居的新兴城市。

在党的民族政策的光辉照耀下，特别是第四次中央民族工作会议以来，在州委、州政府的坚强领导下，凯里市委、市政府坚持以习近平新时代中国特色社会主义思想为指导，深入贯彻落实习近平总书记关于民族工作的重要论述和对贵州工作的系列重要指示精神，坚持以脱贫攻坚统揽经济社会发展全局，围绕铸牢中华民族共同体意识这一主线，团结带领各族人民像石榴籽一样紧紧抱在一起，踏着改革开放的鼓点，励精图治，阔步前进，创造了一个又一个辉煌，展开了一幅又一幅壮美画卷。

党的十八大以来，凯里市先后荣获“全国民族团结进步创建活动示范市”“全国文明城市”“中国优秀旅游城市”“国家卫生城市”“国家环保模范城市”“全国科技进步先进市”“全国十佳生态文明城市”“中国最美生态文化旅游城市”“中国十佳风貌城市”“中国特色风情旅游城市”“中国最具幸福感城市”“魅力生态典范城市”“中国优秀民族建筑之乡”“中国苗侗医药养生之乡”“中国酸汤美食之都”“全国人文生态旅游基地”“中国绿水青山生态强县”“2018 中国扶贫榜样优秀案例——十佳精准扶贫创新城市”“2018 中国区域营商环境榜——十佳最具投资营商价值城市”“2018 美丽中国——生态城市与美丽乡村”等光荣称号，成功纳入“国家智慧城市”“国家知识产权城市”试点，是省委、省政府划定的革命老区。2020年党的十九届五中全会通过的《中共中央关于制定国民经济和社会发展第十四个五年规划和二〇三五年远景目标的建议》，对铸牢中华民族共同体意识进行了战略性部署，充分体现了党中央对民族工作的高度重视，对民族问题发展规律的准确把握，为凯里以铸牢中华民族共同体意识为主线做好新时代民族工作，指明了方向、提供了遵循。如今的凯里，呈现出脱贫攻坚决战决胜、民生福祉持续改善、民族文化繁荣发展、社会事业全面进步、团结进步深入人心、综合实力大幅提升，为平等、团结、互助、和谐的社会主义民族大家庭的巩固和发展献上一份力。

目 录

第一章　书写悠久历史　创造灿烂文化

凯里市自古以来为少数民族聚居区域，春秋战国时期，属荆州（今湖北省地）西南裔，非周王朝职方的南蛮牂牁国地。牂牁国衰裂，其地被兴起的南越、夜郎国占领，国君及其民族受贬，迫居且兰（今福泉县地）小邑，以且兰为国号，就近接受夜郎国的统管，成为小邦。今市境属且兰地。

秦统一全国后，对各区域进行划置，实行郡、县制。秦始皇三十三年（前214）置象郡，设且兰县而属象郡且兰县地。

汉承秦制，继续推行郡、县制，并在郡上设州，地方机构形成州、郡、县三级。汉以且兰为郡邑，新设牂牁郡，凯里市地处牂牁郡且兰县南境，三国两晋时期属益州所领的牂牁且兰县地。

南北朝改牂牁为南牂牁，隶宁州，凯里市属牂牁且兰县。

隋重新调整行政区划，改郡为州，又改州为郡，州郡同级，下辖县，中期改牂牁为牂州，改且兰县为宾化县，凯里市境为牂州（牂牁郡）宾化县地。

唐代仍以州或郡辖县，并在州（郡）上设都督府，府上设道，凯里市境属黔中道黔中都督府牂州（后改柯州、羁縻州）所领的新兴、宾化二县地。

宋改道为路，路下设府、州、军、监、县，因北有大敌，对西南少数民族采取羁縻政策，以求相安无事，凯里市地，名义上属夔州路绍庆府下的羁縻州，实为瓯脱之地。

元代设行中书省，简称行省，省下设路、府、州、县，同时对原羁縻和存在着少数民族建立的地方政权，推行土司制度。上司地区以当地土人做官，世代承袭，并根据土司所管的地方大小、人口多寡、力量强弱、地位高低，分别授予宣慰司、宣抚司、安抚司、长官司或蛮夷长官司等名号，作为地方一级行政机构设置，接受中央统辖。凯里市境设有凯里安抚司、臻洞长官司（今九寨乡金洞司）、恭焦溪蛮夷军民长官司（今舟溪）。各行政区划与少数民族政权范围犬齿交错，今炉山区全部和万潮区西半部属麻峡县（今麻江县）地，县上隶定远府；今凯里城区、凯里区、旁海区全境和万潮区龙场一带为土司管辖，上隶播州（今遵义市境），播州上属湖广行省，后改隶四川行省。

明初承袭元建置，后调整行省为布政使司。布政使司下设府、军民府，府下设州、县。在土司地区先维护土司制度，后实行土流并治，军政分管政策。明洪武十四年（1381）置清平堡（今五里桥附近），二十二年（1389）升为长官司，隶平越卫（今福泉），二十二年六月初四（1389年7月16日）置清平卫于司北（今清平城），清平长官司改隶清平卫。明成化十三年（1477）将四川布政使司所属播州的凯里安抚司改设安宁抚司。弘治七年五月二十七日（1494年6月23日）改清平长官司为清平县，县与卫同驻清平城，上隶麻哈州（今麻江县），不久改属独山州，后隶都匀府，府隶贵州布政使司。嘉靖元年（1522）改安宁宣抚司为凯里安抚司，八年二月二十八日（1529年4月6日）凯里安抚司由四川布政使司改隶贵州布政使司入清平卫。万历三十五年（1607）降凯里安抚司为凯里长官司。

清朝对疆界作了大调整，增设地方机构，改变明代府、州、县与卫、所分治局面，对土司地区实行改土归流。康熙七年七月初二（1668年8月9日）令将清平县废除，并入麻哈州；十年十二月初一（1671年12月31日）复置清平县，省清平卫入县，并拨清平卫属的凯里长官司和新添卫（今贵定）属的丹行长官司来归；四十五年十月二十日（1706年2月3日）将凯里长官司革除，其民政、粮赋等事归清平县流官管理。雍正十年（1732）开辟苗疆，进一步改土归流，设凯里卫，领十三屯堡军，隶丹江厅；十二年（1734）添设清平县丞一员分驻凯里，称凯里县丞：十三年（1735）给“镇苗有功”者分设岩头司（土千总）、洛榜司（土把总），隶凯里县丞。乾隆元年（1736）调整原凯里卫领的十三屯堡为乐土堡（今平乐）、怀恩堡、乐郊堡（今平乐乡平寨）、悦来堡、惠泽堡、济川堡（今挂丁）、威远堡（今台江县排羊）、永宁堡（今地午）、乐登堡（今龙场）、临江堡（今旁海）、怀远堡（今旁海镇大堡）、乐安堡（今湾水乡乐安）等12个堡军；二年（1737）以镇远县属的臻洞司（今金洞司）划归凯里县丞；三年（1738）划丹江厅领的千箱堡（今舟溪）归凯里县丞。至此，凯里县丞辖境共设13堡军和3个土司（俗称凯里三司）。乾隆初，清平县下分永清里、太平里、凯里里等三里，分管三片屯堡或村寨。同治十二年（1873），以张秀眉为首的苗族起义军被镇压后，清平县设若干乡，乡之下设团，团设团首，联合若干团为总团，设总团首以董其事。团下置甲、牌，分设甲首、牌长，牌管屯堡、寨。宣统三年（辛亥年）八月初十（1911 年 10 月 10 日）辛亥革命爆发，九月十四日（11 月 4 日）贵州宣告独立，对清廷在贵州所设的巡抚和布政司、按察司、都司均以废除，但对府、州、厅、县的行政设置全予保留，清平县名和地域沿旧。

民国二年（1913）清平县改为炉山县。1949 年 11 月炉山县获得解放，中共炉山县委、县人民政府同时宣告成立。1958 年 12 月 29 日，炉山县、麻江县、雷山县、丹寨县合并为凯里县，1961 年 8 月 4 日县相继分置，炉山县仍为凯里县，1983 年 8 月 19 日，国务院批准撤销凯里县，设为凯里市。1984 年 1 月，凯里市成立。市政府驻北京东路。

第一节 多民族聚居的共同家园

凯里被誉为“苗侗明珠”，是中华民族大家庭的一朵亮丽的奇葩，全市辖三棵树、凯棠、舟溪、下司、碧波、万潮、龙场、炉山、大风洞、旁海、湾水 11 个镇和洗马河、开怀、大十字、鸭塘、城西、西门、湾溪、白果井 8 个街道办事处，辖区面积 1571 平方公里，城区规划面积 792 平方公里，建成区面积 70.69 平方公里。2020 年末户籍人口为 58.48 万人，聚居住着苗、汉、侗、仫佬、畲、布依、水、彝、壮、瑶、回、蒙古、藏、维吾尔、朝鲜、满、白、土家、哈尼、傣、黎、傈僳、佤、高山、拉祜、东乡、纳西、景颇、土、羌、毛南、仡佬、锡伯、怒、俄罗斯、京、基诺族等 37 个民族，少数民族人口为 48.01 万人，占全市户籍人口的 82.09%，其中苗族人口 38.32 万人，占 65.53%，侗族人口 3.72 万人，占 6.36%，汉族人口 10.47 万人，占 17.91%。

在长期的历史进程中，各族群众共同开发建设凯里，共同创造了凯里博大精深的历史和文化，凝结成以讲仁爱、重民本、守诚信、崇正义、尚和合、求大同等价值观念为内核的民族精神，形成这些价值观念的活化石、原生态往往在乡村，乡村的村庄布局、建筑形态，乡村的农事活动、民间艺术，乡村的家庭生活、民俗活动，随处可见中华民族的哲学思考、思想智慧、精神追求、人生态度。以“和谐”为核心价值的原生态民族文化绚丽多姿、体系完备、保存完好，以苗族和侗族的文化为代表的“非物质文化遗产”种类齐全、形式多样、丰富多彩。

在城镇化快速发展的今天，这些优秀的传统文化不但没有过时，而且有必要进行深入发掘、梳理和提炼，积极探寻民族文化与社会主义核心价值观的契合点，对其中所蕴含的体现中华文化传统美德的思想进行改造、吸收和利用，把“跨越时空、超越国度、富有永恒魅力、具有当代价值的文化精神弘扬起来”①，对于解决当今人类面临的发展难题、社会问题、精神困惑，有着不可替代的重要作用。

第二节　多元交融的民族文化

凯里是一个多民族家园，民族民间文化蔚为大观。其自然景观得天独厚，民族风情古朴浓郁，素有“百节之乡”“芦笙故乡”“东方斗牛之乡”的美称，民族传统节日多达135个，有古朴浓郁的民族风情、异彩纷呈的苗族服饰、悦耳动听的苗族飞歌、奔放悠扬的芦笙，更有精彩的斗牛、斗鸟等民族民间竞技活动，挑花、刺绣、银饰等民族工艺也堪称一绝。此外，凯里还有以“酸”为主的系列特色美食，以及独特的苗侗风味菜系。截至2020年，凯里有国家4A级景区1个，3A级景区3个；其中有被誉为“小上海”的下司古镇，有“世界上最长最宽”的清水江风雨桥，还有“一园阅尽黔东南”的苗侗风情园，雄伟的“黔阳第一山”香炉山，有全省农文旅一体化发展典范的云谷田园。凯里被联合国世界文化保护基金会列为“返璞归真、重返自然”世界十大旅游景区和“世界少数民族文化保护圈”，处处彰显了人与自然和谐成趣的人文景观。

① 习近平：《习近平谈治国理政》，161页，北京，外文出版社，2014。

一、苗族文化

苗族远祖发祥于黄河流域以及长江流域的部分地区以蚩尤为首的“九黎”集团，“逐鹿”之战后，流徙于黄河以南、长江以北地带，逐步定居长江中下游的洞庭、鄱阳诸湖和汶山、衡山一带。夏禹部落联盟大败“三苗”于“三危”，一部分苗族先民西迁，一部分入洞庭、鄱阳两湖以南的江西、湖南崇山峻岭中，被称为“南蛮”集团。战国时期，苗族先民被迫西徙入武陵山区，逐步形成了以武陵山区为中心的民族统一体——苗族。东汉以后，由于朝廷不断派兵进剿，迫使一部分苗族南下广西融水，沿都柳江而上至榕江。在榕江定居一段时间后，又向雷山、剑河、台江、丹寨、凯里、黄平、麻江、锦屏、天柱一带分散，形成了黔东南苗族的主要群体。至元明时期，苗族地区封建领主经济已经相当发展，1413年，明朝开始实施“改土归流”政策，使黔东南大部分苗族地区的社会经济结构遭到破坏，少部分地区的商品经济得到发展，出现了资本主义的萌芽。

在中华文明序列中，苗族先民曾经处于领先的位置，他们较早发明武器、创制刑法、创立宗教。《尚书》云：“苗民弗用灵，制以刑，惟作五虐曰法……”《周书·吕刑》曰：“蚩尤对苗民制以刑。”《管子·地数篇》云：“蚩尤受金作兵”，“蚩尤受庐山之金，而作五兵”。“蚩尤受葛庐之金而作剑铠矛戟。”《龙鱼河图》载：“蚩尤兄弟八十一人……造五兵：仗、刀、戟、大弩，威振天下。”《史记·高祖本纪》云：“祭蚩尤于沛庭而衅鼓。”“沛公祠黄帝蚩尤于沛庭旗帜皆尚赤。”《汉书·郊祀志》载：“秦代祀东方八神将，三曰兵主祠蚩尤。”现在中国军事博物馆记述“蚩尤造兵器”一事说：传说，蚩尤既聪明又勇敢。他将牛角装在头上，作为兵器使用；为了鼓舞士气，他又用兽皮制成大军鼓，军鼓发出响雷般的声音，曾让黄帝的军队胆战心惊。他制五兵，造九冶，对中国兵器的发展有过重大贡献。人们将蚩尤与天、地、日、月诸神并列，称其为“兵主之神”。王桐龄在《中国民族史》中说：“当时苗族文化相当发达，第一发明刑法，第二发明兵器，第三发明宗教，后来汉族所用之五刑，兵器及甲胄，而信奉之鬼神教，大概皆苗族所创，而汉族因袭者。”①

苗族先民也较早进入了农耕生活。“九黎”群团的先民，在进入中原之前即

① 王桐龄：《中国民族史》，3页，长春，吉林人民出版社，2013。

在长江中下游和淮河流域生活了相当长的历史。人们以血缘结成群体，不但开始栽培水稻等谷类作物，而且开始饲养猪、马、牛、羊、狗、鸡等。日本佐佐木乔主编的《稻作综合研究》曾说："中国稻的真正起源，应当追溯太古时生活于扬子江与黄河之间的苗族所写的历史。"[①] 又如《贵州通志·土民志》所载："夫苗族之在中国，论者谓尚在汉族之先，彼族君长如蚩尤者，明乎天道……实始造兵杖剑矛戟以威天下，其才横绝一代。又如，中国周秦之刑法，亦实始于苗族。由此观之，苗族之开化亦与汉族同时。徒以涿鹿之战后，一蹶而不能复振……以至日渐退化，保残喘于一隅。"作为九黎主体的苗族先民，长期生活在华东、华北平原地带，全心全意在适应天地，驯养动物，辛勤开拓中，不断地发展了自身，发展了生产，制造了先进的生产工具和武器，在中华民族古代璀璨的文化留下了浓重的一笔。

二、侗族文化

凯里境内侗族，系1956年黔东南苗族侗族自治州成立后陆续迁入，主要来自州内的天柱、黎平、从江、榕江、剑河、锦屏、三穗等县。1964年有1308人（当年人口普查数，下同），1982年有4538人，1990年有12967人。分布在凯里城区12597人，占境内侗族总数的97.15%。侗族作为一个有着悠久历史的民族，其族源比较复杂，既有世居民族的基础，也有外来的成分，但侗族来源于"百越"的一支，或说侗族是古代越人的后裔，已成为学界的共识。古代越人主要分布在长江中下游地区和珠江流域，包括今湖南、湖北、江西、江苏、浙江、广东、广西、福建、海南及云南、贵州的一些地区，以及越南社会主义共和国北部。这些古代越人，夏朝称"于越"。商朝称"蛮越"或"南越"。周朝称"扬越"或"荆越"。战国时期称"百越"。据《汉书·地理志》载："自交趾至会稽七八千里，百越杂处，各有种姓。"秦汉时期，在今侗族居住的地区，北部有"黔中蛮""武陵蛮"或"五溪蛮"，南部有"百越之族"。魏晋南北朝时期，这一地区又出现了僚人。这些古代民族中就包含有侗族先民的主要成分。根据汉文文献的记载，大约在唐宋时期，已有侗族自称出现。据杨筑慧编著的《中国侗族》记载，秦汉时期，侗族先民被包括在"黔中蛮""武陵蛮"或"五溪蛮"等

① 佐佐木乔：《稻作综合研究》，13页，北京，农业出版社，1959。

古代民族中；魏晋南北朝至唐，侗族先民则被包括在“僚”“乌浒”等族群中。侗族作为一个单一的民族共同体出现于史乘中，大概是在宋代。这一时期史书中所记载的“仡伶”（keec lanp）、“仡榄”等，是侗族自称“干”或“金”的汉字记侗音的音切。①

侗族先民生产生活以农耕为生，为了积累植物生长知识，为子孙提供广阔的生存空间，固守农耕、守土有责，他们在自己的居住之地修建了鼓楼、围篱、寨门或卡楼，随时防备异族、异村、异寨或猛兽的入侵，其房屋建筑为杉树建造的干栏式木楼，“多依山建寨，以高栏为居”。楼下堆置柴草杂物，关拦牲畜，《寰守记》载：“人栖其上，牛、羊、犬、豕蓄其下。”鼓楼作为侗寨居民商议大事、制定村规民约、调解民事纠纷、击鼓传召村人抵御外辱之地。若有兵匪进犯、偷盗抢劫等重大事件发生，寨老就会敲响鼓楼顶上的牛皮大鼓发出信号。人们听到鼓声，不论在坡上寨上，都会携带武器火速跑到鼓楼集中，听从指挥，整装待发。《平乐县志》载：“楼高数丈，上覆瓦铺板，男歌唱者，夜则缘宿于上，谓之罗汉楼。”以鼓楼为核心，凝聚侗族人民集体智慧和建筑艺术最高成就，不仅与石板路、凉亭、风雨桥、禾架及鱼塘等相互映衬，构成一幅幅静态的具有浓郁特色的侗乡风情画卷，而且与讲款、祭萨、踩歌堂、唱大歌等民俗事象紧密联系，形成了一种亦动亦静的独特的文化模式，为中华优秀传统文化增添了光辉灿烂的篇章。

三、汉族文化

凯里境内汉族自称“客家”，苗族称其为“丢”，多为从军、从政、经商、谋生迁入。元至元年间，浙江宁波府慈溪县金氏被授贵阳安抚司入黔，明洪武初年授平越长官司，后迁清平长官司，定居清平、白腊。洪武初年，江西司氏随军征调凯里，定（分）居清平、白腊、万潮。洪武年间，山东青州府寿光县石氏带兵入黔，世袭总兵，明末定居清平石家坪，清初分居虎庄瓦窑、挂丁大营、平乐台石、湾水鱼良，住鱼良的融入苗族，其余沿汉族。洪武八年（1375），江南华亭县（今上海松江县）顾成领兵入黔，其后裔顾明、顾良相于弘治年间先后任香

① 转引自张民：《侗史研究》，见罗廷华、王胜先：《侗族历史文化习俗》，35页，贵阳，贵州人民出版社，1989。

炉山千户所指挥，定居境内，分居虎庄、凯里、鸭塘、开怀、凯棠等处，除住开怀、凯棠的融入苗族外，其余沿汉族。明洪武十四年（1381），徐氏自江苏江宁府入黔，镇抚平越，分抚大坪（炉坪），分居盐井、洪水塘、万潮、舟溪，其中舟溪支部分融入苗族，其余沿汉族。明洪武十六年（1383），浙江绍兴孙氏被授三江（今格河三江）百户，屯田世袭，告老就地定居，分居清平、大田。洪武二十五年（1392），江苏如皋孙氏自南京神策卫调龙里卫总旗，后住清平。洪武十六年（1383），丁氏自右江（江西）入黔，定、分居清平、石家坪。

清康熙年间，福建漳州府龙溪县（今龙海县）蔡丘村吴氏经商入黔，寄居平越鸡场（今福泉凤山）小高堡马路口，后迁万潮定居。明洪武年间，湖南宝庆府襄阳县余氏随军入黔，清雍正年间定居舟溪。明洪武年间，浙江王氏带兵入黔，后定居香炉山塘房，分居舟溪、凯里。同期，江西吉安府永丰县王氏入黔，清雍正年间定居乐土堡（今平乐）。清雍正年间，山西太原王氏定居旁海。明洪武年间，浙江处州府青田县刘氏南征入黔，清雍正年间，定居济川堡（今挂丁）。明嘉靖十二年（1533），浙江绍兴府陈氏带兵入黔，辗转兴隆、都匀、新添，后驻守香炉山，定居清平，分居大坝、大堡、新庄、芭茅冲、舟溪、凯里。明洪武年间，江西南昌府丰城县蒋氏南征入黔，其后裔蒋亮九定居清平，分居平路河、大塘、团坡、凯里、翁牙。同期，江西唐氏南征入黔，定居洛邦，后迁尝郎屯上，清咸同年间，因战争伤亡，仅存1人迁凯里城，现有10余户。庐江郡何氏辗转江西、贵州谋生，清末定居龙场，后迁大山林，再迁凯里城，迄今共6代。清雍正年间，改土归流，安屯设堡，大批汉族军户入境定居。清咸同年间苗族起义失败后，各屯堡又增补大批军户。现住各屯堡的汉族，多数为其后裔。

新中国成立初期，山东、江西等省籍的数十名汉族军人、干部陆续到凯里境内工作。1958年，州府迁驻凯里，大批干部职工迁入。20世纪60年代中期开展三线建设，又有大批干部职工迁入。中共十一届三中全会后，实行改革开放，进入凯里的人员急剧增加，多数为汉族。

汉族服饰，在清代，男留长发，着青或蓝布右大襟长衫，或着长衫外罩马褂，下着大裆宽脚抄腰裤，头戴顶缀红珠小帽，或盘发辫于头顶；女装为青蓝布右大襟短褂，宽脚抄腰裤。民国时期，男装逐步改为对襟布纽扣衣，或着中山装、长袍大褂、西装；女装为右大襟便装，部分改着旗袍。解放后，男女服饰逐步时尚化。

家庭结构一般三代或两代同堂，沿袭父系家长制。解放后，提倡男女平等，家务逐渐由父母共同执掌，共同承担侍奉老人和抚养子女的义务。

传统住房一般为 4 排 3 间木房，中间为堂屋，两侧为火堂、宿舍、厨房。富裕人家，院坝两侧建对厅厢房，有的在厢房前建门楼。堂屋上装天花板，中间悬挂斗篷灯，地面一般为"三合土"，神龛前摆大桌，陈设茶具等物品。大门两侧有窗棂，喜以木料雕成的花卉、飞禽作支架和窗心。大门前一般设附门（么门），厅口上悬挂红灯笼。厢房楼上一般作书斋、客房，楼下一般为厨房、厕所、畜圈。汉族商品意识较强，因此居住场镇、街道的人家，房前一般设柜台以开门市，经营商品。

婚姻实行一夫一妻制。解放前为包办婚姻，绝大多数为媒妁婚，个别为"姑舅表婚"（舅家的儿子有选择姑妈家的女儿为妻的优先权）和"姨表婚"（姨表兄弟姐妹之间开亲）。解放后逐步实行自由婚姻。夫可续弦，寡妇可再嫁，兄终弟可承，姐去妹可继。汉族婚姻习俗，古时有下定、受聘、铺床、花轿、退马车、头朝、二朝、三朝等繁琐的礼仪礼规。"下定"，民国时期称"讨八字"。婚事经媒人说合后，男女双方即请八字先生为其开庚帖，请媒人传递交换。下定后，男家随即将装有新娘衣物的三五架或七八架"盒"（箱子）送到女家，女家接收后即协商婚期，此称"受聘"。受聘次日，女家也以同样数量的盒盛装新郎衣物送到男家，古称"铺床"。旧时举行婚礼，不管家境贫富与路途远近，新娘都要坐花轿。娶亲吉日，由男家资请花轿、唢呐到女家。当晚出嫁女哭嫁，颂扬父母养育之恩及兄弟姐妹手足之情。次日黎明出阁，由兄或弟背出上轿。到男家由新郎挽着进屋拜堂。新娘下轿后，由巫师（道士）对轿门念咒，杀鸡辟邪，称退喜神（古称退马车）。当天喝喜酒（花烛酒），入夜闹新房，古称"头朝"。次日办正酒，宴请新郎的岳父、舅父、内兄内弟及叔伯兄弟宾客，此称"二朝"。三朝举行"拜朝"，由新郎、新娘向送礼的亲友逐一叩首。三朝后新郎陪新娘回门（回娘家），数日后由小姨陪伴回夫家。

在丧葬上，实行木棺土葬。老人临终，子女在旁守护。给死者沐浴穿衣后停尸于堂屋中央。灵堂前拉帷布，帷布正中置"奠"字，两侧贴挽联。入殓前先垫白皮纸，再按孝男孝女长幼顺序垫其葬单在白纸上。送亡人入棺后，孝男孝媳等跪于亡人柩前叩首。穿孝服孝鞋，披孝帕。第二天举行祭奠，先家祭，后客祭。女婿以猪羊祭，穿孝服，侄女婿以猪羊祭或碗祭，头腰包系孝布，一般祭奠者包头孝。请道士深夜为亡人开路、散花、解结。第三天出殡。由道士发丧。送葬队伍依次为望山旗、唢呐、拄丧棍的孝子、灵柩。灵柩两侧各拴一匹白布，由至亲及送丧男女拉纤。一路鸣鞭炮，放黄烟（即燃雄黄）。送到墓地，将望山旗焚于坑内，喷酒和撒雄黄后下，孝子呼亡人三声，众人将亡人安埋。第二或第三天伏山，为茔墓培土。现在推广移风易俗，提倡勤俭节约文明的婚姻、丧葬新风尚。

境内汉族节日有春节、七月半、中秋节等。春节，俗称“过年”。冬至后准备年料，腊月二十三日送灶神，二十五日杀年猪，二十七日打年粑，二十八九日清扫室内外，年最末一天下午贴年画对联，焚香秉烛祭祖，合家吃年饭。除夕守夜，彻夜不眠。凌晨交更鸣放鞭炮迎新。大年初一起五更，祭天地，拜祖先。春节期间，轮请春酒，共度新春。正月初九日开始玩龙灯，舞狮子，踩高跷，唱花灯，各家各户以烟花爆竹迎接，玩至元宵节结束。正月初六至初九，凯里城内朝大阁，称“朝山”。二月初二，凯里、炉山等地兴朝庙祭天门土地，称“朝庙”。二月初三，凯里、炉山、万潮、旁海朝庙祭文昌神，称朝庙节。立春后第五个戊日挂社，家家户户祭祖（有家祭和郊祭）。三月初三吃红蛋。四月初八浴佛节，凯里、旁海、炉山、万潮游庙。五月初五端午节，家家户户吃粽粑，同日爬山（凯里爬大阁山，炉山爬棋盘山），俗称“游百病”。六月初六谓“秧苗土地神诞辰”，家家户户晒衣服。六月十九日，“观音菩萨坐莲台”，爬香炉山朝祭观音庙，称“爬山节”。七月十三过七月半，家家户户烧香化纸，敬奉祖先。八月十五中秋节，吃月饼，做月亮粑祭月。九月初九重阳节，打糕粑，“重阳登高”，争做重阳酒。

四、仫佬族文化

仫佬族，史称木佬、木耳、木楼、木（沐）僚，自称“类窝”，苗族称其为“卡”（“凯”）。清《黔南职方纪略》载：“清平县苗有四种……二曰木佬，居门楼诸寨。”《重刊清平县志》载：“木僚有王、黎、金、文、吴、赵、罗等姓……”《访册·清平县》载：“木佬近亦有红、白二色，县东老君寨、生棺木、洛绵等处有之。”平良乡都蓬有木佬古墓一所，碑刻“故祖王桥墓，二十五世孙，光绪三十三年立”。元、明时期，仫佬族住凯里、地午白银、湾水双元、王司公、青曼情郎、曼洞、格河枧腰寨、万潮小堡、岩庄、鸭塘菩萨寨、大风洞跑马田、革保冲、凯棠火烧寨、开怀党果、棉席等。由于历代战争及民族融合等原因，上述村寨很多已经没有仫佬族，仅遗留“木佬寨”“木佬山”“木佬冲”“木佬坟”等地名。

现仫佬族主要分布于大风洞、龙场、万潮、舟溪、鸭塘等乡镇（街道）121个自然村，其中聚居有大风洞镇新村（老院）、龙井沟、榜河、屯上4个自然寨，与其他民族杂居有117个自然寨。其居住环境，择山前台地筑寨，聚族而居。住房多为干栏式木房，石砌围墙，有清幽安谧庭院。木房一般为4排3间，柱脚有石磴。中间为堂屋，其上不设楼，有天棚，前壁退一柱作厅口，后壁设神龛，神龛后面装道巷。堂屋两侧各为两破间。有的在正房一端搭矮间（又称落鳌）作灶房、磨房。

仫佬族衣着简朴，自纺自织家机布，蓝靛浸染，呈深蓝色。古装，男着长裤，大襟右长衫或短衫；女衣前后共幅，领口为洞，从头笼至膝，无衣领，洞缘绣二道花纹，用五色绒线于胸、背各绣方印一颗，印中呈二寸方块斜四角，有花卉、鸟兽等图案。背幅上端有布纽系棚猛（木佬语），汉语称背壳。棚猛绣有花卉、孔雀开屏、双凤朝阳等图案。袖口为红布镶边。腰衣为绣花褶裙，裙脚有一条绣花横布，其间有五条各异花样，似马形十二图、人形二十四图等图案。近代装，男多着对襟七扣二包上装，妇女着大裤脚长裤大襟衣，上衣斜边和袖口绣花纹，银扣布纽或布纽扣，胸围银链、银牌装饰的花围腰。现代，男女多着新时装。头饰，古时男包长条布，绾发于顶。未婚女性两边各梳一辫于后，并腰二道头绳。妇女梳刘海，后绾发髻，饰银簪、花牌、耳坠、项圈。脚穿大鼻梁尖鞋或绣有勾云状花纹的云头鞋。男女均缠深蓝色布裹脚。

仫佬族家庭一般三代同堂，实行父系家长制。家庭财产由父母执掌。子女有侍奉老人的义务，父母有抚养子女的义务。兄弟分家，财产均分，留有养老田。父母一般随幼子住。男儿有财产继承权。乳名为子父连名，有汉姓，立有字派。

婚姻为族内婚，同姓、同宗、族外不婚。以王、黎、罗、金、文几姓间通婚居多，清末后有部分与僅家、西家、东家和汉族通婚。男方父母物色好对象或青年男女恋爱后，男方家请媒到女方家说亲。女方父母同意后，男家择日去插香，女方家请吃插香酒，许定亲事。定亲后择日到女方家讨八字，正式订婚。婚礼一般于秋后或翌年正月举行。接亲时，男家须将四至八套新衣及首饰、纱帕等送至女家，新娘穿上男家新衣后发亲。到离男家三五百米处，男家组织人抓泥沙从新娘头上撒过，以示驱邪。新娘进门前须有巫师退喜神，进家时男方家男女老幼回避，新娘与送亲伴娘同宿。男家设宴三天，满三朝回娘家，春社前夕专人接回与新郎同房。新娘待房族宴请后方串户。

丧葬多实行木棺土葬。死者牙齿齐全的须敲掉一颗。停尸于堂屋，男左女右，口含银质品，手握钱纸，入棺时取出。制灵牌，请德高望重的人作为“大宾”用针刺孝子取血拌朱砂点在灵牌上。儿子守灵，女儿、媳妇哭丧。出殡前开光（开路），请巫师（道士）为死者开路。出殡时孝子穿白纸缠的草鞋，腰拴白纸缠的草绳，披麻戴孝，手拄二尺丧棍。安葬后，巫师（道士）用猪头、鸡、鸭“招龙”谢土，在墓东、西、南、北埋石灰、鸡蛋、酒曲栽界，在墓旁挖小坑烧钱纸，谓给死者储备金钱。安葬毕，孝子用衣兜坟上少许泥土（称“兜魂”），抱跳井鸡引亡灵回家，请巫师（道士）念经安灵位。三天后伏山。孝子居丧“七七”（49 天），待房族宴请后理发、沐浴、串户。服丧三年，请巫师或道士到坟上谢土满社。服丧期间，头年除夕贴绿对联，第二年贴黄对联，第三年满社方贴红对联。

亻革佬族每月都有节日，以亻革佬年、春社、牛寿节较有特色。

亻革佬年，为农历十月第一个卯日，有庆丰收之意，是亻革佬族最隆重的传统节日。各户均酿酒、打糯米粑、杀猪祭祖，祈求祖先庇护。

春社，每年立春后的第五个戌日为春社，各户均做棉花菜糯米饭或棉花粑，称“社饭”。当天，青年男女及部分老人爬“撵社坡”，对歌娱乐。春社后，各种娱乐活动停止。亻革佬族有歌谣：“铁打锄头重五斤，玩到五戌要收心；要想当年庄稼好，春社过了闹春耕。”

牛寿节，农历四月八日，亻革佬族为牛做生日。当天必须放牛，给牛放例假，吃糯米饭，忌打骂牛。亻革佬族自不杀牛，遇人杀牛必立正，两手背身后，以示被绑而无手营救，戴罪同牛分忧。

亻革佬族崇拜祖先，敬仰神，原生宗教活动浓烈。古时冬至日，请巫师用母猪祭祖。祭祖时，杀猪不用刀而用木棍压死，只讲亻革佬语，用亻革佬语念咒。三月三，各村寨祭寨王菩萨，六月六，祭山王菩萨。每年或隔几年做“保家”或“扫寨”。保家有大、小保家之分。大保家以自然村寨为单位做，时间多在农历腊月，请巫师杀猪祭大保家神，求福免灾，以保来年风调雨顺。小保家分户自做，时间为农历正月或二月，以肉、鱼等祭小保家神，祭祀时用仫佬语。村寨病人多或出现自然灾害，全寨则凑资买鸡鸭扫寨，用芭芒草或稻草扎“龙船”，插五色三角旗，点香烛，置鸡鸭于“船”上串寨驱邪。串寨毕，在村郊溪边或大树脚下宰杀鸡鸭，焚香纸祭神后，男性户主会餐。

诚然，生息在凯里境内的仫佬族与其他民族同胞，在适应大自然的漫长岁月中，在交往、交流、交融中，共同创造了丰富的民族文化，为缔造光辉灿烂的中华民族文化作出了不可磨灭的贡献。

五、民族文化“儒化”“涵化”

历史上凯里为“蛮夷”之地，由于这一地区与“内地”差异甚大，民族构成复杂，为中央王朝难以管辖的“生界”。凯里地区，可谓史籍中所称贵州“生苗”较为集中的区域。

元明清之前，外来文化对黔东南地区影响甚微。苗疆开辟后，王阳明途经贵阳、麻江、炉山、兴隆卫（今黄平）等游历讲学，史载其“居职之暇，训诲之夷类，威慕者云集，听众居民环聚而观如堵”。王阳明一生赋诗600余首，12岁作《蔽月山房》诗，从此便开始了其传奇的一生，而后他的人生顿悟与他的诗息息相关，因而在书院的大门口建有一本展开的书卷式景观小品，上面题有“诗·悟”，点破了王阳明的人生。相传当年王阳明到龙场时，曾居住于阳明洞，故世人称“阳明先生”。在那个小山洞里，他把《周易》读懂理透，在沉思中由烦躁转为安然，由悲转为喜悦，一种生机勃勃的情绪油然而生。在贵州龙冈，他写成《五经臆说》，以其极富反叛精神的“异端曲说”向程朱理学发起猛烈轰击。在龙场三年，使他最受感动的就是那些朴质无华的“夷民”，他们与他无亲无故，却能慷慨相助，为他修房建屋，帮助他渡过难关。这与京城中“各抢地势，钩心斗角”的情况相比，有如天渊之别。他体会到人间“真情”深感“良知”的可贵，从中得到新的启示和灵感。王阳明在修文创办了龙冈书院，又受聘主讲贵阳文明书院，他的学识与德操，深受人们崇敬，人们以他的名号在贵州多处建书院，首开黔中书院讲学之风，培育了一批弟子。正德五年（1510）升任江西吉安府陵县知县。正德七年（1512），从吏部考功清吏司郎中升授南京大仆寺少卿。正德十四年（1519）六月，率部镇压福建地方叛乱，于丰成途中获悉宁王反，即返安吉起义兵，水陆并进捣南昌，连下九江，南康，费时月余，“平定宁王之乱使社会恢复安定”。这一时期，因受其影响，沿线的书院应运而生，下司古镇阳明书院即是典型代表，下司阳明书院的东南侧建有惜字塔，此塔周边设有抄写书卷的桌椅，游客可免费索取笔纸誊抄书卷。在书院的西侧是侗族代表建筑鼓楼，东侧为古戏台、芦笙广场。书院采用徽派建筑的风格，四周较为开阔、寂静，将王阳明的一生用“本悟、思悟、契悟、渐悟、大悟、传悟、时悟”七个主题空间由浅及深地向游客进行讲述。书院中庭院部分虽小，却将中式园林和日式园林的枯山水综合运用到恰到好处，将禅意和静美发挥得淋漓尽致。据相关史料与民间记载，除了下司阳明书院，先后陆续建起了镇远文明书院、紫阳书院，黄平草庭书院，天柱白云书院，黎平紫阳书院等大小 10 多所，时断时续办学百余年，讲学教授先后有 20 多人，学子生员相继 200 余人，从形式到内容把儒学和理学巧妙结合，融会贯通，因人施教，培育了不少能人贤才。

凯里民族文化在不断演变中，除了得到开设学堂、书院以教化之之外，尤其是进入明、清以后，其伦理道德观念受儒学伦理文化的影响逐渐扩大和深入，苗族、侗族等少数民族传统文化将儒学伦理观念大量引入其中，个体或群体借以不断纵向“儒化”得以形塑与滋补，在境内各族杂居、山坝间的共生、族际通婚、种族血缘等相互交流交融中通过横向“涵化”得以“各美其美，美美与共”。如早年进入凯里的汉族单身无家眷者，他们娶当地少数民族妇女后而“渐变夷”。之后，汉夷（汉族和少数民族）通婚不乏其例，其中有许多逐渐变成苗族、侗族或者其他少数民族，民间有句俗话：“吃了三年岩江水，不变侗家也变苗”，时至今日凯里少数民族人口仍占户籍人口的 65.56%。毋庸置疑，民族文化的“儒化”“涵化”对凯里地方经济和社会推进发挥了重要作用。

六、民族文化代表元素

苗年 是苗族人民最隆重的传统节日，各地区苗年具体时间不尽相同，从农历九月至正月不等，一般历时三、五天或十五天。有的在农历十一月的第一个亥日（猪日），有的在九月、十月、十二月的第一个卯日（兔日）或丑日（牛日）举行。年前，各家各户都要备丰盛的年食，除杀猪、宰羊（牛）外，还要备足糯米酒。年饭讲究“七色皆备”“五味俱全”，并用最好的糯米打制“年粑”互相宴请馈赠。2008 年 6 月 7 日，苗年经国务院批准列入第二批国家级非物质文化遗产名录。

侗年 又称冬节或杨节。冬节原为侗族杨姓节日，最初以杨节为侗年的是黎平、榕江、从江三县部分地区（每年十一月十九至二十二日间），后来互相仿效，逐渐过起了侗年。20 世纪 80 年代初，经各地侗族代表商议决定，以农历十一月初一为侗年。节日期间，各家或杀猪宰羊，或杀鸡杀鸭，请客访友、宴饮作乐。节日前一天，备豆腐、鱼虾，当晚用酸水煮熟，经一夜冷却成“冻菜”，节日当天用以“冻菜”祭祀祖先。2011 年 5 月 23 日，榕江县申报的“侗年”经国务院批准列入第三批国家级非物质文化遗产名录。

苗族银饰 可分男饰和女饰。男饰较简单，有银锁、手箍、手镯、戒指、烟盒、项链、项圈等单件饰品。女饰以成套为主，种类较多，分头饰、耳饰、项饰、胸饰、手饰和衣饰等几大类。每一件银饰制作工艺经过锻打、压模、錾刻、浮雕、镂刻、抽丝、扭结、焊接、抛光等一二十道工序做成，是多元文化交流的载体，融合有来自南方少数民族的“耳档”、北方少数民族的“跳脱”以及从古代饰物中沿袭下来的“步摇”“五兵佩”和中国传统的龙、凤、鳞纹样，等等。

刺绣 分为苗绣和侗绣。苗绣技法有 12 类，代表了中国少数民族刺绣的极高水平，具有传承历史文化的作用，几乎每一个刺绣图案纹样都有一个来历或传说，都深含民族的文化，表达民族的情感，是苗族历史与生活的展示。侗绣是集纺织、印染、剪纸、刺绣于一体的传统工艺，是侗族历史文化发展的见证，是观赏与实用并举的工艺形式，绣品不仅图案精美，具有极高的装饰价值，其反复绣缀的工艺还能增加衣物的耐用度。侗绣艺术品类繁多，头巾、婴儿背带、妇女胸兜、布花鞋、鞋垫、烟袋、挎包等刺绣内容相当广泛。

苗族服饰 上着“银衣”，下穿百褶裙，前后有围腰。银饰、苗绣、蜡染、织锦是苗族服饰的主要特色元素，被史学家誉为“穿在身上的历史”“穿在身上的文化”。

建筑 集中展现为鼓楼、花桥（风雨桥）和吊脚楼。鼓楼是侗寨的标志、侗族文化的象征、侗族人民遇到重大事件击鼓聚众和议事的会堂、平时社交娱乐和节日聚会的场所，有侗寨必有鼓楼。鼓楼外形似宝塔，高20余米，一般整个建筑结构以中间独柱为中心，周围16根外环檐柱为衬，无一钉一铆，衔接无隙，紧密牢固，被文人誉为“秉凉亭之清幽，兼宝塔之奇伟”。花桥（风雨桥）全部桥身都是用杉木横穿直套、卯眼相接，不用一根铁钉和铁部件，桥廊设置美人靠（坐栏），结构极为合理，是侗族青年男女行歌坐月、休闲纳凉的好地方。同时可供过往路人在桥上避风躲雨、乘凉休憩，因而花桥也被称为风雨桥或长廊风雨桥。吊脚楼通常建在斜坡上，分两层或三层不等，是一种通风性能好的干爽木楼，适宜苗族人民起居劳作；最上层相对较矮，通常只放粮食不住人，两层者则不盖室内吊顶，一般以竹编糊泥作墙，以茅草盖顶，现多改瓦顶，吊脚下堆放杂物或作牲口圈。

七、历史文化遗产

处于多种文明交融带的凯里，其历史文化遗产有古城、战斗遗址，有摩崖、碑刻，有古祠古庙、石桥花桥等名胜古迹，不可胜数。

（一）古城遗址

清平堡、清平长官司署遗址　清平堡，明洪武五年（1372）建于五里桥乡的江西坡（又名旧城坡），明洪武十四年（1381）迁清平城北石仙山。今存遗址和部分墙、壕，占地约1400平方米。明洪武二十二年（1389）六月改为清平长官司后，再迁回原清平堡旧址（江西坡），今仅存基址。

清平古城遗址　明洪武二十三年（1390）六月置清平卫。卫城建于石仙山清平堡旧址，同年在石仙山南坝上（今炉山镇）筑卫城。初为土墙，有四门：东称通明，南称通远，西称道北，北称镇安。明正德十三年至明正德十四年（1518—1519）改建拱门。城墙周长663丈，建有串楼663丈，高1丈，有四门。明弘治七年（1494），改清平长官司为县。司治即为县治。明隆庆四年（1570），知县杨度迁于卫城北门行都司署（今老北门一带）。从此，县与卫同城，俗称卫城。清康熙十年（1671）省卫入县后，遂改为县城。清雍正十三年（1735）苗族义军攻破清平，城毁。清乾隆四年（1739），知县刘樵请款监修石城，耗银1.582万两，周长增至744丈，有四门。清咸丰五年（1855），苗族义军再次攻占清平，再次掀毁。清同治十一年（1872），奏办下游善后道员曾纪凤照旧复修，增建石拱门一孔，称小北门，位于北门之西约200米。城内有清代建的典史署、训导署、教论理署、把总署、外委署等。民国三十五年（1946），炉山县政府下令拆除城墙，以作县城公路用料。今有部分城墙遗址。

安宁宣抚司署遗址　明成化十三年（1477）署安宁宣抚司，播州宣慰使杨辉率兵5000在今凯里城北岩头寨旧址督建城垣，耗费粮、银10万石、两。城池占地约1平方公里，城高2米。明嘉靖元年（1522）司治迁凯里城后，宣抚司城废。今仅存司署基址遗迹。

凯里古城遗址　在市城中心北约0.5公里，大阁山南麓。明正德十一年（1516）始建土城垣，设四门。清雍正十三年（1735）苗族包利、红银率众起义，掀毁城垣。清乾隆四年（1739），总督张广泗令丹江通判王吕监修石城，墙高1丈，长765丈，设东、西、南、北四门，在拱门上建有楼阁，因多次战争和解放后城市建设需要，今仅存部分城基遗址。

香炉山二屯崖古城遗址　位于市城西17公里的香炉山中层，系清平卫中左千户所、炉山汛驻所。明崇祯十五年（1642），清平县城绅士李若星捐资募集数百民众于此建筑城堡，占地面积约3000平方米。《重刊清平县志》称，时于此“聚而居者百余户”。建有石拱城门，尚存。今是登上香炉山顶第一道隘口。门楣上镌刻“是一保障”四个大门，门两侧阴刻楹联“一障保名区雉堞山城千载因，层崖开胜境蜃楼海市两重盘”。拱门上方原建有楼阁，已毁，古城基址尚有遗迹。

（二）战斗遗址

冷水沟古战场遗址　位于凯里城南牛角坡半山腰上。据《〈清实录〉贵州资料辑要》记载，同治十一年（1872）四月苗族起义军在雷公坪被清军镇压，首领张秀眉被俘后，起义军将领包大肚、金干干率领部分义军自雷公坪、挂丁撤退出来，坚守在平茶、牛角坡、乌鸦坡、乌堡、冷水沟一带，依托深山老林和以上后勤支援作大本营，顽强抵抗清军。清军提督龚继昌部和派来的援军实行重兵包围。经过激烈厮杀，终因敌众我寡，义军战败，将领包大肚、金干干英勇就义，不少苗族义军将士亦惨遭屠杀，横尸旷野，腥味弥漫。经过冷水沟一战，苗族义军18年抗清斗争结束。清军撤退后，在深山避难幸存下来的冷水苗族同胞回到山寨，含泪在村旁集中掩埋了就义将士遗体。

基地至今保留完好，位于冷水苗寨上方和寨脚，上方的叫“坊俩卡”，意为外地坟，面积约500平方米，寨脚的叫“该掌坊俩”，意为草坪墓地，面积约300平方米。另有多处墓地分散在该村上方。每逢清明，仍有村民自发来墓地烧纸敬香烛，以表达对先人的缅怀之情。

咸同农民义军火药作坊遗址 位于凯里城南小高山东北面悬崖上，距市中心约5公里，当地群众称“康炸巴丢”（苗语，khangd zad bal diul），意为避汉乱的岩洞。洞口隐蔽，垂直而下7米后方进入洞道，沿洞道前行30米方进入洞厅。洞厅高不可测，宽约15米，长约120米，有长年不断流的小溪，并有多支小洞直通洞外。洞厅有6座熬硝窑，并有大量泥硝、灰烬及未燃尽的木棒。窑体为圆柱形或椭圆柱形，高1.6至2米，直径2.5至3米，用泥夯成。并有铜币、铜镊子、铜纽扣、铜枪械箍、铁钉、打火镰、铅弹等遗物（已陈列于州民族博物馆）。据附近村民介绍，曾有人在洞中得到枪械、打铁用的铁墩、铁锤等。有的还将洞中的圆木、朽板拆除扛回家修牛圈。据文××（1996年，93岁）说，他祖母（解放前夕去世）在世时曾对他说过，咸同战争时期（1855—1872年），凯里附近的苗族义军多使用该洞生产的弹药。战争后期，很多妇女、儿童都到洞中去躲藏，她本人也在洞中生活了三年多。战争结束后，“九报里嘎”（头人名字）一族不肯出来，七八十名清军进洞去搜索，义军引药爆炸，清军及九报里嘎一族无一生还。因此，该洞又称“康告九”（苗语），意为九公洞。

金刚相与清军决战遗址 金刚相，字李开元，史书记作金大五、金干干，凯棠乡凯哨村人，咸同农民起义首领之一。金刚相最后与清军决战地为白水洞。该洞位于凯棠乡西4公里，望闹寨南0.5公里，系天然溶洞，分上洞和下洞。下洞高约30米，宽约40米，洞门两边砌石墙，高约4米，洞顶有千姿百态的钟乳石，洞底为白水河，两边有石柱、石林，洞长约1公里。洞内有二厅，可容数百人。

清同治十一年（1872）三月，苗族义军兵败乌鸦坡，金刚相突围回到家乡凯棠。清军（湘军）唐有本、唐占寅率部到凯棠“扫荡”，苗族义军进入白水洞，并在洞口与官军血战。清军在凯棠扎营清野，驱赶族人到山脚洞口进行严刑逼讯呼喊，惨不忍闻。金刚相怒火冲天，与部下带着火枪从洞中冲出，与清军决一死战。因寡不敌众，金刚相被俘，被湘军关押上枷，押送湖南长沙杀害，时年 37 岁。

（三）摩崖

宾服摩崖　位于大风洞乡与冠英乡交界处的冷风口，昔日为镇远至省城驿道要隘，今亦为湘黔公路之要冲。左右两山夹峙，中通一径，崖壁陡绝，形成隘口。有“一夫当关，万夫莫开”之势，为历代兵家必争之地。西侧石壁镌有“宾服”二字，每字约 0.49 平方米，传为明代巡抚邹文盛所镌。

云梯摩崖　位于香炉山南天门下“九十九磴坎”第 86 磴左侧，距路基 0.3 米半崖上，阴刻、行书，字迹完好，摩崖长 0.80 米，宽 0.29 米，每字长 0.38 米，宽 0.29 米。为清贵东道吴光庭镌。

南关摩崖　位于香炉山“九十九磴坎”第 91 磴右崖上，距路基 0.86 米。楷书阴刻。摩崖长 0.36 米，宽 0.33 米，字迹清晰，系民国二年（1913）香炉山团首顾佐臣手书。1989 年公布为县级文物保护单位。

出谷摩崖　位于香炉山城门洞城墙右侧，距石级路基高 10 米陡崖上。楷书阴刻，横列。每字长、宽各约 0.65 米，苍劲有力。

察院明文摩崖　位于香炉山二屯崖观音洞口东北约 120 米处，距路基高 1.40 米。摩崖长 1.03 米，宽 0.60 米，上为半圆形，呈碑状。楷书阴刻。为明崇祯七年（1634）二月向大才、黄富以碑记形式记述“征剿炉山古绩碑衔”。今字迹清晰可辨。摩崖上 0.70 米处有篆字图章一枚，长、宽各约 0.45 米。

赵文奎摩崖　位于香炉山“察院明文”摩崖右侧 2.60 米崖上，距路基高 1.70 米。楷书阴刻。摩崖长 0.90 米，宽 0.37 米。每字长 0.34 米，宽 0.37 米。清晰醒目。摩崖右上崖半壁有许多阳刻行楷摩崖，大多已被风化，无考。

香炉山界碑叙摩崖　位于香炉山“九十九磴坎”下约 100 米石级路半崖上，距路面高 10 米。摩崖分左右两壁，右壁长 1.0 米，宽 0.36 米，主要记述立碑事由。左壁长 1.15 米，宽 2.20 米，主要记述香炉山具体界线，共 1800 余字。“为大中华民国贰年岁次癸丑季冬月吉日众道士仝建”“住持王宗远”“匠士潘桂镰造”。竖立，阴刻小楷。今字迹清晰完好。

云溪洞摩崖　位于大风洞乡大风洞口石壁上，另有“洗衣池”“饮水池”“隆观峰”“陷洪含泽”“云溪重光”“长孔含如”“勤政爱民”等 7 幅，均为楷书阴刻。至今保存完好。1982年公布为县级文物保护单位。

张孙二公醉卧处摩崖 在清平镇驻地西北1.5公里的石仙山清平堡遗址南侧，岩石高约3米，宽约4米，立于坡膀上。岩上方刻“张孙二公醉卧处”，楷书阴刻，0.25米见方，其右下岩壁竖书阴刻隶书，记其二人醉卧经过：清宣统三年（1911）仲春，张景森（字宝书，原清平县拔茅堡人，贡生）偕同知己孙俊夫（字培秀，清平县高平庄人，秀才）等一行乘兴登石仙山踏青，醉卧于此，乃镌石以记其事。字迹今仍依稀可辨。

（四）碑刻

胜境碑 位于香炉山二屯崖下大路右侧。碑高0.95米，宽0.90米，厚0.15米，楷书阴刻。据《重刊清平县志》载：“炉山胜境碑，乾隆四十七年邑令雷平立。”碑文至今清晰。“胜境”碑原为“黔阳胜境”碑，后“黔阳”二字被敲断，筑路被埋没。今“胜境”二字仍遒劲醒目，1989年公布为县级文物保护单位。

黔阳第一山碑 位于香炉山二屯崖城门下102米，石级路右侧。青石碑，高1.6米，宽0.82米，厚0.15米。该碑中款为“黔阳第一山”，两侧自右至左竖列记文及题款。记文为：“黔省之山多矣，如金筑之南岳、螺蛳、照壁等山，诚为名胜，非不蔚然深秀，以壮会城之观瞻。然要其峭壁端方、烟云缭绕、倏忽变化不可捉摸，荟萃泉山之景者，莫若靖邑之香炉山。岁在癸未，予守是邦，因公会昆山管都间小住于此，浏览胜概，实属天造地设，集黔山之大成，爰颂嘉名为黔阳第一山，不禁之歌曰：气象峥嵘兮，蓬台起舞。峰峦环绕兮，磅礴安堵。空阔天地兮，安设营武。庙堂辉煌兮，四里可睹。万山拱象兮，照垂千古。”题款为“知清平县事古滇徐作霖题　光绪甲申年暮春　　吉日立”。

永垂不朽碑 位于香炉山西北山腰，塘房寨东10余米处。青石碑，碑高1.36米，宽0.70米，厚0.15米，在碑座，为“大清光绪戊寅四年秋”立。该碑主要记述“光绪二年绅民等禀奉清平县正堂”“重修香炉山上下二十里塘路”事迹，并将所有“乐善者”芳名及所捐银两数额开报后世。总计有86人捐银，包括监修5人，共91人。该碑横楣阴刻“永生不朽”四字，自右至左竖立记文，字迹大都清晰可辨，1989年被列为县级文物保护单位。

宗柏桥石刻 位于清平镇驻地北约1公里小河滩，阴刻楷书“云晴天影阁，山静水深幽”。笔锋遒劲有力，系明工部尚书孙应鳌手书，因炉山酒厂筑小堰坝被淹没。

甘囊香笙堂碑　位于舟溪镇政府驻地西约1公里，舟溪河畔龙井处。碑高1米，宽0.5米，厚0.1米。碑文阴刻楷书，横楣为“永垂不朽”，碑文为：“窃维吹笙跳月，乃我苗族数千年来盛传之正当娱乐。每逢新年正月，各地纷纷秩序渐举，以资娱乐而贺新年，更为我苗族自由婚配佳期，其意义之大良有以也。我寨先人吴乜灵一公建立笙堂于此，名曰甘囊香笙堂。东抵余张二姓田，南抵余姓田及王姓田，西抵屯上寨脚，北抵桥。每年正月十六日起二十一日止，各寨均得参加毫无限制。笙堂一切秩序，均由我寨维持，禁吹鼓笙。特此碑铭，永昭后世也。”落款为：“虎场全寨人同立，中华民国三十一年古历正月十五日立。”碑文为该寨人吴学新手书。该碑至今仍清晰醒目，1985年11月被贵州省人民政府公布为省级文物保护单位。

临江堡界碑　位于旁海镇驻地东南约1公里，养炸丢山顶。碑高0.7米，宽0.4米，红砂岩料石。正中刻“临江堡界碑”5个大字；右刻“行政公署铜仁府成、署荔波县知县察、署瓮安县兴萝谢、署清平县知县严”；左上方刻“署丹江厅修补知县洪卫千总陈庆元、土目张智”；左下方刻“南界银岩顶，左至大堰沟，直交界，右至凯哨岭”。最后镌“嘉庆二十年三月谷旦立”。

（五）古建筑

孙文恭公祠　位于凯里市西北37公里的炉山镇老北门。为明代南京工部尚书孙应鳌的祀祠。祠址即原孙氏书舍旧址，孙应鳌年少时在此读书。孙应鳌谢世15年后，贵州巡抚郭子章等为其请谥于朝，明万历三十二年（1604）诰谥文恭，于其书舍处建祀祠。祠建后毁于兵火，清光绪七年（1881）重建。占地面积594平方米。

古祠坐西向东，其建筑按中轴布局，共分两部分：前为敕建孙文恭公祠，简称公祠，包括牌坊、院坝、前殿、厢楼、正殿；其后为附建于公祠的孙氏家祠，系其房族所建，简称私祠或家祠，包括后厢楼及后殿。牌坊为砖结构，六柱五间五楼，三层檐悬山顶。明间为门，上嵌阳刻楷书“孙文恭公祠”石匾，坊上遍饰浮雕，牌坊古朴，雕饰优美。坊后院坝宽22米，深10米，有梧桐10余株高耸其中。前殿系单檐布瓦硬山顶穿斗式木构建筑。面阔5间共22米，进深11檩6.8米。左右两侧封砌五山屏风墙，前后两壁皆木作装修，明间为出入通道。正殿正楹隔天井迎面而建，前有踏跺3级，为15檩抬梁式构架，进深10.2米。其余同前殿。正面坊上饰以浮雕图案，悬有匾额。明间置六合门，各间窗棂缀以雕饰，装修典雅。殿内架梁为明袱，制作规整，明间设孙文恭公牌位于龛中。两殿之间，南北两侧各有厢楼三间，皆单檐悬山顶，穿斗式构架，其檐口与两殿檐口平齐，封檐板将四幢建筑连为一体。天井呈正方形，边长10米，以鹅卵石海墁，中嵌八卦太极图纹样。

孙氏家祠以两厢一殿与公祠正殿围成宽16.5米，进深9米的鹅卵石天井，每边厢楼6间二楼，原作孙氏族人祭祖时住宿之用。后殿原供孙氏列祖列宗牌位，现建筑已属改建之物，为面阔7间二层楼砖木结构楼房，屋顶为庑殿式。宽21.8米，进深11米，高6.5米。家祠占地498.7平方米。1989年凯里市人民政府公布其为市级文物保护单位。2006年贵州省人民政府公布其为省级文物保护单位。

凯里万寿宫 坐落于凯里老城东门街北侧。清乾隆年间江右人创建，道光十年（1830）重修。清咸丰五年（1855）毁，同治十三年（1874）复修。为中轴线布局二层楼房建筑，分三级三殿，即前殿、正殿和后殿，呈梯形进深，由麻条石台阶二十七级上前殿，九级上正殿，四级上后殿；二级高于一级1.5米；三级高于二级1米，占地2500平方米，是凯里市城区唯一留存价值较高的古代建筑物。

凯里万寿宫建成后，民国二十一年（1932）为江西会馆所用。民国二十六年（1937），中共凯里地下党小组在此成立“抗日救国后援会”，民国三十二年（1943），炉山县凯里民众教育馆也在此设立，民国三十四年（1945），省立炉山师范简师班在此开办，1950年年初，凯里镇人民政府驻其中，1951年上半年，炉山县凯里苗族自治区成立，区政府亦驻其中。2000年5月17日凯里市人民政府批准其为市级文物保护单位。2000年9月，由于城市建设等原因，前殿被拆除。2006年3月，凯里市人民政府投资72万元对中殿进行维修。2006年6月被贵州省人民政府批准为省级文物保护单位。

凯里魁星阁 位于凯里市城大阁山之巅，海拔763.5米，1982年被列为县级文物保护单位。乾隆年间始建，清末被风吹倒，民国十四年（1925）复修。底层石堆砌，四层木质穿斗式六角攒尖顶建筑，翼角翘起，阁高17米，底层高5米。民国二十五年（1936）2月15日，再次被风吹倒。民国二十七年（1938）再次重建。阁楼改为三层，高 14.7 米。其翼角挂有木鱼、铁铃，山风吹拂，叮当作响。同时，恢复东（素厨）、西（荤厨）二厨，增建一道山门。南面增建观景楼和牌坊及西、北二亭。魁星阁原有道人居住看守，所有文物古迹保存完好。1966 年后，因无人守护，魁星阁遭到人为毁坏及风吹雨蚀，破烂不堪，仅存一座牌坊和主阁石门、屋架。1982 年 10 月 5 日，黔东南州政府决定复修，并于 1984 年由州、市两级政府拨款 18 万元，群众捐资 2.9 万元，于 1985 年 11 月正式动工，1986 年年底竣工。

魁星阁修复后，基本保持原建筑式样，为五层六角塔形木质结构抬梁式古建筑，琉璃瓦顶。阁高 22.86 米，底层对角径 11.6 米，占地 97 平方米。阁底层为青石围砌，设有前后大门。前门朝南，后门朝北，门两边分别镌有楹联“飞关过齐泰素景，苍烟几占小瀛洲”“凯水晴波滚滚奔来眼底，炉峰烟雨巍巍矗立樽前”。二至五层设走廊，花板装饰。一至四层翘角分别雕刻童子送观音、翻江龙、双凤朝阳、孔雀东南飞、八仙过海、八卦图等。阁基分内外四方台，内四方台为正方形，边长 25 米，外四方台为长方形，长 76 米，宽 56 米，花纹斜石镶砌，立有石柱，石栏杆，上刻有双龙抱柱、二龙抢宝、将相和等图案。此次重建，还新建有阁西吊脚茶楼，西岭凉亭和岩鹰亭等。

二屯崖城门洞　位于香炉山二屯崖西南端，为明崇祯十五年（1642）李若星筑城所建。二屯崖城门建于二屯崖崖缺口处，大块方石砌就，拱形，高 2.5 米。门进深为两层，第一层 0.84 米，第二层 1.25 米。门上有横额一方，长 1.15 米，宽 0.6 米，阴刻楷书“是一保障”四个大字。两侧阴刻楹联一副，上联楷书“一障保名区雉堞山城千载固”，下联草书“层崖开胜境蜃楼海市两重盘”。过拱门登 11 级石阶处建有魁星点斗阁，三间二层木构建筑。明间为通道，左次间置土地菩萨，右次间置财神，二楼中间置魁星点斗菩萨。阁东北约 50 米处建有七层香炉塔，占地面积约 36 平方米，高约 20 米，四角攒尖顶木结构建筑。上盖小青瓦，飞檐翘角，悬吊风铃，劲风吹拂，叮当作响。各层有楼板，四面装棂窗，由底层旋梯而上。明清时期，香炉塔既是战时的瞭望台，又是战时的指挥所。城门洞地势险要，是香炉山的第一道险隘、第一道雄关。魁星点斗阁和香炉塔早毁，城门洞尚存。

南天门　位于香炉山顶层南面，与“九十九磴坎”连为一体，是香炉山的第二险隘、第二道雄关。“九十九磴坎”至“南天门”，狭窄陡险，是通往香炉山顶层的唯一通道，故称“一线通”，又称“一线天”。为此，明路南知州汪良有诗云：“雄关未许容双马，杀气曾教走万军。”《重刊清平县志》也有“一夫守之，可以御百”的描述。此通道踏踩九十九级，高 36 米，垂直高度 27.3 米，宽 1.9 至 2.5 米。两壁有“云梯”“南关”“步南天”等摩崖。“南天门”建于“九十九磴坎”顶端，拦截路口，紧连两壁，中置一拱门，细钻条石修建，无缝、坚实、牢固。搭门为两进一体，一进高 2.44 米，宽 1.33 米，进深 1.03 米，另一进高 2.3 米，宽 1.97 米，进深 1.35 米。“南天门”下宽 4.41 米，上宽 7.3 米，高 3.1 米。过拱门后登石梯 22 级即进入平缓顶层。“南天门”顶上建有一亭，称“南天门亭”，为二间木质瓦顶。亭中置数尊菩萨，面向南方。清咸丰年间毁于兵燹。清光绪七年（1881）修复。民国初年一和尚（俗名杨光明）捐资重建，解放后毁。“九十九磴坎”至“南天门”路段由于年久失修，毁坏较多。1989 年，市人民政府拨出专款维修该路段，其石级均为细钻条石，两边并设铁栏杆供游客上下攀扶。

（六）石桥花桥

尹家桥　位于凯里市湾水镇东南 3 公里大翁囟南侧。始建于清乾隆年间。据《清平县志》记载：“尹家桥在翁囟小河，监生尹占鳌建”，故而得名。该桥为 3 孔石一拱桥，呈弓形，全长 40.35 米，跨径 11.35 米，宽 6.7 米，高 7.46 米。桥面为青石板铺设，两侧用青石细料栏杆围护。昔日为凯里通往黄平县境的古桥之一。1989 被定为县级文物保护单位。

同牛花桥　位于三棵树镇同牛寨脚，距凯里市中心 12 公里，跨越格冲河源头。建于民国三十一年（1942），长 5 米，宽 4 米，高 4 米。该桥为长廊式木质建筑，两侧花栏庭柱，设有坐枋供人休息。桥为瓦顶覆盖，两端为高大翠柏和香樟树。

水寨花桥　位于旁海镇水寨寨脚，距凯里市中心 20 公里，跨越水寨河，系木质结构人行桥。民国三十五年（1946），翁项乡第五、六保联建为平桥。1952 年扩建，加立房柱、设栏杆、安坐枋、盖青瓦，成为长廊式花桥，颇具特色。

凯里文化遗产作为一个古老的元素融入现代都市，让城市的记忆传承着历史文明，同时也唤起了人们对未来的追求与向往。

第三节　中国共产党民族政策的早期实践

中国共产党历来重视民族问题，认为其是整个中国革命的重要组成部分。在解决民族问题过程中，党主张各民族一律平等，反对民族压迫和民族歧视。

一、中国共产党凯里小组革命活动

1924至1927年的第一次国内革命战争，唤醒了全国民众，在中国辽阔的土地上播下了革命的火种，为南昌起义和秋收起义提供了历史借鉴和革命经验教训，也为后来的革命运动蓬勃开展打下了坚实的群众基础。在“八一”南昌起义、秋收起义等一系列工农革命武装运动的影响下，凯里地区众多进步青年更加向往革命，积极投身到革命的洪流之中。

1932年，国民党第85师驻扎湖北崇阳县城，该师大部分官兵是贵州籍人士。该师军士教导大队上尉中队副官、中共地下党员舒葆初（贵州瓮安人）根据上级的指示，在师秘密发展了莫德维、李光庭等一批共产党员，建立了党的支部，领导开展对该师的策反工作。但是，由于叛徒的出卖，舒葆初等7名共产党员被残酷杀害。兵变活动的参与者李光庭及与兵变有牵连的喻雷、王毅、唐寿南（凯里人）等人在得知事情暴露后，分别连夜出走。李光庭、喻雷等脱险后辗转来到凯里继续开展革命活动。而王毅从崇阳脱险后前往南京参加学生运动，后于1934年回到凯里。在失去与党组织联系的情况下，李光庭、喻雷等多次在唐寿南家召开会议，共同谋划革命斗争。

1934年，王毅受李光庭委托前往毕节、贵阳、安顺等地寻找党组织，经过几个月的长途跋涉，王毅终于找到中共毕节支部成员秦天真。随后，秦天真代表党组织重新接收李光庭加入中国共产党，并同时吸收王毅、喻雷等加入中国共产党。同年秋，在贵阳男子师范学校就读的李长青经秦天真介绍加入中国共产党。

1934年12月，中央红军突破国民党军队的重重包围到达贵州。中央红军入黔后，人地生疏，群众基础较弱，急需贵州党的地下组织的密切配合和大力支持。因此，中共中央在遵义期间，批准建立中共贵州省工作委员会（简称“省工委”），林青任书记，邓止戈、秦天真任委员。为开展军事斗争的需要，省工委成立不久，便组建了以李光庭为组长，喻雷、王毅、丁沛生、宁仿陶、张恒兹为成员的军事小组。从此，贵州不仅有了党的最高领导机关，还有了开展革命武装斗争的指挥部。

1935年，贵阳发生“七·一九”事件，中共贵州省工委机关和部分基层党组织遭到国民党当局破坏，省工委书记林青和委员刘茂隆等被捕，后刘茂隆成功越狱，喻雷和高言志将其秘密隐藏并安全转移至上海。后来，李光庭、李长青、黄玉如等一批共产党员冒着生命危险，秘密转移和护送中共地下党员董亮清、熊蕴竹、余稚翔等，使他们成功脱离危险。

为保存革命力量，发展壮大党的组织，将党的工作重心向农村转移，根据省工委的指示，1935年冬，李光庭、喻雷、王毅、李长青4人在凯里李长青的故居召开秘密会议，成立中共凯里小组（简称“凯里党小组”），李光庭、李长青为小组负责人，王毅、喻雷为成员，直接接受省工委的领导。从此，凯里乃至黔东南广大地区的各族人民在共产党的领导下，坚持不懈地同国民党反动派进行长期、反复的斗争。

为培育革命骨干，壮大革命力量，李光庭以结拜兄弟的形式先后在台拱县城的“文昌宫”和凯里的“魁星阁”，与肖洪春、顾永祥、唐明贤等十多名青年结义，盟誓团结起来，打倒土豪劣绅。李长青在凯里组织陈松禄、孙礼庸、顾永祥、唐明贤等二十多人参加其创办的“青年读书会”，传播先进文化和革命思想，并号召和动员进步青年与反动当局、地方反动势力进行坚决的斗争。

1936年秋，遵照省工委“要在黔东地区大力开展武装活动，把雷公山作为武装活动的据点”的指示，凯里党小组召集“青年读书会”部分成员和“结义兄弟”积极分子等十余人，以“闹鱼”为名，在凯里龙头河“野鸡滩”的一只木船上秘密聚会。会议决定把“青年读书会”改名为“革命小组”，同时推选李光庭为组长，划定榕江、三穗、锦屏、剑河、台拱、丹江等县为游击区，建立以雷公山为重点的革命根据地。会后，在与会人员的秘密宣传和串联下，各地民间武装积极响应，并迅速加入到革命队伍中来。在较短的时间里，凯里党小组发展地下武装工作取得明显的成效，武装规模达500余人。1936年冬和1937年春，在李长青、王毅等的带领下，凯里及周边的地下武装前后两次上雷公山以期建立革命武装根据地，但由于多种原因均未成功。尽管两次军事行动未能把革命武装根据地建立起来，但其对推动黔东地区的革命斗争起到了积极的作用。

1937 年抗日战争全面爆发后，凯里党小组遵照省工委的指示，又立即投入到抗日战争中。王毅深入麻江等地作抗日救亡运动的宣传、发动工作。但不久，其行踪引起了当地反动势力的注意，为脱离危险，王毅按照省工委的指示，离开凯里到贵阳县委工作，任组织委员，负责组织开展学生运动。喻雷离开凯里赴安顺与丁沛生、张恒兹等取得联系，在紫云、镇宁、关岭三县交界地区开展革命活动。李光庭打入国民党镇（远）、遵（义）师管区任连长，负责动员、征集、训练和运送黔东南各族青壮年到抗日前线参战。李长青则留在凯里开展抗日宣传，他将抗日宣传纲领和口号雕刻在木板上，印刷成字帖发给学生练习书法，以此推动抗日宣传。同时，李长青还在凯里万寿宫成立“凯里青年抗日救国后援会”，开展抗日救国运动。在李长青的宣传和动员下，会员很快达七十余人，李长青被推选为临时会长。尽管不久“凯里青年抗日救国后援会”的领导权被反动当局篡夺，但广大爱国青年在李长青的发动和组织下，与假抗日真反共、镇压抗日力量的国民党反动行径进行了坚决的斗争。

抗日战争进入相持阶段后，根据党中央关于白区工作“隐蔽精干、长期埋伏、积蓄力量、以待时机”的方针，李光庭和喻雷在凯里创办了川岩酒精厂，在办厂筹集革命活动经费的同时，秘密开展革命活动。后来，由于他们的革命活动引起敌特的注意，而被迫离开凯里。1941 年，李光庭、李长青、喻雷等先后在凯里的李家祠堂和麻江的观音庙、大良田等地召开会议，研究如何筹集革命活动经费和深入开展革命活动。随后，李光庭前往麻江县大良田开办起李记客栈，后又将川岩酒精厂迁至大良田，更名为荣通酒精厂。而李长青则变卖了祖田得到大洋 1400 多元，在凯里小坳种植烤烟，创办开斯米烟厂，生产“闪光牌”“红星牌”“马头牌”香烟。香烟生产出来后，李长青亲自到三穗、剑河、锦屏、台拱、镇远、贵定、洪江等地销售，并以此为掩护秘密开展革命宣传，加强与地方民间武装的联系。1944 年，抗日战争即将取得最后的胜利，喻雷则因长期在险恶的环境里开展革命活动，食无定时、居无定所，最终积劳成疾，不幸英年病逝。

解放战争爆发后，为推进凯里及周边地区的解放事业的发展，凯里党小组积极开展对国民党地方官员及部队官兵的策反工作，并成功策反了国民党台江县长包和麟、炉山县常备总队副总队长蒋泽霖、旁海区民众自卫队长杨耀宗、清平镇民众自卫队长陈鹏等，使炉山及周边的部分县获得和平解放。

中华人民共和国成立以后，凯里党小组成员按照组织的安排，又积极投身到剿匪反霸斗争和共和国的建设事业之中，用自身的英勇事迹继续谱写共产党人的光辉篇章。1949 年 12 月，遵照省委的安排，李光庭、王毅调到贵阳工作，1950 年 5 月 13 日，两人在参与对贵阳小关村匪情侦察时，不幸落入匪徒手中，光荣牺牲。而李长青则留在凯里，积极参与当地的清匪、反霸斗争和开展征粮工作，立足岗位建功立业，受到上级的嘉奖。

中共凯里小组自 1935 年成立，在长达 14 年的革命斗争中，不顾斗争环境的险恶，始终将人民的利益放在首位，克服和战胜了一个又一个难以想象的困难，与反动当局和地方反动势力进行了艰苦卓绝的斗争，为凯里及周边地区人民的解放事业立下了不朽的功勋，其伟大功绩将永载史册。

二、中国工农红军转战凯里

从 1930 年 4 月到 1936 年 1 月，中国共产党领导的中国工农红军曾先后五次转战黔东南，足迹遍及黔东南 10 多个县。红军所到之处，宣传革命思想，传播革命真理，实践党的民族理论和民族政策，打击封建反动势力，救民于水深火热之中。红军的革命实践活动，在凯里留下了深刻的政治影响，对促进凯里各族人民的觉醒，起到了很大作用，受到了各族人民的衷心拥护。

（一）宣传发动群众，传播革命真理

红军转战凯里期间，每到一处，首先向群众宣传革命道理，提高群众认识，消除群众对红军的误解和疑惧。他们通过组织召开群众大会，召开各阶层各民族人士座谈会，或是在与广大群众接触交往中讲解革命道理，号召人民起来走红军的道路，推翻军阀和国民党的反动统治，建立人民的政权。同时，在城镇、村寨的房屋墙面、桥头、岩壁、寺庙等处，张贴布告，书写形式多样、内容丰富的标语，通过宣扬“共产党是无产阶级的政党”“红军是工农的武装”“只有苏维埃才能救中国”“打倒土豪分田地”“打倒国民党反动派”“取消一切苛捐杂税”“农民起来实行土地革命”“苗人与汉人有同样的权利”“实行民族自决，苗人的事情

由苗人自己解决”“全国民众总动员起来，为保卫中国而战”等，宣传党的性质和纲领，宣传革命任务和前途，宣传红军宗旨、任务和纪律，宣传红军的抗日主张。还组织文艺宣传队，运用话剧、相声、歌曲、快板和散发传单等多种形式，传播革命真理，启发群众觉悟，号召“苗人自己武装起来”，“组织苗族自己的红军”，“反对国民党军阀的压迫屠杀”。

（二）制定民族政策，团结少数民族

中央红军长征临近黔东南时，红军政治部为了加强贯彻执行党的民族政策，严格部队纪律，发布了《关于苗瑶民口号》，郑重宣布中国共产党和红军对少数民族的政策和主张：实行民族平等，经济上、政治上苗人与汉人权利平等；实行民族自治，苗民的事情苗人自己解决；建立苗族自己的红军队伍，打击国民党军阀的统治；扩大民主武装，欢迎苗族兄弟加入红军，等等。

特别是在黎平会议后，红军总政治部下达了《关于我军沿途注意与苗民关系加强纪律检查的指示》（简称《指示》），凯里境内红军部队在经过少数民族村寨时，为了争取民族人士，避免冲突，不打苗民土豪，不杀苗人甲长乡长；为了帮助、促进少数民族地区生产的发展，严禁宰杀耕牛；土豪的牛要发给群众。《指示》严格要求全体指战员立即克服、坚决杜绝一切侵犯群众、脱离群众行为。为了确保《指示》顺利贯彻执行，总政治部还组织了纪律检查队。红军全军上下，从领袖人物到普通战士，都身体力行，严格认真执行党的民族政策，与凯里地区各少数民族人民建立了深厚的情谊，留下许多感人的民族团结故事。

红军所到之处，爱护各族群众，尊重当地风俗习惯，保护各族人民的利益，不惊民、不扰民、不拉夫、不派款、不拿群众的东西。深受民族压迫的黔东南各族人民，第一次享受了平等的待遇，他们从共产党的民族政策中，看到了希望，受到了鼓舞，政治上要求平等、反对民族压迫的意识越来越强烈。

（三）打击土豪劣绅，救济贫苦百姓

红军每到凯里一地，首先进行调查研究，分清谁是富人，谁是穷人，然后发动群众，打击土豪劣绅，有效地打击了反动势力的嚣张气焰。红军先后组织了数次群众大会，斗地主，分浮财，还根据群众要求，枪决了罪恶累累、民愤极大的团防局军需兼城区中区区长蒋维儒等人。在分配胜利果实时，红军特别注意照顾老弱病残者。一位瘫痪在床的老人，当红军给他送去十多斤肉时，被感动得老泪纵横，泣不成声。打土豪、斗地主、分浮财、惩恶霸，使长期受压迫受剥削的广大劳苦群众扬眉吐气，他们用歌声唱出心声：红军红军，苗家救星，红军来了，我们翻身。

（四）发展革命力量，壮大红军队伍

红军严格执行革命纪律，尊重少数民族礼俗，处处以人民利益为重，时时关心群众的疾苦，有力地驳斥了国民党统治当局和土豪劣绅对红军的造谣诬蔑，深得境内各族人民的拥护和爱戴。广大群众充分认识到红军是穷苦人自己的队伍，纷纷以实际行动支援红军。各族群众主动为红军带路、挑担、架桥、撑船、碾米、救护伤病员等，为红军胜利完成战略转移任务作出了重大贡献。经过红军的发动，不少青年懂得了革命的道理，许多优秀青年踊跃报名参加红军，从此走上了革命道路。炉山、施秉、黄平等县，都有不少青年在红军过境时参加红军。这些新战士，熟悉黔东南，懂少数民族语言，对红军行军、宿营、生活、打仗和进行民族政策和革命宣传工作发挥了重要作用。

（五）播撒革命种子，结下鱼水深情

红军一路播撒革命种子，广泛传播革命真理，号召长期遭受封建势力和国民党新老军阀压迫、剥削的各族人民，团结起来进行斗争，推翻旧政权，才能脱离苦海，摆脱贫困。一些地区的人民群众，响应共产党“打富济贫”的革命主张，揭竿而起，反对国民党的暴政。红军长征不久的20世纪30年代中期到40年代晚期，黔东南的地下党革命活动，曾发展到炉山、雷山、镇远、施秉、黄平等县，并一度建立了革命武装。地下党的活动，对于掀起抗日救亡高潮，对于迎接解放大军解放黔东南，起到了积极的作用。同时，红军关心群众，平等待人，与黔东南各族人民结下了深厚的鱼水之情。每次红军离开后，黔东南各族人民都怀念红军，盼望红军，一首至今广为流传的“四季歌”，表达了当时人们的这种心情：

春季里来百花香，红军到来打榕江，三声大炮轰南门，坐镇师长逃车江。夏季里来柳丝长，红军进城安民忙，“五一”召开庆祝会，军民同欢情意长。秋季里来桂花香，团防局长把命丧，又分地主物和米，群众个个喜洋洋。冬季里来白茫茫，红军走后人遭殃，王家烈把榕城占，红军恩情似水长。

红军的革命实践活动，传播了革命真理，播撒了革命火种，践行了党的民族政策，留下深刻的影响。红军不惜抛头颅、洒热血、勇往直前的革命精神，永远激励着凯里各族人民为解放和建设事业艰苦奋斗、顽强拼搏，不屈不挠、敢于胜利，把黔东南的发展不断推向前进。①

① 中共黔东南州委党史研究室：《中国共产党黔东南州简史》，30—36页，北京，中共党史出版社，2013。

第二章　落实民族政策　促进民族团结

新中国成立以来，凯里市委、市人民政府坚持把马克思主义民族理论同地区实际相结合，制定并实践党的民族政策、开展民族工作，逐步建立了平等、团结、和谐、互助的社会主义民族关系，各族人民经历了从落后走向进步、从贫穷走向小康、从封闭走向开放的曲折历程，呈现出各民族亲如一家、情同手足、守望相助的良好局面。凯里探索实践民族政策历程大致经历了三个时期：一是探索时期（1949—1978）；二是改革开放时期（1978—2012）；三是跨越发展时期（2012—今）。

第一节　新中国成立后民族工作的探索实践

一、贯彻党的民族区域自治政策

民族区域自治是中国共产党把马克思主义同中国革命具体实践相结合，根据各民族的实际提出的解决我国民族问题的基本政策和基本政治制度，是我国解决民族问题的正确途径。黔东南作为少数民族聚居区，先后建立了县辖区、县级民族自治地方 5 个，为自治州的建立奠定了良好的思想和组织基础。

（一）县辖区民族自治的率先尝试

1950 年 10 月，中央民族访问团在费孝通分团长率领下出发，11 月到达凯里。根据中央《民族区域自治条例》，1951 年 1 月 25 日，在中央民族访问团、国家民委、省民委的帮助下，凯里区各民族人民代表大会选举产生了凯里苗族自治区（区级）人民政府领导班子。苗族顾怀安当选为自治区区长，12 名政府委员中有 8 人是苗族。从此，贵州省第一个民族自治政府——炉山县凯里苗族自治区人民政府诞生了。凯里苗族自治区区域虽小，但率先作出了有益的尝试。

（二）县级民族自治的具体实践

为了积累民族区域自治的经验，完善民族区域自治制度，从 1952 年到 1955 年，又建立了炉山苗族自治县、丹寨苗族自治县、台江苗族自治县、雷山苗族自治县 4 个县级民族区域自治地方，为黔东南苗族侗族自治州的建立打下基础。

1951 年 6 月 11 日，炉山在全县完成“五大任务”“三大运动”基础上，召开有 327 名代表参加的各族各界代表大会，选举产生了炉山县联合政府领导班子，苗族王占先当选为县长，在 25 名政府委员中有 13 名是少数民族。6 月 17 日，炉山县民族民主联合政府正式宣告成立。

1952 年 8 月《中华人民共和国民族区域自治实施纲要》公布后，同年 9 月 9 日，根据贵州省人民政府省族业字（52）第 2 号文件关于炉山县为建立县级的民族区域自治区重点县的指示[①]，成立了炉山苗族自治区筹委会，筹委会委员共 69 人，其中常务委员 13 人，王占先任主任委员，张立华、孙鸿涛任副主任委员，吴朝瑜任秘书。9 月 26 日炉山县召开第二届各族人民代表大会第一次会议，到会 296 人，会期 5 天。会议选举产生了炉山苗族自治区人民政府领导人。中央科学院、中央民族学院苗语研究组、中央卫生检查组，贵州省民政厅、省民委以及黄平、台江、施秉、雷山等县代表出席会议。会议共收到贺幛 35 幅，贺电贺信 62 份。王占先（苗族）当选为炉山苗族自治区区长，胡中章、吴朝明（苗族）当选为自治区副区长。9 月 30 日，炉山苗族自治区（县级）人民政府宣告成立。1955 年 1 月 7 日，炉山苗族自治区改为炉山苗族自治县。

随后，丹寨、台江、雷山三个苗族自治县先后建立，这是民族区域自治制度在黔东南这块土地上的一次伟大的实践。它的意义在于：一是实现少数民族当家作主、自己管理本民族内部事务的千百年来梦寐以求的愿望的一次有益的尝试；二是为自治州的建立奠定了干部基础；三是巩固和发展了黔东南地区各民族平等、团结、互助的社会主义民族关系，为实现各民族共同团结奋斗、共同发展繁荣进行了有效的实践。

---

① 凯里市年鉴编纂委员会办公室：《凯里市志（上）》，216 页，北京，方志出版社，1998。

（三）民族民主联合政府的有效过渡

在少数民族占总人口一半以上的民族地区，在未建立自治地方以前，民族民主联合政府是实现各民族当家作主的有效形式。根据贵州省人民政府行政会议通过、经西南军政委员会批准的《贵州省人民政府关于少数民族地区工作的指示》关于设立民族民主联合政府的指示，1951 年 6 月 22 日至 26 日，镇远专区召开首届各族各界代表会议，选举产生镇远专区民族民主联合政府。与会代表 301 人，其中苗族 94 人，占 31.2%，侗族 64 人，占 21.2%，其他少数民族代表 15 人，占 5.0%，汉族代表 128 人，占 42.5%。会议通过了关于进一步团结各兄弟民族等决议，选举吴通明（苗）为镇远专区民族民主联合政府副专员，选举王耀伦（苗）、龙和甫（侗）等人为民族民主联合政府委员，苗族、侗族和其他少数民族人民实现了当家作主、自己管理本民族内部事务的愿望。1951 年 6 月 26 日，镇远专区民族民主联合政府宣告成立。民族民主联合政府虽然不是自治地方的自治机关，但作为向民族区域自治的一种过渡，起到承上启下的积极作用。

1956 年 4 月 10 日，国务院全体会议第 27 次会议通过了《关于设置黔东南苗族侗族自治州和黔南布依族苗族自治州的决议》，4 月 18 日按照国务院（56）国议习字第 30 号批复的撤销镇远专区，设立黔东南族苗侗族自治州，同时撤销辖区内的民族自治县。1956 年 7 月 15 日，中共镇远地委更名为中共黔东南地方委员会。同年 7 月 15 日至 23 日，黔东南苗族侗族自治州第一届人民代表大会第一次会议在镇远举行，会议于 23 日正式通过了将炉山县的凯里镇定为黔东南苗族侗族自治州人民委员会所在地，同时宣布自治州人民委员会正式成立。黔东南苗族侗族自治州成立后，制定了《州人民代表大会组织条例（草案）》和《州人民委员会组织条例（草案）》，对自治州的政权机构、选举制度、自治权限等作了具体规定。各少数民族在各级各界选举中，不仅享有同等权利，而且在各级人代会、人民委员会、政府机构成员里占据了大多数，与汉族同志团结一致、同心同德、共同参与管理国家大事和当家作主处理本民族的事务，由旧社会被压迫、被奴役的无权地位，变成了国家和民族的主人。

二、加强民族干部培养

民族干部同各族人民有着血缘上、地域上、情感上的联系，他们习得本民族的语言文字和风俗习惯，熟悉并掌握本民族的整个历史发展脉络，知晓本民族人民的思想感情和愿望，他们是各个民族中的优秀分子，在各族群体中拥有较大魅力和威信。民族的团结、社会的稳定、祖国的统一，是一个国家得以继续向前发展所需具备的条件，民族干部与生俱来的天然属性和由于历史发展需要而被赋予的政治属性，决定了他们将成为党和国家联系各族群众的桥梁，成为促进我国民族地区各项事业飞速发展的顶梁柱。

新中国成立初期，中国共产党加强对新旧交替中的少数民族干部进行培养，在培养少数民族干部队伍的实践中去发现问题、解决问题、总结经验，以便于在法律、政策方面作出调整，使培养出的少数民族干部队伍更符合时代的要求、更符合实际的需要。炉山县招收180多名知识青年到县、地培训，分配工作。1951年，贯彻政务院《培养少数民族干部试行方案》，土地改革结束时招收100多名知识青年到经济部门工作。上述知识青年，多数为少数民族。至1951年底，全县共有行政干部497人（含公办中、小学教师，下同），其中少数民族190人，占38.23%。1953至1955年，先后选送127名县、区、乡干部到各级党校、团校、民族学校和其他院校学习。1956年底，全县行政干部达1009人，其中少数民族505人，比1951年增加315人，少数民族干部占干部的比例达50%，比1951年上升11.77个百分点。在行政干部中，当年有县级干部14人，其中少数民族7人，占50%；乡（镇）长49人，其中少数民族46人，占93.88%。1957年后，强调反对地方民族主义，民族干部培养受到影响。1965年，全县有行政干部1414人，其中少数民族592人，占41.87%，比1956年下降8.13个百分点。

党和国家为了维护多民族国家的统一和长治久安、实现中华各民族的发展和进步实行民族区域自治制度，通过大力开发民族地区的人才资源来协调民族关系、解决民族问题，促进民族地区的发展。

三、建立民族事务管理机构

中华人民共和国成立初期，民族事务工作由县委、县人民政府直接管理。1954 至 1956 年由县委统战部负责。1956 年黔东南苗族侗族自治州成立后，认为“自治州的一切工作都是民族工作”，民族事务工作一度不再提及。1962 年全省民族工作会议后，民族事务工作得到重视，由县人民委员会直接负责。“文化大革命”中，民族事务工作被取消。

四、启动民族识别工作

民族识别，即在充分尊重各民族意愿的基础上，对居住在一定地域上的人们共同体就其语言、经济生活、文化和心理素质以及历史来源要素，进行综合考察和分析研究，确定其族属和名称。民族识别为落实党的民族政策和推动民族平等团结局面的形成发挥了基础性作用，是中国特色社会主义民族工作的重要内容之一。

在长期的历史发展中，凯里地区有的民族由于自然和社会诸多因素，或消失，或分化，或演变。有的在过去民族歧视政策的压迫下，因生存而被迫隐瞒民族成分；有的经过民族融合，特点已不甚明显；有的因长期分散隔离，而被另相称呼；有的因内部各方面的差异，是同一性还是单一性，没有界定，等等，形成了种类繁多、地域分散、名称复杂的情形。由于各民族的发展不平衡性和其他条件的影响，不仅在发展水平上有差异，而且在民族内部也因地域不同，语言、文化和习俗的特点也不尽相同。新中国成立后，他们请求党和政府确定族称和认定民族成分，以返本归原。

1953 年人口普查时，贵州的民族称谓纷繁复杂，曾经多达 80 余个。经过初步分析，情况远非如此，其中有待于进行民族识别的，大致可以归于几种情况：（1）有些汉人迁居到少数民族地区，保留着汉族的特点，但是并不知道自己是汉族，而以当地其他民族称他们的名称作为自己的族称，被列入少数民族行列予以上报。（2）迁居到少数民族地区的汉族，前后有若干批。早去的汉族曾经长期和“内地”隔绝，和后去的汉族，在语言、风俗习惯上有一定区别，并且受到后去汉族的歧视，因而自认和当地汉族有区别，解放后有人要求承认是少数民族。（3）有些少数民族在民族压迫时代曾经不愿表明和汉族有区别，又有一部分民族上层受反动统治者的利用，统治过当地的其他少数民族。在被他们统治过的少数民族看来，他们是和汉族一样的，解放后不愿承认他们是少数民族。（4）历史上，有些民族曾经被分散，各自迁移。在迁移过程中，有些又和汉族接触，受到较深的影响，改变了语言，本民族的特点已不显著，经济上和汉族已分不开，但是受歧视，居住地不和汉族相混，自认是少数民族。（5）原来同是一个民族的一部分，迁移到了不同地区，基本上保持了相同的语言、风俗习惯、历史传统，但长期隔离，又被其他民族用了不同的名称相称呼，报了不同的民族名称。（6）有些民族分布在不同地区，各自分别接受了邻近民族的生活和文化特点，但仍保持共同语言，并被别族用同一名称相称。（7）有些民族集团分散在很广的地区，形成许多不相连接的聚居区，在语言、文化等方面都有差别，但长期以来被其他民族用同一名称相称，又自认是同一民族。如苗族等。（8）有些民族内部对于该族是单一民族还是另一民族的一部分的问题有不同意见，等等。①

五、重视民族教育、制定民族教育政策

早在 1922 年 7 月，中国共产党就在《第二次全国代表大会宣言》中明确提出："改良教育制度，实行教育普及。"② 1926 年 12 月在《湖南省第一次农民代表大会解放苗瑶决议案》中提出："开办苗谣简易学校。"③ 新中国成立后，在《中国人民政治协商会议共同纲领》中规定："人民政府应帮助各少数民族的人民大众发展其政治、经济、文化教育的建设事业。"并在第一次全国民族教育会议上提出少数民族教育的总方针为："少数民族教育必须是新民主主义的内容，即民族的科学的大众的教育。"并规定少数民族教育以培养少数民族干部为首要任务，同时加强小学教育和成人业余教育，并努力解决少数民族各级学校的师资问题。

1950 年 12 月 15 日，贵州省人民政府以省教社（50）亥字第 0001 号《贵州省人民政府训令》发布《贵州省 1950 年关于开展农村冬学的指示》，并强调指出："为配合完成本省今冬明春之反封建斗争任务，替明冬后春土地改革打下更

---

① 林耀华：《民族学通论》，193 页，北京，中央民族大学出版社，2005。
② 中共中央统战部：《民族问题文献汇编》，19 页，北京，中共中央党校出版社，1991。
③ 中共中央统战部：《民族问题文献汇编》，52 页，北京，中共中央党校出版社，1991。

好基础。一般农民文化和政治水平之提高，应为一极端重要工作……”1950年12月25日，贵州省人民政府下发省教社（50）亥字第0002号文件，“为顺利推行这一工作（冬学），以期取得经验，推及全省”，特指定43个县为试点试办县。炉山县也列为试点县之一。根据省、地指示，炉山县为配合五大任务和三大运动，积极开办夜校。1955年，以凯教字第33号炉山苗族自治县人民委员会通知，要求各乡村“认真选拔冬学教师参加集训，以便开展冬学工作”。1956年9月国务院发出《关于少数民族教育事业经费问题的指示》，指示根据当时有些省、自治区对民族教育经费照顾较差，甚至与一般地区同样处理，削减或取消民族教育补助费等的情况，明确规定，各地每年必须保证一定数额的少数民族教育补助费，并根据当地经济及教育事业发展情况，一般应逐年适当增加；今后一段时期内，民族地区的小学基本上公办。

六、尊重支持少数民族语言文字的学习和使用

民族语言文字是民族特征的直接表现，其对民族的政治、经济、文化发展起着重要作用。

1949年9月通过的《中国人民政治协商会议共同纲领》第五十三条规定：“各少数民族均有发展其语言文字，保持或改革其风俗习惯及宗教信仰的自由。”1952年2月，《中央人民政府政务院关于地方民族民主联合政府实施办法的决定》规定：“各民族代表在人民代表会议的协商委员会或常务委员会上，有使用本民族语言、文字的权利。会议中的重要报告、文件和发言，应尽可能译成参加会议的各民族文字，或配备译员作口头翻译。”“人民政府行使职权时，应尽可能地使用当地各民族的文字。”①1954年，第一届全国人民代表大会第一次会议通过的《中华人民共和国宪法》规定：“各民族都有使用和发展自己的语言文字的自由。”“自治区、自治州、自治县的自治机关在执行职务的时候，使用当地民族通用的一种或者几种语言文字。”1957年8月，黔东南苗族侗族自治州民族语文学校在凯里成立，炉山县选送20多名苗族知识青年参加苗文师资培训。同年12月，挂丁、凯棠等地先后开办苗文扫盲试点班。至1958年11月，全县有4210人参加苗文学习，经考核，有3670人能用苗文写书信，记录歌谣，达到脱盲标准。

① 中共中央统战部：《民族问题文献汇编》，84页，北京，中共中央党校出版社，1991。

党和国家对民族语言文字政策的贯彻落实，有力地促进了各民族的发展和各民族之间平等、团结、互助的社会主义民族关系。其主要表现在：一是组织少数民族语言文字调查队，编写出各少数民族的语言简志。新中国成立后，党和国家先后组织了少数民族语言文字调查队，深入到民族地区对各少数民族的语言文字状况进行了全面调查。二是帮助一些少数民族创制和改革了文字。先后帮助苗族、侗族等少数民族创制了拉丁字母形式的拼音文字。三是实行母语教学和双语教学，在我国少数民族学生中实施本民族语言文字教学的同时也使用国家通用语言文字教学。四是注重对少数民族语言文字研究的发展和人才培养。先后设立了部分省、自治区少数民族语文工作委员会各种类型、各种层次的少数民族语言文字的研究机构及翻译机构，兴办了从中央到地方的使用少数民族语言文字的新闻、广播、出版、翻译和印刷等事业，培养了大批的少数民族语言文字专门人才。

七、尊重少数民族风俗习惯

各民族长期在服饰、饮食、居住、生产、婚姻、丧葬、节庆、娱乐、礼仪等物质生活和文化生活方面形成的喜好、风气、习尚和禁忌等风俗习惯，是各个民族政治、经济和文化生活的一种反映，在不同程度上反映着民族的生活方式、历史传统和心理感情，是民族文化的一个组成部分，是民族特点的一个重要方面。在各民族交往中，能否正确对待和尊重对方的风俗习惯，特别是人口较多民族的人能否正确对待和尊重人口较少民族的风俗习惯，往往被看作是对其所属整个民族的是否尊重的标准。因此面对民族风俗习惯问题，必须慎重对待，切不可认为是生活小事而漠然处之。尊重少数民族的风俗习惯，各民族都有保持或者改革本民族风俗习惯的自由，这是党和国家对待少数民族风俗习惯问题的基本政策。

新中国成立后，1949 年 12 月政务院第十二次会议通过统一全国年节和纪念日的放假办法，指出："凡属少数民族习惯的假日，由各少数民族聚居地方的地方人民政府，斟酌各该民族的习惯，规定放假日期。"[①] 为使少数民族人民过好自己的节日，对那些有特殊生活习惯的少数民族，政务院还发布通令，制定特殊政

① 《人民日报》，1949 年 12 月 24 日。

策给予照顾。1952 年又做出了《关于对少数民族年节优待的决定》，对少数民族的年节进行一系列照顾，保证少数民族年节特殊用品的供应。1958 年，城市服务部、中央民委发布的《在副食商业工作中贯彻民族政策、尊重民族习惯、做好副食品供应的联合指示要求》，规定凡是国内供应紧张、少数民族又有消费习惯的特殊商品，都应该贯彻尽可能优先供应少数民族需要的方针，尤其对少数民族重大节日的副食供应，更应该引起极大重视。

八、制定政策保护少数民族传统文化

各族人民在不同的自然环境和社会环境中创造了丰富灿烂的民族文化，并在独特的社会历史发展过程中积累、传承，在历史的积淀、传递和演变中，形成不同的民族文化类型和模式，建立了各种独特的民族社会文化结构和制度形式，形成了不同民族的文化心理、价值观念和思维模式。民族文化对促进经济发展有重要作用。民族文化对社会主义民主政治的完善和发展有重大的影响，因此以提高少数民族人民的文化素质来提高民族主体的素质，是实现和发展民主政治的必要前提。另外，民族文化对民族的思想道德素质、人口素质的提高（包括数量控制和质量提高）都起着积极作用。

1949 年 9 月《中国人民政治协商会议共同纲领》提出："各少数民族均有发展其语言文字、保持或改革其风俗习惯及宗教信仰的自由。人民政府应帮助各少数民族的人民大众发展其政治、经济、文化、教育的建设事业。"1951 年 5 月，政务院发出的《中央人民政府政务院关于处理带有歧视或侮辱少数民族性质的称谓、地名、碑碣、匾联的指示》指出："对于历史上遗留下来的关于少数民族的称谓及有关少数民族的地名、碑碣、匾联等，如带有歧视和侮辱少数民族意思者，应分别予以禁止、更改、封存或收管。"1952 年《中华人民共和国民族区域自治实施纲要》又提出："上级人民政府应帮助各民族自治区发展其政治、经济、文化、教育和卫生事业"，"上级人民政府应利用各种适当的方式，向各民族自治区人民介绍先进的政治、经济和文化建设的经验和情况"。1954 年《中华人民共和国宪法》又规定："各上级国家机关应当充分保障各自治区、自治州、自治县的自治机关行使自治权，并且帮助各少数民族发展政治、经济和文化的建设事业。"

九、发展少数民族卫生事业

民族卫生工作关系到各族人民的健康和各项建设事业的发展。解放前，凯里地区的医疗卫生事业十分落后，大多数地方没有现代卫生机构和设施，缺医少药，地方病、传染病或其他一些疾病流行蔓延，严重地威胁着少数民族的健康和生存。贫病交加的少数民族人民，只能靠为数极少的民族医疗人员和土方草药同各种疾病作斗争。甚至有不少地方群众患病之后，只好求助于神佛、巫术，以致许多人被本来不难医治的疾病夺去了生命。一旦遇有传染病和其他疫情流行，人民大量死亡。新中国成立后，党和国家非常重视医疗卫生事业的发展。1949 年 9 月通过的《中国人民政治协商会议共同纲领》就指出："推广卫生医药事业，注意保护母亲、婴儿和儿童的健康。"1951 年，为了有计划地全面建设少数民族地区的医疗卫生事业，在北京召开了第一次全国少数民族卫生工作会议。会议分析了当时少数民族地区医疗卫生工作的情况、问题和主要疫病流行的状况，制定了开展民族卫生工作的规划。会议要求，在各少数民族地区逐步建立医疗卫生机构，组织巡回医疗队或卫生工作队到少数民族聚居区，从"内地"调配卫生工作人员支援边疆民族地区，积极培养少数民族的卫生技术人员。会议决定在一些边疆民族地区对少数民族实行免费医疗和减免收费，努力制止疾病蔓延，增进少数民族人民的健康，扭转人口减少的状况。同年 12 月，政务院文教委员会又批准《全国少数民族卫生工作方案》，指出："少数民族中，除用迷信办法的巫医，应促其觉悟施以适当教育外，对于用草药土方治病之民族应尽量团结与提高，可依具体情况开办民族医疗短期培训班。"1952 年 2 月的《中华人民共和国民族区域自治实施纲要》规定："各民族自治区自治机关得采取必要的和适当的办法，发展各民族的文化、教育、艺术和卫生事业。"由于措施得当，到 1957 年，少数民族地区的医疗卫生机构、病床和卫生技术人员都有了很大发展，并且有效控制了一些疫病的流行。1953 至 1958 年，凯里先后成立凯里区卫生院、旁海农村医院、炉山医院、万潮区卫生院等乡镇卫生所 21 个。1962 年，炉山县有公社卫生所 34 个。1971 年，调整为 27 个。1978 年，公社卫生所升格为公社卫生院，1984 年更名为乡镇卫生院。

同时，积极发展民族医药。凯里市民族医药具有三大特点：一是具有乡土特色，医生是本乡本土人，治病是为了救人，是群众信得过的乡土医生；二是具有一定医疗科学体系，对疾病认识分为“两纲、五经、三十六症、七十二疾”，诊治简便，疗效明显；三是药源丰富，治病费用少，为当地群众所喜爱。其中，苗族医药源远流长，民间有“千年苗医，万年苗药”传说。苗族医药靠口传心授，世代相传，医疗价值较高。1956 年有 12 名苗族医生参加联合诊所，有名望的熊德发经镇远专署批准吸收为炉山县人民医院草药医师。1961 年，炉山县组织 190 多名草药医师参加治疗“三病”，采用的药材达 1.3 万多公斤。1971 年，炉山县组织民兵团参加修建湘黔铁路，亦采集 4000 多公斤中草药为筑路民兵防治疾病，获通报表扬。

十、发展少数民族体育事业

少数民族体育政策是我国政府促进民族平等，维护民族团结，推进各民族共同繁荣的基本思想和执政理念的重要组成部分。自中华人民共和国成立以来，党和国家就一直坚持发展少数民族体育事业，增进人民健康，加强民族团结，弘扬民族文化的民族体育方针，为我国少数民族体育事业的兴旺发展奠定了坚实的社会基础与政治基础。早在新中国成立初期，中央人民政府就十分重视发展少数民族体育事业。1949 年 10 月，朱德就在中华全国体育总会成立大会上提出：“要广泛地采用民间原有的许多体育形式。”同年制定的《中国人民政治协商会议共同纲领》规定：“提倡国民体育。”1954 年通过的《中华人民共和国宪法》指出：“国家发展体育事业，开展群众性体育活动，增强人民体质。”1956 年 7 月，炉山县举办第一届职工篮球运动会，有清平镇、凯里区、万潮区、旁海区和县属机关、企事业单位等代表队参加，运动员 120 多人。1957 年 7 月，炉山县举办第一届篮球运动会，有清平镇、凯里区、万潮区、旁海区和县属机关单位代表队参加，男女运动员 100 多人，历时 4 天，观众 2000 余人次。1977 年 2 月，在旁海举行县农民运动会，比赛项目有篮球、乒乓球、象棋、赛马、芦笙等。

十一、构建平等团结的民族关系

新中国成立前，由于历代统治阶级实行民族压迫、民族歧视政策，民族隔阂、民族仇视极深。明清时期的苗族农民起义，除反对官府的压迫外，很大程度上表现为底层劳动人民与上层汉族之间矛盾的加剧。由于斗争的复杂，加上生产、生活等方面的需要，广大汉族劳动人民，包括已经失去统治权力的汉族军政人员，与少数民族群众则逐步建立了团结和睦的关系。明弘治七年（1494），香炉山千户所指挥顾良相因私调动官军而违纪，为避追究逃匿开怀受苗族保护，与苗族联姻融合于苗族，其后裔迄今均为苗族。清咸同年间，凯棠白水洞一苗族夫妇将凯里吕氏唯一的后裔抚养成人。凯里母氏，其后裔是汉族抚养大的苗族孤儿。明清时期，已脱离军政界或为谋生到境内定居的顾、王、石、时、张、蒋、吕、淳、尹等氏已与少数民族通婚。民国时期，汉族与少数民族通婚更多，打伙计、打老庚、合伙渔猎、经商、冶炼、烧砖瓦等更是普遍。新中国成立后，各民族一律平等，各民族空前团结，已形成了“你中有我，我中有你，你离不开我，我也离不开你”的新局面。据 1953 年第一次人口普查统计，以婚姻关系为例，开怀乡龙井村有汉族 60 户，其中与苗族通婚 34 户，占 56.67%。

十二、检查民族政策贯彻落实

认真开展民族政策执行情况检查，不断改进民族工作，促进社会主义民族关系的发展是民族工作的重要组成部分。1952 年 10 月，中共镇远地委、镇远专署发出通知，责成各县委对解放 3 年多来执行民族政策情况和民族工作情况进行一次检查，并将检查的情况报地委。经过 3 个多月的细致的工作，镇远地区所属的炉山、雷山、施秉、镇远、天柱、锦屏、三穗、岑巩、台江、剑河等县县委都进行了检查，写出了专题报告。通过检查，发现自 1951 年冬以来，在执行民族政策上存在着严重的问题：不尊重少数民族风俗习俗，侮辱、歧视少数民族干部和群众；强迫命令、捆绑吊打少数民族干部群众；不尊重民族感情；包办代替、不相信民族干部；不尊重少数民族宗教信仰，强迫少数民族群众改变宗教信仰、风俗习惯；残酷斗争打击少数民族上层人物等。由于工作中不尊重少数民族感情，不尊重少数民族地区社会发展实际，按指标划阶级成分，造成少数民族群众对土地改革工作队严重不信任。许多民族干部如同虚设，有职无权，一切工作都由南下和西进干部说了算，造成各民族干部间的互相不信任。为此，中共镇远地委于 1952 年 12 月 9 日和 1953 年元月 27 日两次向省委作了书面检查。通过这次检查，各级党政领导改进了工作作风，较好地执行民族政策。1955 年以后，随着农业合作化运动的迅速发展，部分干部头脑中激进盲动思想又膨胀起来，民族政策又被忽略，1956年7月份起，抽调几个县连同州直机关干部167人组成39个检查组深入到45个乡进行重点检查。通过检查，发现了执行民族政策上突出地存在着以下问题：不尊重少数民族风俗习惯，取消少数民族的传统节日和传统文娱活动，取消少数民族特需商品供应或违背民族特需品供应不赔不赚政策，取消民族传统节日免征酒税和屠宰税，等等。为此，中共黔东南地委于1956年10月向省作出了《黔东南地委关于民族政策执行情况的检查报告》，提出了彻底纠正在检查过程中暴露出来的违反民族政策的问题，检查执行民族政策制度化、经常化；加强各民族干部对马列主义的学习，加强对党的民族政策学习，提高各民族干部政策水平和工作能力；加强边沿地区工作，发展生产改变少数民族贫困状况；加强民族地区调查研究工作等六条意见。炉山县等地区很快呈现了社会安定和民族团结的局面。

第二节　改革开放后民族工作的加速推进

党的十一届三中全会后，凯里市委、市政府在党中央，省委、省政府及州委、州政府的坚强领导下拨乱反正，认真贯彻党的各项民族政策，不断巩固和发展社会主义民族关系。

一、加强民族事务管理

粉碎“四人帮”后，民族事务归口统战部负责。1980年11月，凯里县民族事务委员会成立，民族事务工作始有专门管理机构。1983年6月，内设苗文推行办公室，负责境内的苗文推行工作。办公室设专职干部1人，聘请苗文辅导员3人。至1990年，民族事务委员会共有职工7人，其中正副主任各1人；苗族4人，汉族、侗族、僅家人各1人。

二、加快民族干部队伍培养

中共十一届三中全会后，落实党的民族政策，加强对民族干部的培养，少数民族干部迅速成长。1985 年，全市有行政干部 4985 人，其中少数民族 2484 人，占 49.83%，比 1965 年增长 7.96 个百分点。1990 年，全市行政干部 6221 人，其中少数民族 3522 人，占 56.61%；在职县级干部 31 人，其中少数民族 16 人，占 51.61%；在职科（区）级干部 187 人，其中少数民族 106 人，占 56.68%；在职正、副乡（镇）长（书记）109 人，其中少数民族 99 人，占 90.83%；科技人员 3661 人，其中少数民族 1801 人，占 49.19%；大、中专以上文化程度的少数民族干部 1995 人，占少数民族干部总数的 56.64%。另外，还有一批凯里籍的行政干部、科技工作者在省内外以至中央的一些部门工作，其中副地级以上的领导干部 23 人，少数民族 19 人（苗族 18 人，仫佬族 1 人），占 82.61%；副教授或相当于副教授以上的科技工作者 108 人，其中少数民族 78 人（苗族 75 人，仫佬族 3 人），占 72.22%；有 9 人系有突出贡献专家，享受政府特殊津贴，其中少数民族 8 人（苗族 7 人，仫佬族 1 人），占 88.89%。

表 2–1　凯里市少数民族干部情况统计表

年份	干部总数	少数民族干部		年份	干部总数	少数民族干部	
		人数	占 %			人数	占 %
1952	729	283	38.82	1978	2456	1381	56.23
1957	991	518	52.27	1980	2906	1649	56.74
1962	1215	540	44.44	1985	4985	2484	49.83
1965	1414	592	41.87	1987	5754	2975	51.70
1975	2135	1176	55.08	1990	6221	3522	56.61

（来源：贵州省凯里市地方志编纂委员会：《凯里市志》，218 页，北京，方志出版社，1998。）

三、全面开展民族识别工作

党的十一届三中全会后，在党中央、国务院的领导下，在中央统战部和国家民委的直接指导下，1980年12月，贵州省人民政府组织开展了全省大规模的民族识别工作。由贵州民族研究所，贵州民族学院的专家、学者组成的8人“亻老族识别工作队”赴麻江、凯里两县开展民族识别工作。1981年5月，工作队写出《亻老族族别问题调查报告》上报省民委。

1980年到1981年9月期间，境内有僅家、东家、西家、木佬、绕家、三撬、六甲、下露司、刁家9个未定族称人群提出要求对其民族成分进行甄别。1981年10月29日，自治州人民政府组建自治州民族识别领导小组，统一领导民族识别工作。自治州民族识别领导小组由副州长吴朝明任组长，自治州委统战部部长王际鲁（汉族）、自治州民委主任潘树荣任副组长，潘正荣（苗族，自治州文化局局长）、周乐曲（侗族，自治州人事局局长）、杨世桂（女，侗族，自治州财政局局长）为成员，领导小组下设办公室，由潘树荣兼任办公室主任。1981年10月，在自治州民族识别领导小组具体领导下，有民族识别任务的黄平、凯里等县市都组建了由待识别人群知识分子、干部和群众组成的9个民族工作队开展工作。

与此同时，凯里、锦屏、黎平、从江4县也分别成立了民族识别工作队或工作组，对“西家”“三撬”“刁家”等待识别人群开展识别工作。凯里市于1983年秋组织“西家”代表24人的访问团访问了修文、开阳等县的“西家”人，1984年春，又邀请了修文、开阳等县的与“西家”服饰相同的苗族群众35人回访凯里“西家”，经过耐心细致的思想工作和科学的论证，解决了“西家”的族属问题。1984年4月，凯里市人民政府下文正式公布凯里的“西家”是苗族一分支。经过两年多的讨论会，会议认为，“三撬”从语言、风俗习惯、经济特征、心理素质等方面都与苗族较为接近，为苗族一分支。会后形成《关于“三撬”民族族属的意见》，1986年，根据广大“三撬人”的意愿认同于苗族。1991年，贵州省民委组织麻江县的“绕家人”代表到云南文山、红河等自治州进行考察，1992年5月，麻江“绕家人”认同于瑶族；1992年12月，贵州省民委组织麻江县、凯里市的“木佬人”代表到广西罗城、北海等地考察，1993年5月，麻江县、凯里市的“木佬人”认同仫佬族；1994年11月，贵州省民委组织麻江县的“东家人”代表到广东潮州、福建漳州等地考察，1995年6月，麻江县的“东家人”认同畲族。至此，全州民族识别工作基本告一段落。

四、恢复、更改民族成分

到1979年底，经过识别后法定的少数民族已达55个。在这之后，工作重心则转向了解决局部性的诸如民族成分的恢复、更改等情况复杂、难度较大的遗留问题。[①]在民族识别过程中，锦屏县墩寨区的亮司、平江等村的群众要求集体更改其民族成分为苗族；岑巩县的羊桥、镇远县的尚寨等乡大部分村寨的群众要求集体更改为土家族；黎平顺化乡的布依族要求集体更改为苗族，等等。在深入调查研究、认真考察历史源流、经过科学论证的基础上，为锦屏龙池、地步、华寨、亮司、平江、九南等地的龙姓958户，4532人和映寨、寨稿等地吴姓271户1330人更改了民族成分，由汉族更改为苗族；将黎平顺化瑶族乡的120多户670多人的布依族民族成分更改为苗族；将岑巩羊桥、镇远尚寨2000多户1.2万多人的民族成分由汉族更改为土家族；将丹寨高峰110多户600多人由汉族改为苗族等。据不完全统计，从1994年到1997年，集体由汉族更改为少数民族的总人数达到45632人。此外，从1984年到2003年这19年间，全自治州还零星地为2.9万多人恢复了其少数民族的民族成分。由于这些待识别人群的族别得到了确定，促进了自治州安定团结的政治局面，为实现各民族共同繁荣奠定了良好的基础。

民族识别使我国历史上长期受歧视、受压迫、不被承认或不敢承认自己的广大少数民族，从此有了明确的族属，并得到了国家法律的保护。党和国家制定的一系列民族政策，诸如民族区域自治政策、民族平等团结政策、培养少数民族干部政策、发展少数民族经济文化政策等，也只有在民族识别的基础上才得以全面地贯彻执行。[②]民族识别和民族成分的恢复和更改是民族工作的一项重要内容，为少数民族在祖国大家庭中行使当家作主的权利提供了前提，为落实民族团结进步政策创造了条件，对推动平等、团结、互助、和谐的社会主义民族关系的发展

① 林耀华：《民族学通论》，192页，北京，中央民族大学出版社，2005。
② 林耀华：《民族学通论》，193页，北京，中央民族大学出版社，2005。

具有重要的意义。

五、发展民族经济文化

为帮助少数民族地区发展经济文化，从1957到1990年，凯里市民族部门共拨出少数民族地区专项补助款446.52万元，以解决其生产、生活、文教卫生等方面的具体问题。其中1980至1990年拨330万元，补助修建桥梁25座，总长789米，解决34个自然村、3535户、18715人的过渡问题；补助修筑乡村公路10条，全长52公里，解决34个自然村、1124户、6167人的生产、生活运输困难；补助新建小水电站11座，架设输电线路20处，解决59个自然村、7257户、3.69万人的生活、生产用电；补助修筑人畜饮水池27个，水井13口，提灌站1个，引水管道总长14.46万米，解决64个自然村、3130户、1.72万人、9.92万头牲畜的饮水困难；补助修建农村卫生院5个，给500余人免费医疗；补助35所学校新修、维修校舍7757平方米，添置桌凳1488套；培训乡土人才105人；补助125户住房困难户新建房屋1万余平方米（其中44户建砖木结构房），解决500余人的住房困难。1988年，市民委拨出民族机动基金3万元购买杂交水稻种4500公斤、杂交玉米种2.2万公斤，无偿供给极贫户。1988至1989年，市民委以龙场镇平寨村和凯棠乡白水村为扶贫点，投资2.37万元，购买杂交水稻种8391公斤、杂交玉米种1170公斤、农药874公斤、化肥6吨，无偿支援极贫户。

为改变少数民族地区的文化落后面貌，帮助少数民族提高文化素质，促进共同繁荣，新中国成立初期，凯里市先后创办翁项民族小学、开怀民族小学和炉山民族中学，在学生助学金等方面对少数民族子女给予特殊照顾，使大批少数民族人才迅速成长。自20世纪80年代起，凯里市采取新的举措：凯里城区的四所完全中学设立民族高中班，专门招收农村的少数民族子女，其入学条件适当放宽（一般加20分），生活给予适当照顾（每月发生活费10元左右）；农村女孩一律免费入学；凡参加高考、中考的少数民族考生，其录取线一律给予10至20分的加分。

六、保护传承民族优秀传统文化

改革开放后，我国政府更加重视对少数民族传统文化的保护。2000年文化部和民委作出《关于进一步加强少数民族文化工作的意见》指出："随着城市化和工业化的发展，少数民族文化遗产的保护面临严峻的形势，民族文化生态的保护问题显得越来越突出。各地文化、民族部门要对民族地区的文化生态情况进行普查，对传统文化生态保存比较完整的地区，要建立民族文化生态保护区。民族文化生态保护区建设是一项系统工程，涉及各个方面。各地有关部门要在当地党委、政府的领导下，做好论证，统一规划，共同做好保护工作。民族地区要利用独特的自然和人文优势，发展文化旅游以及艺术演出、美术品交易、民间工艺品生产、反映民族地区影视制作等文化产业，建立一批有一定规模的文化产业集团，把民族文化资源变为发展文化和经济的优势。"

在党和国家的重视下，我国传统文化得到了很好的保护并推陈出新。首先，少数民族古籍文献得到挖掘整理和出版。我国少数民族古籍范围广、种类多，其内容包括历史、政治、经济、语言、文学、艺术、法律、军事、宗教、天文、历算、地理、医药、美术、生产技术等方面。新中国成立以前，少数民族古籍文献的搜集、整理，从来没成为国家计划内开展的一项事业，只是一些专家、学者的个别行为。尽管这些专家、学者付出了很大的努力，搜集、整理、出版了一些民族古籍文献，但由于得不到政府的重视和支持，收效甚微。新中国成立后，党和政府十分重视少数民族古籍工作。在国家尚处于百废待兴的20世纪50年代初，就开展了全国范围的少数民族社会历史和语言调查，发现、搜集、整理了大量如维吾尔族、回族、苗族、白族、瑶族、傣族等少数民族古籍文献，为深入开展少数民族工作奠定了良好的基础。党的十一届三中全会后，我国少数民族古籍工作迎来了黄金时期。1983年，第一次全国性的少数民族古籍整理工作座谈会召开，少数民族古籍保护、抢救、搜集、整理、翻译、出版、研究工作就此有序展开。凯里市积极开展抢救整理少数民族古籍工作，一是加强对民族古籍理论知识学习，提高对民族古籍工作重要意义的认识和掌握民族古籍的搜集整理工作方法；二是深入村寨进行调查研究，进一步加强对民族古籍的挖掘和搜集整理，发掘原始的民族古籍资料；三是搞好民族古籍的分类与编目，对于口碑和载体的古籍从它的历史、政治、经济、民俗、文学艺术和宗教等学科角度进行全面的普查和搜集。“十二五”期间，共搜集民族古籍80条，其中书籍类5条、经济类4条、文化类2条、文学类3条、诗歌类66条。编辑印刷了《凯棠苗族古歌》《凯里苗歌选》等民族古籍纸质资料，民族传统文化得到了很好的传承保护。

七、加强民族语文工作

十一届三中全会后，民族语文工作进入新的发展时期。1979年7月，第五届全国人民代表大会第二次会议通过的《中华人民共和国法院组织法》规定：“各民族公民都有用本民族语言文字进行诉讼的权利。人民法院对于不通晓当地通用语言文字的当事人，应当为他们翻译。在少数民族聚居或者多民族杂居的地区，人民法院应当用当地通用的语言进行审讯，用当地通用的文字发布判决书、布告和其他文件。”[①] 1984年，中华人民共和国第六届全国人民代表大会第二次会议通过的《中华人民共和国民族区域自治法》规定：“民族自治地方的自治机关保障本地方各民族都有使用和发展自己的语言文字的自由。”“民族自治地方的自治机关在执行职务的时候，依照本民族自治地方自治条例的规定，使用当地通用的一种或者几种语言文字；同时使用的语言文字执行职务的，可以以实行区域自治的民族的语言文字为主。”1991年国务院批转《国家民委关于进一步做好少数民族语言文字工作的报告》，该文件提出了新时期民族语文工作的指导思想、基本方针和主要任务。其中指导思想和基本方针是：坚持马克思主义语言文字平等原则，保障少数民族使用和发展自己语言文字的自由，从有利于各民族团结、进步和共同繁荣出发，实事求是，分类指导，积极、慎重、稳妥地开展民族语文工作，为推动少数民族地区政治、经济和文化事业的全面发展，促进国家的社会主义现代化建设服务。1981年11月13至17日，黔东南州召开全州民族语文工作会议，建立州民族语文推行试点工作领导小组，境内的苗文推行工作恢复。当年，举办苗文扫盲班2个，学员71人（男35人，女36人），全部达脱盲标准。1982年参加学习750人，脱盲420人（男250人，女170人）。1983年参加学习3261人，脱盲875人（男455人，女420人）。1982至1983年，炉山县民委收到学员寄来用苗文记录的歌谣150首，22.5千字，故事11个，16.5

① 《中华人民共和国民族政策法规选编》，103页，北京，中国民航出版社，1997。

千字。自1981至1990年，全市共举办13期苗文师资培训班，培训境内苗文专职教师、民办教师、公办中小学教师及扫盲班教师等苗文师资305人，并代培丹寨、麻江、黄平、施秉、镇远、雷山、天柱、锦屏、都匀等县市苗文师资94人。开办83个苗文扫盲班，35所中小学76个教学班开展"双语"（苗、汉语）教学实验，共有1.83万人较熟练地运用和掌握苗文。通过考核，凡苗文已扫盲的小学生，其汉语文的成绩均比未学过苗文的学生成绩明显提高。在这一方针的指导下，凯里市少数民族的语言文字事业取得了辉煌成就。

八、尊重少数民族风俗习惯

1979年10月，中共中央、国务院批转国家民委党组《关于做好杂居、散居少数民族工作的报告》，再次强调必须认真尊重少数民族的风俗习惯。1982年《中华人民共和国宪法》规定："各民族都有使用和发展自己的语言文字的自由，都有保持或者改革自己的风俗习惯的自由。"同时，《中华人民共和国民族区域自治法》规定："民族自治地方的自治机关保障本地方各民族都有使用和发展自己的语言文字的自由，都有保持或者改革自己风俗习惯的自由。"鉴于1958年"大跃进"以后在执行民族政策中存在问题较多的情况，1962年8月4至9日，中共炉山县委、县人民委员会在凯里召开了有民族代表、民主人士等方面代表共117人参加的全县民族工作会，会议对民族工作提出了许多具体改进意见：在拔白旗、反右倾、整顿食堂、反瞒产等运动中，被斗的干部绝大多数属错斗，要迅速进行甄别、平反，恢复他们的名誉；对不符合下放条件但已下放了的和因受到处分消极不干而离职的少数民族干部要动员回来；对少数民族的传统节日和跳芦笙、爬坡、跑马、斗牛活动不要加以干涉；要增加一定数量的自留地，作为少数民族的麻园地、棉花地和蓝靛地。会后由于连续不断开展运动，在落实上述意见过程中，又连续不断发生违反民族政策的错误。在农村，不少干部被打成"走资本主义道路的当权派"，很多被打成"投机倒把分子""暴发户""被漏划的地主富农分子""单干头子""坏分子"，视铜鼓、芦笙等民族乐器为"封、资、修"没收砸烂，民间匠人被批挨斗，并没收其银饰加工、芦笙制作等工具。这些人员，有的被没收房屋、耕牛等生产、生活资料，有的被罚款，民族政策再遭破坏。党的十一届三中全会以后，党和政府重申了有关少数民族风俗习惯的正确政策，自1980年起进行全面清理，凯里市先后拨出11万元民族经费，对457名农村干部（不含国家职工）、群众赔偿部分经济损失，挽回其影响。

1992年《城市民族工作条例》规定："城市人民政府应当教育各民族干部、群众相互尊重民族风俗习惯。宣传、报道、文艺创作、电影电视摄制，应当尊重少数民族风俗习惯，宗教信仰和民族感情。""城市人民政府应当按照国家有关规定，对具有特殊丧葬习俗的少数民族妥善安排墓地，并采取措施加强少数民族的殡葬服务。城市人民政府对少数民族人员自愿实行殡葬改革的，应当给予支持。"进入新世纪，凯里市委、市政府和社会各界不断加大对各民族文化的保护力度。鉴于此，对凯里民族文化传承保护、交流融合等方面满意度进行了问卷调查，本次共发放问卷400份，收回有效问卷400份，具体结果见表2-2：

表2-2　民族文化因素与城市民族关系状况的满意度[①]　（单位：人）

<table>
<tr><th colspan="2" rowspan="2">内容</th><th colspan="4">对目前居住的环境民族关系状况满意度</th><th rowspan="2">合计</th></tr>
<tr><th>很满意</th><th>满意</th><th>比较满意</th><th>不满意</th></tr>
<tr><td rowspan="5">在节庆、歌舞、服饰、建筑、习俗等文化传承保护、交流融合等的满意度</td><td>很满意</td><td>8</td><td>6</td><td>14</td><td>0</td><td>28</td></tr>
<tr><td>满意</td><td>13</td><td>81</td><td>81</td><td>23</td><td>198</td></tr>
<tr><td>比较满意</td><td>4</td><td>56</td><td>14</td><td>2</td><td>76</td></tr>
<tr><td>不满意</td><td>8</td><td>36</td><td>32</td><td>18</td><td>94</td></tr>
<tr><td>很不满意</td><td>0</td><td>4</td><td>0</td><td>0</td><td>4</td></tr>
<tr><td colspan="2">合计</td><td>33</td><td>183</td><td>141</td><td>43</td><td>400</td></tr>
</table>

由此可以看出，各族群众整体上对民族文化保护满意程度较高，比较满意以上占75.50%；对目前居住环境的民族关系的满意度也是比较高的，比较满意以上占89.25%。受访者表示，在凯里社区经常举办文艺活动，大家积极参加，相互感受到各民族的优秀传统文化，这些活动对助推各民族交往交流交融和促进和谐民族关系具有重要作用。

① 陈礼荣：《城市化进程中的凯里市民族关系研究》，贵阳，贵州民族大学硕士论文，2018。

九、发展少数民族卫生事业

党的十一届三中全会后，我国更加重视少数民族地区的医疗卫生工作。1984年9月，卫生部和国家民委在内蒙古自治区呼和浩特市召开了新中国成立以来的第一次民族医药工作会议。会议充分肯定了民族医药在整个医疗卫生事业中的地位和对保障少数民族人民健康的重要作用，分析了民族医药存在的问题，提出了解决办法，并且制定了第七个五年计划民族医药发展计划。2001年在修订的《中华人民共和国民族区域自治法》中再次强调："民族自治地方的自治机关，自主地决定本地方的医疗卫生事业的发展规划，发展现代医药和民族传统医药。民族自治地方的自治机关加强对传染病、地方病的预防控制工作和妇幼卫生保健，改善医疗卫生条件。""民族自治地方实行计划生育和优生优育，提高各民族人口素质。"1986年，凯里市组织开展中药资源普查工作，收集民间秘方、验方100多个，印发给市内医务人员作参考应用。旁海农村医院中西医结合主治医师杨昌荣、凯里市人民医院新针主治医师谢应祥，经多年研究运用中西医医疗技术治疗多种疑难病，深受市内外患者赞扬。1981年，炉山县卫生局考核44名草药医生，有32名合格，发给合格证书，允许在境内行医。1987年，有1名苗医药医生被贵州省民族医药研究所吸收进所学习深造。1988年，全市26个乡（镇）卫生院共有苗族医生21名，农村民间草医有170多名，在城镇开业的民族医药25家。

十、发展少数民族体育事业

改革开放后，我国政府对少数民族体育更加重视。1981年国家体委与国家民委在研究制定少数民族体育工作方针时指出："要贯彻落实党的民族政策，积极开展民族传统体育和近代体育活动，提高少数民族的健康水平和运动技术水平，活跃群众文化生活，促进民族团结，为建设社会主义精神文明服务。"为此，1984年中共中央发出通知，指出："体育是全民族性的群众活动，全党全社会都要重视加强体育工作，进一步发展全民族体育运动。"并于1995年颁布了《中华人民共和国体育法》和《全民健身计划纲要》。《中华人民共和国体育法》规定："国家扶持少数民族地区发展体育事业，培养少数民族体育人才。"《全民健身计划纲要》第十二条中特别指出："积极发展少数民族体育，在民族地区广泛开展以少数民族体育项目为主的体育健身活动。"1999年时任总书记的江泽民同志为第六届全国少数民族传统体育运动会题写了"发展民族体育，增强民族体质"的题词。进入新世纪，我国政府在《中华人民共和国民族区域自治法》中指出："民族自治地方的自治机关自主地发展体育事业，开展民族传统体育活动，增强各族人民的体质。"并在此基础上，制定了《2001—2010年体育改革和发展纲要》明确提出："要率先抓住西部大开发的有利时机，积极扶持中西部地区和民族地区发展体育。"并具体规定："对西部地区和少数民族地区在承办赛事、体育设施建设和体育人才培养等方面给予积极支持。"为此，国家不断加大对少数民族体育经费的支持力度，增加对上述地区全民健身工程和青少年体育俱乐部的布点，支持西部地区举办更多的全国性竞赛，并卓有成效地实施了"雪炭工程"，向西部少数民族地区援建大批体育馆项目，有效地促进了西部民族地区体育事业迅速发展，具体如下。

一是举办少数民族传统体育运动会已形成制度。全国各省区市（除港澳台外）都定期或不定期地举办省级民族运动会，其中26个省区（市）已形成每4年一届的赛制，其他省不定期地举办民族运动会。除综合性大型比赛外，有些地方还定期或不定期地举办民族传统体育单项比赛。

二是群众性民族传统体育活动渐趋活跃。群众性民族传统体育活动在少数民族聚居区开展得比较普遍。一方面表现为民族乡村的基层民族传统体育赛事日益增多，而且灵活多样；另一方面，群众性自发的传统体育活动日趋活跃。

三是少数民族传统体育运动水平大幅度提高。全国少数民族传统体育运动会使民族传统体育项目走向规范化，带动了竞赛水平的提高，而各地举办的民族传统体育运动会以及广泛兴起的民间传统体育活动又为全国民族运动会奠定了坚实的基础。

四是民族体育基地逐步建立和完善。积极打造凯里民族体育品牌，优化运动项目布局，挖掘民族体育发展潜力，拓展运动员选拔、交流平台。

1983年2月，在炉山举行县农民运动会，比赛项目有篮球、乒乓球、象棋、赛马、芦笙等。1988年4月，举行七乡一镇农民运动会，比赛项目有篮球、拔河、象棋、跳棋等，参赛运动员252人，历时3天。1984年7月，举办凯里市第一届运动会，参加单位有市直属机关、企事业单位、凯里区、旁海区、万潮区、炉山区等代表队，同时邀请都匀市队参加赛马比赛。运动会历时5天，比赛项目有篮球、足球、羽毛球、象围棋、芦笙铜鼓、赛马等，参赛运动员966人，观众5万多人次。1989年9月25日至10月6日，举办凯里市第二届运动会，比赛项目有篮球、足球、赛马、斗鸟、中老年人迪斯科等11项，参赛运动员1309人。这些运动会彼此相辅相成，上下互动，有效地推动少数民族传统体育事业的发展。

第三节 民族团结进步事业的全面发展

党的十八大以来，按照中央、省委、州委的部署和要求，大力弘扬“团结奋进、拼搏创新、苦干实干、后发赶超”的新时代贵州精神和“敢闯新路、敢于突破、敢于胜利”的黔东南精神，紧紧围绕“共同团结奋斗、共同繁荣发展”的民族工作主题，凯里市上下聚力决战脱贫攻坚、决胜同步小康，政治、经济、教育、文化、科技等各项事业取得了前所未有的辉煌成就。2016年获“全国民族团结进步创建活动示范市”荣誉称号。

一、深入推进民族团结进步示范创建

“十二五”以来，凯里市各族干部群众紧紧围绕“两个共同”的民族工作主题，深入推进民族团结进步创建活动，先后荣获全国优秀旅游城市、国家卫生城市、全国文明城市提名资格、全国少数民族团结进步先进集体、全国民族团结进步创建示范市等称号。全市呈现出经济快速发展、社会全面进步、各民族和睦相处的大好局面。

（一）强化民族团结进步创建各项保障

科学谋划民族团结进步创建活动，建立有效机制，加强组织保证，明确责任，强化措施。一是健全工作机制。市委、市政府深入贯彻落实党和国家的民族政策，认真贯彻落实《中共中央、国务院关于加强和改进新形势下民族工作的意见》《国家民委关于推动民族团结进步创建活动进机关、企业、社区、乡镇、学

校、部队的实施意见》，制定了《凯里市民族团结进步创建活动实施方案》，出台了《凯里市关于民族团结进步创建活动工作实施意见》，明确了创建目标和主要任务。二是强化各项保障。成立市民族团结进步创建活动工作领导小组，主要领导亲自抓，分管领导具体抓，层层落实责任，协调配合、共创共建。市政府每年投入50万元作为民族团结进步创建活动经费，对各有关单位严格督促检查，强化宣传教育，筑牢民族团结感情根基。同时加大少数民族人才培养力度。2016年，全市共有副科级以上（不含副厅级）领导干部868人，其中少数民族干部690人，占79.49%。三是营造浓厚氛围。以民族团结进社区、进乡村、进学校、进企事业单位、进机关、进军营“六进”活动和贵州省民族团结进步模范评选等活动为载体，大力宣传开展民族团结进步创建活动的重大意义，系统宣传民族工作方针政策、民族理论、民族知识以及“一法两规”相关内容，积极引导全市各族干部群众积极参与创建活动，在全社会唱响“共同团结奋斗、共同繁荣发展”的主旋律，形成人人关心、人人参与民族团结进步创建的良好氛围。四是培育先进典型。加大对乡（镇）街道、示范（模范）单位、模范个人的培训和打造力度。黔东南苗族侗族自治州九黎苗妹工艺品有限公司荣获“全国民族团结进步先进集体”；黔东南苗族侗族自治州民族职业技术学院等5所学校荣获“全省民族团结进步创建活动示范学校”；西门街道州府社区等3个社区荣获“全省民族团结进步创建活动示范社区”；大风洞乡下寨村等2个村寨荣获“全省民族团结创建活动示范村寨”；武警支队凯里市中队荣获“全省民族团结进步创建活动示范军营”。并通过在各级媒体上大力宣传他们在民族团结进步工作方面的好做法、好经验，充分发挥先进典型示范效应，带动全社会共同参与民族团结进步创建活动。

（二）奋力提升各族群众生活水平

把提高各民族人民生活水平作为开展民族团结进步创建活动的根本出发点。一是深入实施“大扶贫”战略行动。大力实施“五个一批”工程和小康创建“六项行动计划”，脱贫攻坚成效显著。“十二五”以来，共减少农村贫困人口2.25万人，并通过了贵州省同步小康达标认定。二是加强“一村一品”建设。以“调结构、转方式、促创新、增后劲”为着力点，推进“一村一品”建设，全市共建成农业园区21个，累计培育经济合作组织168个、专业大户152户、家庭农场

283个，建成菜篮子基地28个。三是大力发展民族旅游。建成凯里苗侗风情园、舟溪云谷田园、凯里华恺斗牛城、下司古镇等一批旅游景区景点，获批4个国家3A级景区。完成巴拉河沿线村寨和南花、麻塘等村寨40余家乡村旅舍（农家乐）升级改造，评定18家三级乡村旅舍。成功承办了“中国·凯里原生态民族文化旅游节”和“中国·凯里甘囊香国际芦笙节”等大型节会活动，有效带动了民族地区经济发展。四是全力扶持人口较少民族发展。制定《凯里市“十二五”扶持人口较少民族发展总体规划》，投入并整合资金2亿元，实施项目191个，整村推进23个人口较少民族村寨优先发展。2015年，人口较少民族村寨基本实现了“五通十有”和“一达到、二减少、三提升”的目标。五是快速推进电子商务发展。建成市、镇、村三级电商服务体系，获得国家级电子商务进农村综合示范县称号，2016年电商交易额突破2亿元，电商发展指数名列全省第一。2016年底，全市财政总收入达58.9亿元，城乡居民人均可支配收入分别为27401元和9963元，入围西部“百强县”。

（三）加快推进各族群众精神文明建设

把保护和弘扬民族文化作为精神文明建设的重要内容。一是加大民族文化人才培养。成立“中国·凯里碧档嘎苗歌传承地”和开怀苗族语言文学培训基地，聘请民族文化专家或民间民族艺人，面向群众集中开展苗文、苗歌等专题培训，2016年累计培训1500余人次。为大力弘扬民族文化，拟投资12亿元建设“贵州·凯里民族古歌古辞碑林园”，投资20亿元建设“香炉山蚩尤文化园”景区，目前已启动建设。同时，大力开展民族文化进校园活动，每年安排50万元民族教育专项资金，用于民族文化进校园项目示范学校、双语教学示范校建设，将优秀的民族体育、音乐、舞蹈、刺绣、蜡染、银饰加工等引进校园、引入课堂和课外活动。从2014年起，在全市举行民族文化进校园成果展演，按两年一期，营造了全市民族文化进校园活动多姿多彩、氛围浓厚。二是加强民族文化研究。以“中国·贵州凯里苗族文化论坛”为平台，促进全国各地苗学专家学者对苗族和苗族地区文化创新发展的交流和讨论。并围绕民族文化保护等加强重大课题调查研究，形成《凯里市民族文化特色村寨保护开发的思考》等30个可行性调研报告。三是推进民族文化传承保护。加大民族文化挖掘、包装和推介力度，创作出《银·绣》等多个民族文化艺术精品。同时，积极申报非遗项目，全市共有非物质文化遗产国家级4个，省级13个，市级62个；民族文化传承基地省级2个，州级3个，市级10个。农家书屋实现行政村全覆盖。

（四）全面发展各族群众社会事业

把提高各族人民的幸福指数作为社会事业发展的根本动力。一是加快发展教育卫生事业。投入资金40亿元推进教育突破工程、“9+3”计划等项目，新改扩建学校190所，获得“国家义务教育基本均衡发展县”称号；落实公共卫生均等化服务，新改扩建医疗卫生机构73家，成功创建2个省级卫生乡镇，苗侗医药文化街建成营运。各族人民期盼的基础教育得到优化，医疗卫生明显改善。二是稳步推进就业创业。“十二五”以来，共建成10个创业基地，公共就业服务平台实现全覆盖，城镇新增就业10.5万人。三是不断完善社会保障体系。城乡居民社会养老保险参保率达99.5%，新农合大病保险实现全覆盖。城乡低保保障标准每年提高10%以上，2016年城镇低保达到6540元/年，农村低保达到3132元/年。四是改革创新社会治理。建立完善维护民族团结和宗教稳定的长效机制，落实一村一警务助理、禁毒社区专干和不稳定因素排查制度，城中村社会治理“金井村”模式得到贵州省和黔东南苗族侗族自治州肯定并加以推广，荣获全国法治县市区创建活动先进单位。

（五）全力建设各民族共有绿色家园

民族文化和生态环境是促进社会经济发展的两个宝贝，在弘扬和传承民族文化的同时，把加强生态环境保护作为最实惠的民生福祉。一是稳步推进森林城市建设。深入实施“拆墙透绿”“增绿添彩”和裸露山体植被恢复等绿化工程，启动森林城市创建工作，城市建成区绿化率达36.8%。成功创建全国环境优美乡镇1个、国家级生态村2个；省级生态乡镇2个、省级生态示范村9个，森林覆盖率达56%，荣获贵州省森林城市、贵州省园林城市、“中国绿色生态城市”称号。二是致力美丽乡村建设。“十二五”时期，完成美丽乡村建设各类规划400多个，覆盖全市各乡镇的民族村寨；完成社会主义新农村建设50个、扶贫开发“整村推进”项目57个。强化实施重点村寨“整脏治乱”工程100个，惠及农民群众11万人。2017年实现所有自然村寨路灯全覆盖、所有垃圾收运设施设备全覆盖、所有乡村卫生保洁员全覆盖。三是加大环境治理力度。集中饮用水源地和农村1000人以上饮用水达标率为100%。在干部群众齐心努力下，凯里市民族村寨呈现出环境优美、民风淳厚、团结和谐、共同发展的良好局面。

二、提升城市民族流动人口的服务管理水平

凯里市辖2个省级经济开发区、11镇9个街道办事处35个社区，全市总人口70万，少数民族人口占全市总人口的75.5%。外来少数民族流动人口10万余人，其中苗、侗两个少数民族流动人口9万余人，占外来少数民族流动人口总数的90%，其他少数民族流动人口1万人左右。少数民族流动人口农民工18—45岁8.6万余人，46—59岁1.4万余人，大专以上文化程度0.4万人，高中文化1万余人，初中以下文化8.6万余人，从事建筑及装饰业人数7万余人，服务业1.5万余人，其他从业人员1.5万余人。“十三五”以来，凯里市结合实际，采取有效措施，以“促进民族团结，构建和谐城市”为工作目标，将民族工作纳入构建和谐新凯里的各个工作环节，进一步推动城市少数民族流动人口服务管理工作深入开展，有力地推进了民族团结进步事业的发展。

（一）以活动为载体，营造民族工作进社区的良好氛围

将民族政策法规的宣传纳入到党建工作统一规划中，坚持“三个先行”，充分利用社区、城中村文化阵地，积极宣传党的民族政策法规。

一是强化“八进”，营造氛围。积极开展“八进”活动，将民族团结宣传教育与民族节庆活动相结合，采取文艺演出、板报专栏、张贴标语等形式，唱响了“民族团结一家亲”的主旋律，增进了各族群众友谊，使“三个离不开”思想家喻户晓，深入人心。同时，组织社区群众广泛深入学习民族知识、民族理论及党的民族政策和国家的民族法律法规，积极开展民族政策宣传教育进社区、进村、进家庭的活动，通过张贴标语、宣传板报等形式开展宣传，促使宣传教育活动贴近基层、贴近群众、贴近生活，使社区群众牢固树立团结、和谐、稳定、发展的观念，营造民族团结和谐的良好氛围。

二是文化共享，共建和谐。大力支持各社区开展民间文艺活动，共同组建芦笙队、歌舞队、合唱队等民间文艺队伍40余支。充分发挥社区少数民族的资源优势，支持引导少数民族同胞过好自己的传统节日，通过举办各类文化活动，为流动少数民族群众按照自己的民族文化习俗在居住社区过年过节搭建平台，把传统的生活方式留存下来，保证文艺活动长期正常开展，保证民族文化“留得住”，把少数民族工作融入到和谐社区建设工作中，促进流动少数民族群众融入

新生活。2019年成功举办各类节庆活动60余场，流动少数民族群众参与人数5万余人次，活动内容涵盖各个少数民族文化和礼仪习俗，既丰富了流动少数民族群众的精神生活，又促进了彼此的交流与团结，使少数民族群众居住点成为名副其实的“民族大家庭”。

三是加强培训，就业增收。增强流动人口少数民族的职业技能，结合全市实际和用工务工需求，进一步加大相关技能培训，为他们进厂就业创造条件，不断增加他们的工资性收入。通过民族文化传承基地助推脱贫攻坚“双培”培训，紧紧围绕月嫂、厨师、家政服务、民族刺绣和双语等方面展开培训，帮助少数民族流动人口基本掌握国家通用语言文字，掌握脱贫适用技能创造条件。同时，动员凯里周边企业和市内各大小企业提供就业岗位，提高流动人口就业率。2020年凯里市流动人口就业率达96.65%。

（二）以服务为抓手，积极为少数民族群众排忧解难

一是建立组织，夯实基础。凯里市委、市人民政府高度重视城市民族工作，成立了凯里市城市民族工作领导小组，市分管领导任组长，市人大、市政协联系领导任副组长，各有关部门为成员的工作领导小组，定期召开会议，研究解决涉及民族问题的一些疑难、重大问题。凯里市围绕工作重点，健全了35个社区信息网络，建立协调城市民族工作联合机制，加强了信访、公安、国保等部门的协调，互通情况、化解矛盾，有力地推动了凯里市城市民族工作的有序开展。

二是至诚服务，融入生活。为引导少数民族流动人口在较短时间内熟悉城镇生活基本常识，做到登门宣传党和政府的惠民政策，将城镇管理有关规定、文明用语、卫生常识、安全知识、有关民族政策和与少数民族流动群众生活紧密联系的相关政策宣传到户到人。同时，在满足社区正常工作的前提下，设立少数民族流动人口专项服务窗口网格化管理体系，联动抓好社区流动人口管理工作。发挥窗口引领作用，统筹社区管委会、社区便民利民服务中心、卫生服务中心等相应服务管理机构，为少数民族群众提供优先、优质、优惠服务。对家庭确有困难而自己又无法解决的，帮助其排忧解难，真正做到宣传工作到位，热情服务到位，实现少数民族流动人口服务管理全覆盖。

三是友情关爱，化解矛盾。各街道、社区都充分利用社区的资源优势，想方设法为少数民族流动人口排忧解难。在社区设立心理咨询室、电子图书馆、爱心

小超市等，配置部分民族乐器，适时举办民族文化活动，不断丰富社区少数民族群众文化生活，使得民族文化得到充分挖掘、保护、传承和弘扬。社区干部、志愿者不定期上门与少数民族、少数民族流动人口谈心交心，深入了解他们的思想动态，引导他们正确反映意见，及时化解问题与矛盾。每到“六一”，向少数民族、流动人口少数民族儿童赠送节日慰问品及学习用品等；每逢市级举办农民工技能培训或招聘会，积极宣传，鼓励少数民族参加，解决少数民族同胞就业难的问题；建立少数民族流动人口信息化网络平台，完善出租屋管理站，健全少数民族人口的信息档案，实时动态掌握少数民族群众的人员动态。在城市少数民族流动人口困难群众的社会救助上提供便利服务，对少数民族流动人口困难家庭经营生活遇到困难开展帮扶，特别针对生活困难且因病、灾等加重经济负担的少数民族家庭，积极争取政策扶持，帮助这些家庭落实生活保障，打造了北京路社区“省级城市民族工作示范社区”、上马石“全国民族团结进步创建示范社区”等一批有特色、有影响的少数民族服务工作品牌。

（三）以创新为源泉，积极探索社区民族工作新机制

社区党支部高度重视维护区域稳定，尤其是涉及民族领域的稳定工作。因此，要积极畅通群众诉求渠道，坚持“尊重人、理解人、感动人”的工作态度，及时并有效处理涉及民族方面的矛盾纠纷，营造和谐诚信社会氛围。主要制定和贯彻了以下制度：一是工作会议制度：社区每年召开一次民族工作的会议，传达学习上级有关会议和文件精神，反映社情民意，协调解决区域少数民族群众的重点问题。二是联谊走访制度：定期组织社区少数民族群众学习党的方针政策和时事政治，重大节庆期间积极组织开展有民族特色的联谊活动，努力丰富少数民族群众的文化生活。三是台账资料制度：及时准确地掌握市内少数民族流动人口基本情况，切实做好民族工作信息、台账资料的收集、整理、归档等基础性工作，认真总结工作经验。

三、铸牢中华民族共同体意识

“十三五”时期，凯里市委市政府以习近平新时代中国特色社会主义思想为指导，全面贯彻党的十九大精神，引领全市各族人民不断铸牢中华民族共同体意识，推动民族团结进步事业创新发展。始终紧扣铸牢中华民族共同体意识这条主

线，全面贯彻党的民族理论和民族政策，坚持各民族“共同团结奋斗、共同繁荣发展”工作主题，全面深入持久开展民族团结进步创建工作，铸牢中华民族共同体意识。

（一）高位推动，强化理论武装，增强政治定力

加强对凯里市全国民族团结进步创建活动示范市工作的集中统一领导，统筹协调各方面力量，高位推进全国民族团结进步示范市工作，共同铸牢中华民族共同体意识，巩固提升全国民族团结进步示范市创建成果。凯里以市委书记、市委副书记、市人民政府市长任组长，市委其他常委任副组长，市委各部位、市政府各部门、各人民团体、中央和省、州驻凯有关单位，各镇（街道）党委和政府（办事处）主要负责同志为成员的凯里市巩固提升全国民族团结进步示范市工作领导小组，统一协调深入持久推进民族团结进步创建工作，制定了《2020年度全市巩固提升全国民族团结进步示范市工作要点》，为推进民族团结进步创建工作提供组织保障。

同时，进一步增强全市广大领导干部民族理论知识，深刻领会黔东南州创建全国民族团结进步示范州总结大会精神，铸牢中华民族共同体意识。2020年7月21日，凯里市设分会场收听收看会议实况，凯里市委书记向必武，市委副书记、市长杨波，市人大常委会主任潘志刚，市政协主席巫贵生，市委副书记李建宇，市委常委，市人大常委会、市政府、市政协，黔东南高新区有关领导同志及各级各部门主要负责同志近160余人在凯里分会场参加会议，认真听取州委书记桑维亮同志讲话，为全面深入持久开展民族团结进步创建工作奠定思想基础。

（二）多措并举，助力脱贫攻坚，夯实经济基础

秉承发展是第一要务的原则，深入把握精准扶贫精准脱贫基本方略，以脱贫攻坚统揽经济社会发展全局，精锐出战。一是健全帮扶体系。坚持因村派人，选派“第一书记”、驻村工作队员，按照“领导包片、部门包村、干部包户”，2020年明确31名县级领导下抓两级，联系20个镇街和27个深度贫困村；85个部门结对帮扶166个村，5609名干部结对帮扶16290户贫困户；开展“城帮乡”“国企帮村”“百企联百村”行动，3个无脱贫攻坚任务的街道帮扶6个任务较重的镇，6家国企与8个深度贫困村结对，105家民营企业帮扶100个村，实现贫困村、贫困户结对帮扶全覆盖。二是做大农业促增收。牢牢把握农村产业革命“八要素”，以坝区产业结构调整为突破，围绕“鸡、猪、渔、菌、菜”五

大农业主导产业和"两椒一果"、林下"鸡、蜂、菌、药"等特色种植养殖产业，大力推广"龙头企业＋合作社＋农户"的模式，引进和培育州级以上重点龙头企业45家，专业种养大户178户，农民专业合作经济组织425家，村级农民专业合作社156个，以保底收购、股份合作、资产受益、吸纳就业等方式，构建生产经营主体与贫困户紧密利益联结关系。三是抓实就业促增收。采取党建引领、产业扶持、党员带动、教育培训、劳务协作、开发公益性岗位等措施，千方百计促进群众就业。2020年，凯里市克服新冠疫情影响，全市脱贫建档立卡贫困户中有劳动能力32199人，实现就业创业30212人，就业率达93.83%，其中，共计转移农村劳动力就业13291人，有组织劳务输出2231人（贫困劳动力362人）。同时，积极开发护林员、护路员、保洁员等各类公益性岗位，安置贫困劳动力和易地扶贫搬迁劳动力1775人，实现贫困群众就近就业和稳定创收。

2020年全市生产总值完成281.76亿元，同比增长3.0%，城乡居民人均可支配收入分别为36552元、14184元，分别增长4.9%、7.8%。为凯里少数民族地区社会发展经济奠定了坚实基础，实现"全面建成小康社会，一个民族不能少；实现中华民族伟大复兴，一个民族也不能少"的光荣使命。

（三）双创双促，注重融合发展，提升市民素质

始终把创建全国文明城市作为"一把手"工程来抓，融合民族团结进步示范创建，坚持"创建为民、创建靠民、创建惠民"理念，切实把以人民为中心贯穿精神文明创建全过程。凯里市作为黔东南苗族侗族自治州州府所在地，融合了苗族、侗族、汉族等民族文化，在文明城市打造过程中，始终注重将传统文化、民族文化和先进文化融入凯里城市文明，不断提升市民素质，塑造城市文明。凯里作为一个区域性文化融合体，独具苗侗特色、底蕴深厚且保护完好的民族文化资源，以及优秀的生态资源禀赋，是苗侗文化适应城镇化和苗侗文化助推城市经济发展的前沿阵地，是新的历史条件下苗侗传统社会转型升级的典型区域。在创建文明城市中，凯里市着力统筹各种资源，充分发挥优势，致力于民族文化品牌的打造和产业化培育，充分发挥中心城市功能，将现代文化和民族文化高度融合发展，形成了"你中有我，我中有你"的文化发展格局。在新一轮创建中，凯里建成34个公园广场和一批室内外群众文化场所，城市绿地总面积达1577.24公顷，森林覆盖率达56%，城市绿化覆盖率达40.9%，人均绿地面积8.2平方米，创建

了“省级园林城市”等一批生态创城项目，极大提升了城市功能和品位。整合资金投入32亿元，用于道路交通文明畅通工程的基础设施建设，投入7500万余元用于交通管理设施提升。

凯里市各级各部门及广大干部群众在创建过程中，矢志不渝、认真“做答”，铆足干劲、携手同心。于2020年11月20日被中央文明委授予“全国文明城市”称号，这是全州和凯里市发展历程中的一件大事、喜事，标志着凯里市文明城市创建工作达到了新的水平、迈入了新的阶段。

（四）狠抓示范，选点树线扩面，发挥引领带动作用

凯里市将马石移民社区等作为民族团结进步示范点，深入推进“五共”社区建设，以跟党走、感谢党恩构建和谐家园为切入点，多措并举，共同推进“让移民群众融入城市生活、共享发展成果”，探索实施了“四点半”工程、“党建网格+十户一体”、“八个一”的工作模式，为社区移民群众提供了更加优质高效便捷的服务。不断丰富城市移民社区民族工作的服务内容，营造良好的民族氛围，创新“四帮”服务，促进移民群众团结共融，继续探索和完善少数民族移民服务管理新机制，努力提高服务质量和管理水平，实现城市少数民族移民服务管理工作社会化，全面同步实现小康。上马石移民搬迁社区按照“搬得出、稳得住、能致富”的原则，引进凯里市兴美宏杨制衣厂车间，就地实现移民搬迁户就业。该车间位于上马石服务中心旁，占地面积2000平方米，缝纫机100余台，工人月收入最高可达5000余元，解决了100余名搬迁群众就业，确保易地扶贫搬迁贫困户人口稳定有产业支撑，被誉为“家门口的扶贫车间”。

积极开展民族团结进步创建示范单位申报工作，2020年推荐凯里市司法局、中共凯里市湾水镇委员会等31家单位作为州级民族团结进步创建工作示范单位。通过更多示范点的申报、打造，充分发挥以点带面的示范引领作用，确保民族团结进步示范创建工作在全市落地生根、开花结果。

（五）加强宣传，营造创建氛围，促进宣传教育全覆盖

加强铸牢中华民族共同体意识教育全覆盖，提高广大市民知晓率和参与度，2020年10月举办的民族团结进步宣传教育活动月中，在行政中心区域规划区醒目位置，悬挂“中华民族一家亲　同心共筑中国梦”民族团结进步宣传标语1条，城市主干道制作宣传标语100余条。各镇、街道充分利用临街门面LED显

示屏进行滚动式宣传教育，据统计，此次宣传教育活动月共投放宣传标语300余条。充分利用报纸、广播、电视、网络、微信、微博等媒体多方位、多渠道、多形式开展宣传教育工作，共投放各类民族团结进步宣传信息100余条。2020年10月22日，市委宣传部、市委统战部、市民宗局、市教科局、市公安局等40余家单位在万博广场集中开展“中华民族一家亲，同心共筑中国梦”为主题的民族团结进步宣传教育活动。全市各单位结合部门工作职责，精心汇编了《凯里市民族团结进步宣传知识手册100问》《民族宗教政策知识读本》《民族成份更改应知手册》《脱贫攻坚政策知识手册》《农业产业知识手册》《实用技能知识手册》等宣传资料，积极开展咨询解答服务。活动现场，共发放宣传资料5000余册。通过加大宣传力度，进一步增强全市各族群众中华民族共同体意识，巩固“汉族离不开少数民族、少数民族离不开汉族、少数民族之间也互相离不开”思想，促进全市各族人民像石榴籽一样紧紧拥抱在一起，团结奋进，形成了同呼吸、共命运、心连心的命运共同体，为实现中华民族伟大复兴的中国梦提供思想保障。

（六）保护传承，深化交融创新，培育文化自信

切实抓好民族工作落实，加强资金保障，2020年，凯里市划拨市级少数民族三项经费370万元用于发展民族经济、保护和传承民族文化，以发展少数民族特色村寨为抓手，助推美丽乡村建设，积极推荐凯里市龙场镇平寨村、舟溪镇新光村作为第四批中国少数民族特色村寨命名，进一步增强凯里少数民族特色村寨的含金量，为保护传承民族文化扩展渠道。安排市级少数民族发展项目资金200万元，用于大风洞镇翁塘组停车场修建补助等42个项目建设；安排70万元民族教育专项资金，对各级民族文化进校园项目示范学校、双语教学示范校进行补助。凯里市民族文化进校园在“立足实际、试点先行、重点突破、分步实施、各具特色”的基础上，积极采取措施将凯里市优秀的民族体育、民族音乐、民族舞蹈、民族书画、民族服饰等引进校园、引入课堂和课外活动，为进一步传承和保护优秀民族文化，提高民族文化自信，引领学生弘扬社会主义先进文化和优秀民族文化创设平台和奠定坚实基础。

第三章　加强政治建设　全面深化改革

新中国成立后，凯里始终沿着社会主义道路，不断深化改革，完善和发展中国特色社会主义制度，推进国家治理体系和治理能力现代化，特别是党的十八大以来，全市上下在以习近平同志为核心的党中央坚强领导下，坚持以习近平新时代中国特色社会主义思想为指导，认真贯彻落实习近平总书记对贵州工作的重要指示精神，全面贯彻落实中央和省委、州委各项决策部署，坚定不移落实“守底线、走新路、奔小康”工作总纲，坚定不移实施主基调主战略，创新发展思路，发挥后发优势。扎实推进“两学一做”学习教育，深入开展“不忘初心、牢记使命”主题教育，大力弘扬“厚德载物、知行合一”的凯里城市精神，奏响了“牢记嘱托、感恩奋进”的时代强音。大力加强基层组织建设，创建了一批全省、全州、全市先进基层党组织和脱贫攻坚先进基层党组织。大力培养和选拔了一批人民需要的好干部，党的创造力、凝聚力、战斗力显著增强。坚定不移正风肃纪、反腐惩恶，始终保持“零容忍”高压态势，党内政治生态逐步向上向好。一届接着一届干，一张蓝图绘到底，团结带领各族人民在新征程上开创文明凯里高质量发展的新局面。

第一节　新生人民政权　建立与巩固

新中国成立伊始，党和国家根据贵州少数民族分布的情况，逐步推行民族区域自治，先后建立了自治县、自治州。民族区域自治制度在贵州的建立，维护和发展了平等、团结、互助、和谐的社会主义民族关系，保障了贵州少数民族的平等权利和民族自治地方的自治权力，促进了少数民族和民族地区经济社会的发展进步。

一、接管建政，加强政策宣传教育

接管建政之初，面对国民党旧政府留下的破烂摊子，百废待举，百业待兴，很多困难摆在面前。比如，由于国民党特务的造谣、威胁和利诱，少数群众不敢接近留守部队和接管干部；国家粮库无粮，地主和粮商囤积居奇，抬高粮价，人民群众吃粮极端困难，而过境人民解放大军又急需粮食补充，这更增添了接管干部的工作压力；严重缺盐，闹盐荒；人民币在市场上不流通，财经困难；地主恶霸和各种反动势力暗中割据一方，政令难以通行，等等。1949 年 7 月，中国人民解放军第二野战军第五兵团和南下西进干部，执行党中央挺进大西南解放贵州的命令，在进军途中，于同年 10 月 21 日在湖南邵阳召开了地师级干部参加的入黔准备工作会议。贵州省委负责同志明确提出，贵州作为多民族聚居区，要特别注意宣传和执行党的民族政策，做好民族团结工作。为迅速稳定秩序，尽快恢复生产，在党委和人民政府的坚强领导下，接管干部以苦为荣，以党的事业为重，深入乡村，深入群众，宣传党的民族政策，了解少数民族风土人情，尊重少数民族风俗习惯，学讲苗（侗）语、学唱苗（侗）歌，参加集体劳动，很快就融入了当地群众之中。接管建政期间，各级党委和人民政府重点抓了当务之急的几项工作。一是宣传政策，安定民心。二是借征粮草，供给过境人民解放军。三是开展统一战线工作，团结爱国进步人士。四是认真实行少数民族政策，做好民族团结工作。五是开办革命干校，举办干部训练班，培养、吸收各族青年参加革命工作。

1949 年 11 月 5 日，在西进途中，镇远地委在湖南芷江召开县以上干部会议，除安排接管各县的领导班子外，着重强调了党的政策纪律。要求每个干部战士严格遵守“三大纪律，八项注意”，认真执行党的民族政策，特别强调坚持民族平等，尊重民族习惯，培养民族干部，团结民族上层人士等。具体规定了五不准：不准搞大汉族主义，歧视少数民族；不准叫“苗子”“蛮子”，要称“边胞”或民族兄弟；不准随便进苗寨；不准嘲弄“边胞”的习俗和着装；不准干预少数民族内部事务等。县委到达炉山后，按照这些政策，顺利地开展了接管建政工作，其实施情况如下：

一是对国民党炉山县政府旧职人员，除罪大恶极的反革命分子外，凡不持枪抵抗，不阴谋破坏，无严重反动行为和劣迹，各按职守服从人民解放军和人民政府命令，听候接收处理者，一律量才录用，给予工作、学习、改造机会。

二是接管人员到达炉山后，县委书记崔方亭于1949年11月21日亲自带领七八十名党政干部下到各区、乡和群众见面。深入群众，访贫问苦，促膝谈心，宣传党的政策，了解群众的愿望和要求，沟通了党与少数民族群众的关系，受到了各少数民族人民的热烈欢迎。

三是在接管全县13个乡、镇中，除7个乡、镇原是汉族任乡、镇长另派干部接管外，其余6个乡、镇是少数民族担任乡、镇长，继续原职留任，只派接管人员协助工作。

四是为教育改造国民党旧职人员，1949年12月举办了旧职人员训练班。国民党炉山县政府有职员136人，除回原籍25人外，到人民政府报到登记的有111人，参加训练班的106人。主要学习党的方针、政策，目的是使他们解除顾虑，放下包袱，为人民服务。经过学习，在提高认识的基础上，量才录用，安排适当工作。其中分配在县机关的48人，清平、凯里区各22人，旁海区17人。国民党炉山县参议长杨秀峰、凯里镇镇长吕国富、清平镇镇长陈鹏等都安排了适当工作，有的参加了征粮队。

五是为了开展新区工作，发挥本地民族干部作用，县委于1949年12月初举办了首批知识分子培训班（亦称干训班）。这期干训班共招收学员213名，其中妇女31人，少数民族占70%以上。干训班于12月底结束，学员大都留在本县工作，部分送镇远干校深造，少数报考军大，个别不能工作的动员回家。

六是为使全县各校及时复课学习，于1949年12月开办了教师讲习班。参加教师讲习班的教师119人，经过学习，教师初步树立了教育为无产阶级政治服务的观点。讲习班结束后，全县中小学陆续复课。

二、剿灭匪患，深化密切军民关系

1949年11月11日炉山县解放，标志着国民党在炉山统治的覆灭。但是，他们并不甘心失败。正当人民解放军主力乘胜前进、入川进滇作战之时，国民党残余势力便与地方封建势力相勾结，密谋策划，发动了以颠覆人民政权为目的的土匪暴乱，妄图将新生的人民政权扼杀在摇篮之中。在大军压境的形势下，国民党炉山县党、政、军人员，纷纷向人民缴械、投诚、登记。当中国人民解放军西进北上参加成都战役会战时，匪特错误地估计了形势，1950 年上半年，已经获得解放的炉山县，一时匪风四起，越闹越凶，尤以盘踞在雷山为中心的谢世钦巨匪组织的“东南绥靖区司令部”为最。

1950 年 8—9 月，中国人民放解军一八六师奉命由川西进入黔东南剿匪，部队集结在麻江时，师政委胡立声在总动员中就强调：要认真执行民族政策，严格遵守纪律，团结各族群众，并肩战斗，完成任务。师政治部当即召开了少数民族人士代表座谈会，从阶级关系到风俗习惯，从民族语言到着装服饰等做了详细的调查了解，并将资料编印成册，印发全体指战员贯彻执行。要求他们到少数民族村寨要宣传好三条：一是人民解放军是各族人民的队伍，共产党是各族人民的救星；二是匪特是各族人民的敌人，各族人民要团结剿匪；三是党的民族政策是各民族一律平等。还对干部战士提出了具体要求：一是在任何况下都要严格遵守和模范地执行“三大纪律，八项注意”，绝不允许有损害群众利益的情况发生；二是认真学习、宣传、严格执行党的民族政策，尊重少数民族的风俗习惯，帮助少数民族发展生产，关心群众生活；三是做好少数民族工作，要特别有耐心和决心。在剿匪过程中，一八六师五五六团、五五七团由两翼向雷山南北两个方向运动迂回，从东、南、北三个方向对雷山匪“东南绥靖区司令部”形成半圆形包围圈，阻敌南逃北窜。五五四团和师直由西向东执行正面进攻任务。1950 年 9 月 20 日，五五四团一营攻占凯里，一举歼灭毛秉权十一纵队。攻克凯里后，一营二连和营部驻扎凯里城内，开始发动群众，实行政治清剿，建立政权，巩固胜利。一、三连和机炮连驻扎在凯里周围山头掩护。凯里城内部队，以班、组为单位，深入各家各户发动群众，宣传中国共产党和中国人民解放军宗旨和对待土匪的政策，主要是：“坦白从宽，抗拒从严，交代自新是唯一出路，继续为匪者死路一条。”每个班组每到一户，就给群众担水、打扫院坝、帮助收稻谷、写标语。每个战士做到不拿群众一针一线，不搜俘虏腰包，不要俘虏一分钱、一件物。这样的军队深受人民群众的欢迎，他们主动给部队报告情况，协助部队动员土匪自新。有个 70 多岁的老大爷对部队说：“我活了这么大年纪，还没见过像你们这样好的军队。”一名解放军告诉老大爷：“我们是中国人民解放军，是来给穷人除害的，是解放咱们穷人的军队，你叫穷人不要怕。”老大爷回到家里就给当土匪的儿子说了解放军的政策，他儿子主动回来自新登记，交了一支枪，并控诉了毛秉权逼他为匪的经过。几天内陆陆续续就有几十个匪众回来自新登记，主动交出了武器，不再为匪。该团三营在进军雷山剿匪途中，经过舟溪、大中，个别战士以潲桶当尿桶使用，违犯了群众纪律，师机关领导亲自上门赔礼道歉，并对违纪战士作了严肃批评，广大群众深受教育和感动。由于剿匪部队纪律严明，认真执行党的民族政策，尊重少数民族习惯，帮助群众清扫垃圾、砍柴挑水、送盐送药、防病治病，赢得了各族人民的爱戴、拥护，消除了民族隔阂，密切了军民关系，部队顺利地完成了剿匪任务。

三、镇压反革命，开展“抗美援朝”运动

为了巩固新生的人民政权，1950 年 10 月，中共中央发出镇压反革命分子的指示，重点是打击土匪骨干、特务、恶霸、反动党团骨干、反动会道门头子等 5 个方面的反革命分子。炉山县开展了轰轰烈烈的群众性镇压反革命运动，从侧重打击现行反革命活动和严重罪恶的“土匪、特务”中的骨干分子，到打击隐藏较深或漏网的匪特及暗杀、放毒、纵火等反革命罪犯，再到法办了反动道首，集训了中小道首，缴获销毁了反动经书，将反动会道门组织予以彻底取缔，历时 3 年，“镇反”取得显著成效。通过镇压反革命运动，封建势力和反革命势力在政治上、组织上、经济上都受到了沉重打击，新生的人民政权得到了进一步巩固，烧山、纵火、放毒、暗杀、抢劫、写反动标语等破坏活动大大减少，社会治安大为好转，许多地方出现了“路不拾遗、夜不闭户”的良好社会秩序。

正当全区和全省、全国各族人民一样，积极生产，努力恢复经济，财政经济状况根本好转的时候，美帝国主义悍然发动了侵略朝鲜的战争，并把战火燃烧到中朝边境的鸭绿江边。1950 年 10 月，中共中央作出“抗美援朝，保家卫国”的战略决策。紧接着，全国上下掀起了轰轰烈烈的“有钱出钱、有力出力、参军参战”的抗美援朝、保家卫国运动。炉山县各族人民响应号召、积极投身于这场运动并作出了贡献。

一是踊跃参军参战。各地涌现了许多父送子、妻送夫、姐妹送兄弟、姑娘送

情郎、兄弟间争相参军的动人场面和感人事例，参军的凯里儿女在异国他乡，克服了各种罕见的困难，修铁路、架桥梁、运药弹、拼刺刀，英勇顽强，不怕牺牲，为保卫世界和平和祖国安全付出了重大牺牲，建立了不朽功勋。

二是积极捐款捐物。解放之初，炉山县各族群众的生活还很贫困，但爱国捐献的热情极高。农户卖鸡、卖鸭、卖柴草，有的甚至把年猪卖掉自愿参加捐献。有的少数民族群众还将祖传的银首饰拿出来捐献。妇女们熬更守夜，赶做布鞋和鞋垫支援前线。当时机关干部每人每月的津贴极少，他们精打细算、节省开支，有的人为此戒了烟。城镇居民节衣缩食，个体工商户慷慨解囊，手工业者努力生产，中小学生砍柴换币，儿童积攒零用钱，连尼姑也拿着布鞋、鞋垫前来参加捐献……各族群众成为抗美援朝的坚强后盾。

三是开展订立爱国条约、缴纳爱国粮、“拥军优属”等活动。抗美援朝运动的广泛深入开展，不仅对抗美援朝战争是一个有力的支援，而且对广大各族群众是一次爱国主义、集体主义思想教育，它极大地激发了各族人民的爱国热情，有力地推动了土地改革和其他各项工作，并为随之而来的社会主义改造和全面建设打下了基础。

第二节　社会主义革命　艰辛与探索

一、土地改革在凯里的实践

新中国成立之前，由于地处偏僻，炉山县社会发展程度相对落后于其他地区，各少数民族分别处于资本主义前的封建地主所有制、封建农奴制和原始公社所有制残余三种不同的社会所有制度之下。加之社会发展程度不同，民族间的关系极为复杂，民族矛盾也较尖锐，不管处于何种经济制度下的少数民族群众，大都没有耕地。在封建地主经济明显的地区，各少数民族群众的负担极为沉重，地主将地租分为活租和死租两种：活租有五五分、四六分、三七分，甚至有二八分，农民辛苦一年的所得，绝大部分都被地主剥夺；死租则是地主根据丰收年收成的一半或高于一半的数额为定租，以后不论丰歉，佃户都要按此交租，如遇灾荒年，佃户只得变卖家产向地主交租。除此而外，地主还通过无偿劳动和高利贷等对佃户进行剥削。而在封建农奴制地区，广大的少数民族群众不仅没有土地，还没有人身自由。一些偏僻地区还处于原始公社末期，虽然其内部还没有阶级分化，但由于经济生活方式落后，人们的生活水平低下。因而，土地改革工作不仅是经济方面的改革，还是一次民族关系的调整工作。

1950年6月30日，中央人民政府根据新中国成立的新情况，颁布了《中华人民共和国土地改革法》（简称《土地改革法》），规定废除地主阶级封建剥削的土地所有制，实行农民的土地所有制。同年冬起，没收地主的土地，分给无地或少地的农民耕种，同时也分给地主应得的一份，让他们自己耕种，自食其力，借以解放农村生产力，发展农业生产，为新中国的工业化开辟道路。同时还规定了没收、征收和分配土地的原则和办法。《土地改革法》将过去征收富农多余土地、财产的政策，改变为保存富农经济的政策，以便更好地孤立地主，保护中农和小土地出租者，稳定民族资产阶级，以利于早日恢复和发展生产。依照《土地改革法》，炉山县开展了轰轰烈烈的土地改革运动，针对全县少数民族占80%以上的具体情况，采取了“慎重稳进”方针，执行了一些特殊的土地改革政策。如建立民族民主联合政府，吸收有少数民族上层人士参加的土地改革委员会；分批分期举办各种农民训练班和知识分子训练班，培养大量民族干部和骨干分子；为尊重少数民族习惯，适当保留“游方地”“姑娘田”“蓝靛田”“麻园地”和一部分“学田”等。其具体实施情况是：

第一，培训农村骨干，积极完成五大任务。

县委于1950年9月3日至22日在县城举办了两期农村积极分子培训班。冠英、平良、清平和湾水等乡镇农民积极分子共325人（女50人）参加。同年10月，土匪被消灭后，又在凯里举办了第三期农训班，培训了舟溪、化铅、挂丁、板溪、悦平、平乐、开怀、凯里、万潮、龙场等乡镇的农村骨干732人（女39人）。随后又于1951年下半年至1952年元月，先后办了三期农训班。第一期是1951年12月5日至25日，培训村长，农会主席，财经、武装委员不脱产骨干共361人；第二期是1951年12月29日至1952年元月中旬，培训村长、农会主席、农协委员及其他骨干共457人；第三期是1952年元月中旬至月底，培训村干、农协及民兵骨干486人，为完成五大任务，开展土地改革工作，培养了大量骨干。

第二，完成五大任务，为土地改革奠定基础。

一是清匪，1950 年 10 月，在中国人民解放军一八六师“雷山合围”大捷之后，炉山县股匪基本消灭，散匪纷纷投降自新。在省委工作团及广大群众密切配合下，认真贯彻了党的民族政策，截至 1951 年 5 月底，清出匪首 18 名，步枪 163 支，土枪 178 支，短枪 7 支，轻机枪 1 挺，手榴弹 8 枚，还有黄金、白银、大洋等物资，折合旧人民币 7939.05 万元。

二是反霸（反匪首），为执行党的民族政策，反霸只在汉族地区进行，少数民族地区不反霸，但对苗汉杂居区的汉族恶霸也要反。一般说是先反匪首再反霸，或者同时进行。采取有匪追赃、有霸追债的办法，从大会斗争转向小会斗争，没收匪霸的财产有：田 23700 余挑，房 362 间，耕牛 113 头，山林 101 幅，还有碾房、猪、马等。及时镇压了一批，关了一批，管了一批，放了一批，打击了顽固的，争取了守法的，分化了地主阶级。并将胜利果实用比穷比苦方法分配给群众，将发动群众工作推向高潮。

三是减租，1950 年基本上是实行二五减租，地主收租不能超过 35%，农民得 65%，地主不足 35% 者不增加，农民过去欠地主的地租免交，取消额外剥削。截至 1950 年 12 月底，据凯里、旁海两区统计，减租农民得谷 24 万多斤，全县减租 470 万多斤。

四是退押，指地主向农民出租土地所取的押金。炉山县是少数民族地区，一般地主都未能收到押金，但有折谷抵押金和高利贷、帮工粮等。按当时政策规定，地主借给农民的高利贷一律交出借据废除，地主退给农民的帮工粮，从 1937 年 7 月开始计算，地主无偿还能力者，经过贫雇农讨论，可以分期退、少退或不退。全县共退押稻谷 43 万斤，退帮工粮 829.4 万斤。

五是征粮，按当时中央规定，全省总额不超过正产物的 13%。以人口为单位，每人平均不足 150 斤者免征，150 斤以上者累进征收，特殊户多征，评产量计算。经过认真评产，采取先算大户先交大户办法，很快形成了交粮热潮，仅凯里、旁海两区征粮就达 590 多万斤，超额一倍多完成任务。

1950 年 10 月至 1951 年 5 月，五大任务已经完成，成立了农民协会，建立了人民政权，农民有了自己的武装力量，贫苦人民扬眉吐气，进一步为土地改革打下了良好基础。

第三，贯彻“慎重稳进”方针，实施土地改革。

鉴于炉山县为少数民族地区，县委认真学习了党中央“关于土地改革运动在少数民族聚居和杂居地区要采取稳慎态度，既不能在所有乡村同时进行、齐头并进、盲目乱轰，又不能小手小脚、死啃重点”的指示。事先作了调查研究，根据炉山当时的实际情况，认真研究了土地改革的步骤和方法，决定采取“县区乡各有重点，以点带面，点面结合，领导亲自掌握，全面酝酿，先后推带，步步超越，稳步前进”的领导方法。一是于5月中旬召开了全县648名干部（含省委工作团）参加的整风会议，总结五大任务，学好土地改革政策、步骤方法；二是5月28日召开全县534人农民代表会议，在总结五大任务基础上，布置土地改革任务；三是6月11日至17日召开各族各界代表会，选举产生民族民主联合政府，以此为基础建立县土地改革委员会；四是以乡、镇为单位，用3至4天时间召开有3500多人参加的贫雇农代表会，贯彻土地改革会议精神；五是组织庞大干部队伍，从县区乡、学校抽调200余名干部（含教师100人、民主人士25人），加上省委工作团400余人，共计671人参加土地改革队伍，为各区乡配备了土地改革班子，加强了土地改革力量；六是在民族聚居区召开少数民族上层人士座谈会，广泛宣传土地改革意义和政策，为顺利土地改革创造了条件。

全县土地改革分两批进行，第一批是清平、凯里、湾水，凯棠等乡镇，计20个行政村，201个自然村，5787户27133人，从1951年6月初至7月底结束。第二批共81个行政村524个自然村，18986户94961人，从8月初至9月底结束。土地改革将没收和征收的土地共31.544万挑分配给无地或少地农民，使原来的贫苦农民每人每年口粮得到了增加，中农由土地改革前每人平均648斤提高到698斤；佃中农由274斤提高到597.7斤，贫农由293斤提高到456斤，佃贫农由91斤提高到517斤，雇农由48斤提高到492斤。农民获得了土地有了饭吃，更加热爱和拥护共产党，生产积极性大大提高。

炉山土地改革，改变了过去各民族深受剥削和压榨的境况，为生活在这片土地上的各民族创造了平等发展的机会。土地改革的胜利完成，使无地少地的广大贫苦农民分得了土地，成了土地的主人，实现了“耕者有其田、有其地、有其林”和“土地还老家”的夙愿。

二、开展“三反”“五反”运动

针对干部队伍和工商业中普遍存在的“三害”“五毒”现象，1951年12月，党中央决定在党政机关工作人员中，开展反对贪污、反对浪费和反对官僚主义的“三反”运动；在私营工商业者中，开展反行贿（受贿）、反偷税漏税、反偷工减料、反盗窃国家资财、反盗窃国家经济情报的“五反”运动。炉山县“三反”“五反”运动，从1951年12月发动到1952年8月基本结束，历时9个月，主要分为酝酿发动、深入开展、定案总结3个阶段。

运动初期，召开动员大会，领导干部向群众讲清运动的意义和党的方针政策，带头检查官僚主义、铺张浪费等方面存在的问题，同时采取措施，保障各族群众的民主权利，做到言者无罪，告者不究，压制民主者必办，对阻碍运动开展者不论职务高低，一律撤换，解除了群众的思想顾虑，使运动很快发动起来。

随着运动的深入，斗争比预计的要复杂，发现有的侵吞、盗窃、骗取公家财物、索取“回扣”、伪装单据、骗取发票，有的私设工厂、商店、假公济私谋取私利，有的利用职权敲诈勒索，损害群众利益，有的收受贿赂、勾结包庇商人盗窃骗取公家财物。在农村，反革命分子也趁“三反”之机进行破坏活动。为保证运动的顺利进行，加强治安、打击破坏活动、追捕散匪、建立各级治安保卫委员会、发动群众等工作作了安排。在党的政策面前，不少中小贪污分子纷纷主动坦白交代。对有贪污行为、贪污数额不大的，主要以教育为主。局面打开后，斗争锋芒集中到“大老虎”（贪污旧币亿元以上者）身上。县委组织力量，做到专案专人，包打包查（帐），大贪污犯先后落网。[①]

1952年4月初，根据西南局及省要求，炉山县进行了“五反”斗争。按照“选一至二户完全违法户处理法办”的要求，通过召开大会、摆事实讲道理，达到团结多数、孤立打击极少数的目的。由于“五反”的配合进行，“三反”斗争掀起“打虎”高潮。县委对检举揭发和坦白交代的材料，本着“实事求是，不怕麻烦，坚持到底，不枉不纵”的精神，调查研究，查证核实，认真甄别，实事求是地作出结论，并分别给予不同处理。

对“五毒”分子的定案处理工作，则根据“过去从宽，今后从严；多数从

① 中共黔东南州委党史研究室：《中国共产党黔东南州简史》，75页，北京，中共党史出版社，2013。

宽，少数从严；坦白从宽，抗拒从严；工业从宽，商业从严；普通商业从宽，投机商业从严”的五项原则，对私营工商业户，根据有关违法行为以及违法的轻重大小，违法性质的恶劣程度，划分为守法户、基本守法户、半守法违法户、严重违法户、完全违法户。党的宽大处理政策，安定了占总户数95%的大多数工商业者。运动后期，“三反”作用显现，各级各部门都建立健全了各项规章制度。各行各业勤俭节约蔚然成风。

“三反”“五反”运动的开展，有力地打击了“三害”“五毒”行为，教育了广大党员干部，清除了腐败行为，纯洁了党的组织，增强了党在人民群众中的威信，促进了国民经济的恢复发展，为进一步巩固新生的人民政权打下了坚实的基础。趋于当时的历史条件，运动中也出现了一些偏差：有的干部产生了盲目急躁，方法简单粗糙，有的地方甚至出现逼供、施刑、扣押、打骂等过火行为，伤害了部分同志。“五反”运动中，有的地方由于时间短、任务急，宣传动员工作不深入、不细致，导致部分工商户一时对党的政策不理解，产生恐惧心理，影响了正常经营，但后来都分别作了纠正。

三、农业生产互助组的建立及实践

农业生产互助组是以私有制为基础、以家庭经营为主的劳动互助合作组织，带有社会主义萌芽性质。它有临时性、常年性两种形式。按照“自愿互助、以工换工、等价交换”的原则，几户、十几户结合在一起，共同使用耕牛、农具、土地、种子、肥料，收入归原主。农业生产互助组的建立及实践过程，不仅积累了互助合作的经验，也为进一步走上合作化道路创造了条件。

初级社是以土地入股、统一经营为特点的半社会主义性质的农村生产组织。土地和其他生产资料的所有权仍然归社员私有，但支配和使用权却为合作社掌握，统一经营。分配时，实行土地分红和按劳分配相结合的制度。初级社的最高权力机构是全体社员大会。生产经营指挥机构是农业生产管理委员会，它由全体社员大会民主选举产生，经乡政府批准。一般情况下，每户社员留少量的自留地，其余的土地以股份入社参加分红。入股的土地，多数采取按常年产量对半分成；有的则采取自报公议产量，民主议定分成标准。土地分红余下的部分按工分的多少进行分配。耕牛、农具等生产资料一律不入社，由社员自备。在总收入中，上缴给国家的占12%—15%，社内费用和积累占15%左右，社员分配占70%左右。在组建初级社时，对土地入社问题上给少数民族作了如下照顾：一是少数民族的特殊用地（棉花地、兰靛田、姑娘田等）一律不入社；二是划自留地时，汉族地区社员占一般产量的1%—7%，少数民族地区则放宽到5%—7%；三是土地分红的比量高于汉族地区。初级社转高级社时，又作了如下特殊规定：一是少数民族的游方坡、姊妹坡、芦笙场、古楼地、堂歌地等一律不入社，已开垦种植的要恢复；二是少数民族的虎牛、龙牛、祭祀牛、牯藏牛、斗牛、养老牛（马）一般不入社，本人要求入社的，合作社应作价收买；三是少数民族的族林、坟林、风水林等一般不入社，群众要求入社的，可由合作社管理，严加保护，不准乱伐；四是民族联合社的民族生产队，可划出一定数量的土地经营本民族所需产品等。农业合作化运动，前期发展是积极稳妥的。

1956年1月，镇远地委在施秉县大桥乡试办第一个高级农业生产合作社。高级社是生产资料公有的完全社会主义性质的农业集体经济组织，是农业互助的高级形式。高级社与初级社的不同点是：它取消了土地入股分红制度，实行土地集体所有制，全面实行按劳分配的原则；实行耕牛、犁、耙等大农具折价入社，归集体所有统一调配使用；它比初级社的规模大（一般数十户，多到百余户），公有化程度高。在全国大背景下，高级农业合作社猛增，初级社下降，互助组自然消失。至此，炉山完成了对农业的社会主义改造任务，全部实现高级社。历时6年多的农业合作化运动，比较顺利地实现了复杂而深刻的农村社会变革。

四、建立中国特色政治制度

（一）建立人民代表大会制度

1. 召开各界及各族各界人民代表会

1950年2月24至28日，在炉山召开第一届各界人民代表会议第一次会议，出席代表有中共党员、工人、农民、工商界人士、教育界人士、学生、妇女、绅士和少数民族141人，旁听人员137人，共278人。会议的中心议题是动员广大群众协助政府工作，密切人民与政府之间的团结，提高人民政府的施政效率，倾听社会各阶层的意见。会议讨论了社会治安、征粮、教育和生产建设等工作。第二次会议于同年4月22至25日在炉山召开，出席代表116人，会议内容为剿匪、征粮、生产三大中心工作。第三次会议于同年9月23至25日在炉山召开。到会代表70人，主要来自未被土匪占领的清平、冠英、湾水、平良4个乡（镇）。会议主要总结前段工作，贯彻宽严政策，在军事进剿的前提下，大力开展政治攻势，争取在当年10月份内彻底消灭土匪。

为贯彻落实贵州省人民政府《关于少数民族地区工作的指示》“贵州省少数民族地区的政权建设，基本上是个民族联合政府的问题”。1951年5月，炉山县各乡镇按其人口比例推荐69人组成炉山县民族民主联合政府筹备委员会。同年6月11至17日，在炉山召开第一届各族各界人民代表会议第一次会议。会议听取和讨论《关于炉山县人民政府对前段工作的总结报告》；通过向贵州省、西南局党政领导和党中央毛泽东主席的致敬电；通过《告全县同胞书》及有关决议；选举炉山县民族民主联合政府委员。第二次会议讨论政治工作、经济工作、文化教育、金融、贸易合作、邮电、卫生等事项。第三次会议讨论施政情况报告；讨论开展抗美援朝、爱国增产节约及“三反”运动；讨论土地改革后的农村工作、民主建设、文教卫生、新《婚姻法》的贯彻等项工作，并通过相应决议。第四次会议讨论“三反”运动的查实定案，恢复发展国民经济，发展农业生产，改善农民生活及加强民族团结等事项。

为贯彻贵州省人民政府省族业字（52）第2号文件关于“炉山县为建立县级的民族区域自治区重点县”的指示，1952年9月，成立炉山苗族自治区人民政府筹备委员会。是月26至30日，在炉山召开第二届各族各界人民代表大会第一次会议，听取和讨论《解放三年来政府工作和今后工作意见的报告》；选举炉山苗族自治区人民政府组成人员；通过《结合秋收秋种进行调查产量的决议》《恢复和发展民族经济工作的决议》《加强民族卫生、文化、教育工作的决议》《培养农村积极分子、提高各级干部政治、思想水平的决议》。

2. 召开人民代表大会

1954年6月26至29日召开炉山县第一届人民代表大会，听取和讨论《关于生产的总结报告》；讨论修改《中华人民共和国宪法（草案）》并通过相应的决议；选举省人大代表。第二次会议听取县人民政府关于贯彻实施棉花统购、棉布统销政策的报告；讨论农业生产任务和粮食实行随征带购等问题。第三次会议讨论农业互助合作、秋耕秋种和粮食随征带购等问题；通过关于贯彻粮食计划收购和计划供应的决议。第四次会议听取县人民政府关于秋征与粮食统购统销工作的总结报告；制订农业互助合作五年计划；讨论关于征兵工作，通过相应决议。第五次会议总结上次代表会议对决议的执行情况和贯彻《兵役法（草案）》的情况；讨论并通过将炉山县苗族自治区人民政府改为炉山苗族自治县人民委员会（简称县人委），同时通过相应决议；选举县人委委员；讨论如何加强对农业生产合作社的领导及搞好当前农业生产等问题。截至1958年，共召开了三届中国共产党炉山县人民代表大会。

1960年12月11至14日，由炉山、麻江、丹寨、雷山4县合并为凯里县后的第一届人民代表大会，后被列为境内第四届县人民代表大会。截至1981年，共召开了五届中国共产党凯里县人民代表大会。

1984年9月，召开凯里市第一届人民代表大会，此后，中国共产党凯里市人民代表大会在本行政区域内，保证宪法、法律、行政法规的遵守和执行；依照法律规定的权限，通过和发布决议，审查和决定地方的经济建设、文化建设和公共事业建设的计划，有力维护了国家统一、民族团结、社会稳定。

（二）建立政治协商制度

新中国成立后，人民政协为恢复和发展国民经济，巩固新生的人民政权，协助政府推动各项社会改革，促进社会主义革命和建设，作出了重大贡献。

1959年1月，成立政协凯里县第一届委员会。1960年12月解散。1981年1月，成立政协凯里县第一届委员会筹备委员会。筹备期间，县委召开各人民团体、教育、文艺、科技、卫生、工商业等有关方面负责人会议，按照“孚于众望和有代表性”两个条件，采取上下提名，反复协商的办法，产生政协委员91名。其中有中共党员、工人、农民以及教育、文艺、体育、科技、卫生、工商业、供销合作、群众团体、爱国民主人士等方面的代表及特邀人士。1984年1月，成立政协凯里市第一届委员会，同年3月开始筹备政协凯里市第一届委员会工作。同年8月，筹备工作结束，产生政协委员146人。其中有中共党员、共青团员、无党派爱国人士、工人、农民、妇女、工商业者、文艺工作者、科技工作者、教育工作者、医药卫生工作者、少数民族人士、归侨（含侨属）、宗教人士等方面的代表及特邀人士。至此，人民政协在团结各族人民和各界爱国力量，发挥人民民主，活跃国家政治和社会生活，以及调动一切积极因素为国家建设服务等方面发挥了十分重要的作用。

（三）建立市（县）委员会及其工作机构

1. 成立中共炉山县委员会

1949年11月11日，炉山县解放。同月15日，成立中共炉山县委员会。1950年7月，为加强对剿匪斗争的领导，中共贵州省委决定中国人民解放军一五〇团参谋长冯贤渊兼任县委第二副书记，该团营长宋季森、营教导员杨咸德兼任县委委员。同年10月，省公安厅副厅长张金波率省委工作队一行400余人到达炉山，张金波兼任县委书记，工作队干部宋子健、孙庆霖、李时义兼任县委委员。1951年3月，县委部分领导成员陆续调离，经省委批准，地委行文任命中共炉山县委员会委员5人，孙紫芳任书记，单志远任副书记。1952年6月，省委组织部通知，单志远任县委书记。1954年11月，中共镇远地委批准，张子彬、龚业文、姚希仁、史启道、李清成5人组成中共炉山县常务委员会。1956年1月，张汝岩任县委常委。同年5月中共炉山县第一次代表大会选举产生第一届委员会委员18人，常务委员9人。其中，书记1人，副书记3人。为加强炉山县委的领导，1957年12月省委调省高级人民法院院长叶谷霖任县委第一书记。

2. 成立中共凯里县委员会

1959年1月，炉山、雷山、麻江、丹寨4县合并为凯里县，成立中共凯里县委员会，李洁生任第一书记。原4县县委常委姜庆云（苗族）、孙养田、张玉杰、孟凡让、苏敬村、刘宝鸿、吕潼川、潘树荣（苗族）、陈栋梁、靳克允、杨廷珍（女，苗族）、李树桂、刘怀先、王善道14人任县委常委。

1960年1月，中共凯里县第二次代表大会选举产生第二届委员会委员29人、候补委员7人、常务委员13人，其中，第一书记1人、书记处书记4人。1961年8月，凯里县分置凯里、雷山（含原丹寨县排调、永乐两个区）、麻江（含原丹寨县龙泉、兴仁两个区，1962年10月，丹寨县复置）3个县。中共凯里县委员会由14名委员、5名候补委员组成。1968年9月，建立中共凯里县革委领导核心小组。1970年10月，中共凯里县革委领导核心小组改称中共凯里县革委核心领导小组。1971年5月，中共凯里县第三次代表大会选举产生第三届委员会委员34人、候补委员3人、常务委员12人，其中，书记1人、副书记2人。

3. 积极探索政治建设

1949 年 11 月至 1951 年 5 月，炉山县人民政府的两任县长由上级组织任命，实行党委领导下的县长负责制。由县长统管征粮支前、配合部队剿匪，开展减租退押、土地改革等民主革命运动和发展生产、恢复经济等方面的工作。1951 年 6 月至 1955 年 3 月，炉山县民族民主联合政府和炉山县苗族自治区人民政府的正、副县长分别由历届各族各界人民代表会议选举产生。各族各界人民代表发挥参政、议政作用，在历次会议上共商县内重大政事。闭会期间，由选出的政府委员商议具体政务，县长组织实施。

1955 年 4 月至 1966 年底，由各届人民代表大会选出的县人民委员会实行委员会制。人民委员会半年召开一次全体委员会议，听取并审议县长、副县长和各工作部门的施政工作报告，提出质询和意见，作出相应决议。县人民委员会闭会期间，由县长、副县长分工负责，组织实施全体委员会议的决议并处理日常政务。

1967 年 1 月至 1981 年 6 月，县革命委员会实行委员制。不定期召开全体委员会议，讨论重大政事。具体政务由常务委员会或主任、副主任议定，分工负责，组织实施。

从新中国成立伊始，为适应全面执政的需要，党的政治建设开启了一个良好开端。党的八大后，在政治建设上积极探索，在保持党的政治定力、维护党的团结统一、强化党的领导地位等方面发挥了强大政治功能。1956 年底，在党的领导下，我国顺利完成了“三大改造”，确立了社会主义制度。在随后的社会主义建设中，由于对社会主义认识上的局限，对中国国情把握的偏差，加之新中国成立以来较长时期高强度的政治动员，导致了党和国家生活中的“过度政治化”，尤其是“文化大革命”的发生，使中国的社会主义历程经历了很大的曲折。

第三节 改革开放 恢复与发展

1978 年 5 月 10 日，《实践是检验真理的唯一标准》在中央党校主办的刊物《理论动态》上发表，引发了一场席卷全国的真理标准问题大讨论。“实践是检验真理的唯一标准”的命题是恢复党的实事求是思想路线的锐利思想武器。邓小平积极支持和领导了这场大讨论，并将这场大讨论发展成为冲破“两个凡是”和个人崇拜思想禁锢的一场思想解放，为召开党的十一届三中全会，实现中国历史上的又一次伟大转折作了舆论准备。后来邓小平提出，社会主义现代化建设是当前最大的政治，它代表着全国人民最根本的利益。党的政治建设在解放思想中进入恢复与发展时期。十一届三中全会是党和国家历史上的重大转折，开启了我国改革开放和社会主义现代化建设新时期。

一、调整社会关系，平反冤假错案

1978 年 6 月，中共凯里县委成立落实政策领导小组及其办公室，开始平反历次政治运动中的冤、假、错案。11 月，凯里召开四级干部会议，会期 6 天，县、区、社、大队干部共 673 人参加。主要是贯彻党和国家领导人提出“思想再解决一点，胆子再大一点，办法再多一点，步子再大一点”的指示和重要讲话。

1979 年 2 月，根据中共中央文件通知，摘掉全县最后的 1020 名地、富、反、坏分子帽子，发给摘帽通知书，给予公民权。同时，将原“四类分子”子女的出身成分全部改为“社员”。

1980 年 1 月 12 日，全县对生产队规模进行全面调整。5 月，开始推行农业“经济责任合同制”“联产计酬责任制”“区、公社行政干部考核奖惩制”。7 月，进一步放宽农业政策。农业实行家庭承包责任制，林业实行稳定山林权、划定自留山、确定林业生产责任制的“三定”政策。至 8 月 18 日止，全县由 1998 个生产队（队均 21 户）调为 2462 个生产队（队均 17 户）。

1981 年 8 月 5 至 14 日，召开全县三级干部会议，传达中共中央《关于建国以来党的若干历史问题的决议》。8 月 20 日，开始在全县推行“农村干部岗位责任制”。9 月 30 日，在全县贯彻中共中央纪委《关于党内政治生活的若干准则》。11 月 11 日，县委发出《关于坚决维护生产资料公有制的紧急通知》，制止和纠正各种侵犯公有财产的行为。12 月 1 日，县委发出紧急通知，纠正和制止农村违反林业“三定”政策和乱砍滥伐的行为。

1982 年 10 月 18 日，全县复查、平反（改正）冤、假、错案工作基本结束。共平反、纠正各种冤、假、错案 843 件，将遣送下乡的 576 人送回工作单位复职，给254人补发了工资。

1984年6月16日，市委、市政府发出《关于落实知识分子政策的暂行规定》，对知识分子和技术骨干实行生活补贴，下发书报费；对中级以上知识分子的家属农转非，对其子女入学和就业优先照顾。

二、恢复党的组织建设

1980年，党的十一届五中全会制定了《关于党内政治生活的若干准则》，旨在规范党内政治生活，净化党内政治生态，保持党的纯洁性和战斗力。准则正式采用了"党内政治生活"这一概念，首次以党内法规的形式对党内政治生活进行系统规范。党的十二大提出党在新时期的总任务，开始把中国带入建设有中国特色的社会主义的新的政治轨道。十二大党章恢复了党的中央纪律检查委员会并规定了地方各级纪律检查委员会的双重领导体制，首次列入入党誓词，对党员的政治信仰、政治担当、政治能力有了更加具体的要求。1983年12月，成立中共凯里市委员会。1984年8月，中共凯里市第一次代表大会选举产生第一届委员会委员26人、候补委员3人、常务委员19人，其中，书记1人、副书记3人。1987年7月，中共凯里市第二次代表大会选举产生第二届委员会委员29人、候补委员4人、常务委员9人，其中，书记1人、副书记3人。1990年5月，中共凯里市第三次代表大会选举产生第三届委员会委员27人、候补委员3人、常务委员9人，其中，书记1人、副书记3人。1984年12月，贯彻《中共中央关于整党的决定》，部署整党工作。市设整党领导小组，下设办公室、核查组和巡视组。整党工作分两批进行，第一批为党政机关、企事业单位，时间自1984年12月至1986年4月，第二批为乡（镇）及街道，时间自1986年5月至1987年7月。参加整党的支部共542个，党员8339人，其中正式党员7870人，预备党员469人。通过整党，给予登记7443人，不予登记109人，缓登记188人，待讨论130人。在不予登记、缓登记党员中，有35人受到党纪处分。

三、政治体制改革与民主法制建设

党的十一届三中全会实现的伟大历史转折，深刻影响着生产关系和上层建筑的各个方面，也改变着人们的活动方式、思维方式。党中央认真总结和汲取以往党和国家政治生活中的经验教训，开始提出政治体制改革问题。以改革党和国家领导体制，使民主制度化、法律化为主要内容的政治体制改革，在全国逐步铺开。在中央、省委和州委的统一部署下，凯里市政治体制改革与民主法制建设也开始逐步推进。

（一）人民代表大会和政治协商制度的恢复

人民代表大会制度曾在十年内乱中被迫中断。十一届三中全会后，根据省委、州委的安排，凯里市恢复了人民代表和政治协商制度。

1981 年 6 月 20 至 29 日，召开政协凯里县第一届第一次会议，选举产生政协凯里县第一届委员会。是月 21 至 29 日，召开凯里县第八届人民代表大会第一次会议，选举产生凯里县第八届人民代表大会常务委员会、县人民政府县长、副县长和县人民检察院检察长。选举县人民法院院长时，选票不过半数而暂缺。

1984 年 8 月 16 至 20 日，中共凯里市第一次代表大会在凯里召开，选举产生中共凯里市第一届委员会。同时，选举产生中共凯里市第一届纪律检查委员会。8 月 29 日至 9 月 6 日，召开政协凯里市第一届委员会第一次会议，选举产生政协凯里市第一届常务委员会。9 月 1 至 6 日，召开凯里市第一届人民代表大会第一次会议，选举产生市第一届人大常务委员会正副主任、委员、市人民政府正副市长、市人民法院院长、市人民检察院检察长。

至此，人大每年定期召开一次代表例会，听取和审议“一府两院”上一年的工作报告和财政经济等工作报告，部署当年的工作任务。每五年举行一次人民代表大会，进行换届选举工作，特殊情况下可提前或延期召开。大会期间，充分听取人民代表的意见和建议，批准州人民政府重大事项，加强和改进了政府的工作。政协每年定期召开一次例会，五年进行一次换届选举。新时期州政协的任务，就是在州委的领导下，通过政协委员广泛团结各族各界爱国民主人士，开展政治协商、民主监督，为全州社会主义现代化建设作出贡献。

（二）领导体制改革和各级领导班子建设

随着全州经济领域改革的不断深入，以规范党政职能为宗旨的党政关系改革也逐步开展。1980 年 4 月，中共凯里县委和县革命委员会分开办公。1980 年 8 月 18 日，在中共中央政治局扩大会议上，邓小平发表了《党和国家领导制度的改革》的讲话，系统精辟地论述了我国政治体制改革的目的、意义、主要内容和必须遵循的原则。10月中上旬，州委组织全州县级以上党员领导干部对讲话进行了学习和讨论，对克服领导制度方面存在的问题提出许多意见建议。1981年6月以后，市（县）人民政府实行市（县）长分工负责制。市（县）长主管政府全盘工作，副市（县）长协助市（县）长分管农林水、工建交、财贸、科教文卫、公安、司法、民政、民族、劳动、人事等项工作。日常政务按各自的职责范围主持决策并组织实施。重大问题的决策和处理，由市（县）长办公会议或政府全体会议讨论决定。市（县）长办公会议有正副市（县）长和办公室主任参加，一般半月召开一次，商讨日常政务和决策重大问题。市（县）政府全体会议半年召开一次，听取和审议政府的半年或年度工作总结报告，部署下步工作任务，作出相应决议，由市（县）长和副市（县）长组织实施。

在推进领导体制改革的同时，州委对各级领导班子革命化、知识化、专业化、年轻化建设也提出了明确要求。早在1980年8月，州委就批转了《全州选拔优秀中青年干部工作会议纪要》。就如何选拔中青年干部、妥善安排老干部、调整不胜任现职干部和加强干部培训等方面作出了安排部署。《全州选拔优秀中青年干部工作会议纪要》指出：选拔中青年干部，必须坚持三个条件：一是坚持党的路线，坚持社会主义道路；二是有专业知识和组织领导能力；三是年富力强，精力充沛。1981年4月6日，州委批转州委组织部《关于1981年的工作安排意见》，对如何选拔优秀中青年干部，逐步实现领导班子年轻化、知识化、专业化提出明确要求，重点是配好党委、政府、人大、政协四套班子。5月6日，州委批转州委统战部《关于1981年全州统战工作的安排意见》提出：州、县人民政府有条件的都应安排党外人士担任副州长（副县长），州县所属科（局）（公安局除外）有对象的也要安排党外人士担任领导职务。地方各级人民代表大会中非党同志一般应占三分之一左右，副主任必须有一定数量的非党同志。

1987年，州委对各级党政职能进一步进行了明确与分工，同时在全州工矿企业中全面推行厂长（经理）负责制，明确工矿企业党委工作的重点是抓党的建设和职工思想政治工作，起到核心和保证、监督的作用。此后，全州党政关系及职能走上了规范化、制度化的轨道，权力过分集中的现象得到了有效克服。各级领导班子的年龄、文化和专业知识结构有了较大的改善。一批优秀的中青年知识分子走上了各级领导岗位。少数民族干部和妇女干部在各级领导班子中的比例有所提高。代表农村先进生产力的“两户”中的一批能人，进入了乡、镇、村基层领导班子。各级领导班子向“四化”的方向跨进了一大步。

（三）农村基层政权建设和撤区并乡建镇工作的开展

乡、镇作为我国行政区划中最基层的一级政权组织，担负着基层的政治、经济、社会的稳定与发展，担负着贯彻执行党的各项方针政策、行使国家基层政权职能的任务。乡、镇大多设于农村，隶属于区、县、市领导。它们一头连着城市，一头连着农村，在农村乃至整个国家的社会经济生活中，发挥着十分重要的基础性作用。

随着农村改革的深入和经济的发展，农村情况发生了很大变化，特别是农村市场经济的发展，要求乡镇政府提供多方面的服务。但现行体制已越来越不适应形势的发展，突出的弊端，一是“虚实颠倒”。区本是县市的派出机构，但由于县、市各部门多数只下伸到区，使区的功能比较齐全，客观上形成了一级政权组织；而乡镇政权职能不全，责权利不统一，责大权小，功能不完备，很难发挥一级政权的职能作用，无法对本区域内的政治经济社会发展全面负责。二是体制层次多，不利于党和国家方针、政策和各项任务直接与群众见面，难以提高办事效率。三是一部分乡镇规模偏小，经济基础薄弱，人力物力财力分散，难以形成规模经济，不利于发挥资源优势、优化生产要素配置和推动商品经济的发展。四是乡（镇）人少事多，待遇较低，不利于调动干部积极性。这种状况影响到基层政权的巩固，严重制约农村市场经济的发展。为真正把乡（镇）政权建设成密切联系群众、全心全意为人民服务的，能够有效地领导和管理本行政区域的政治、经济、文化事业的，有活力、有权威、高效能的一级基层政权，改革现行的体制势在必行。

1991 年 4 月，根据省委、省政府《关于开展建镇并乡撤区工作的指示》精神，州委、州政府在台江县进行了建镇并乡撤区试点。11 月 26 日，州委、州政府发出《关于开展建镇并乡撤区工作的意见》，提出从 1991 年冬到 1992 年春，在全州全面开展建镇并乡撤区工作。建镇并乡撤区，整个工作分准备、实施两个阶段进行。准备阶段，从 1991 年 12 月开始到春节前完成；实施阶段，约 60 天，从 1992 年 2 月下旬开始到 4 月底前基本结束。建镇并乡撤区工作的方法和步骤：一是建设“建并撤”领导机构和办事机构；二是制定《建制并乡撤区行政区划变更方案》；三是搞好区、乡、镇干部的考核工作，撰写新建乡镇党政、人大主席团的组建方案；四是拟定切实可行的“建并撤”实施工作方案；五是“建并撤”工作必须同农村各项工作紧密结合起来。1992年4月完成“建并撤”工作后，凯里市辖3个乡（开怀、大风洞、凯棠），8个镇（挂丁、舟溪、鸭塘、旁海、湾水、炉山、万潮、龙场），205个村民委员会，42个居委会，1179个村民小组，578个居民小组，5个街道办事处（洗马河、湾溪、大十字、城西、西门），总面积1305.88平方公里，总人口382276人。

建镇并乡撤区工作的开展，在一定程度上顺应了区域经济发展规律，合理确定了乡镇的行政区划，强化了乡镇政权职能，并逐步建立起责权利相统一、灵活高效的乡镇管理体制。对于完善乡镇政权职能，减少中转环节，提高行政效率，增强其对农村社会经济事务的管理调控能力；对于乡镇集中人力、物力、财力，加快水、电、路、市场、通信等基础设施的建设，扩大和完善小城镇整体功能，优化生产力和资源配置，加速区域经济的发展；对于文化、教育、卫生等社会事业的发展，促进精神文明建设，保持农村社会的长治久安；对于优化乡镇领导班子结构，使基层一级党政直接与民众衔接，更好地为基层、为群众服务，起到了积极的促进作用。

建镇并乡撤区后，由于新建或合并后的乡镇面积扩大，村组增加、人口增多，使得国家行政力量从边远的村庄撤出，导致农民找乡镇政府难联系、难办事，一定程度影响了乡镇政府与农民的关系。一些原在乡镇的公共服务联系单位，如农业银行、邮政电信、农村信用社、中小学校、医院、畜医站、农技站、民政办、计生办等，也陆续随之撤并集中到新组建（合并）的乡镇，从而导致农民寻求公共服务机构的成本不断增加，造成农民上学难、就医难、办事难等问题。一些被撤并的乡镇由于财政困难，出现了贱卖办公楼、办公用具、乡办企业等国有资产和集体资产的现象。

四、推进撤县建市工作

在州委的统筹部署下，着手进行凯里撤县建市工作。1982年2月16日至18日，经州委常委会议研究，决定撤销凯里县设立凯里市。有关撤县建市工作，由州长吴邦建、州人大常委会主任刘昌淮和有关部门与凯里县共同协商，然后提出具体意见呈报中央。根据国务院〔1983〕函字162号文件《关于撤销凯里县设立凯里市的批复》，1983年9月13日，州委召开常委会议，专题讨论凯里县改建凯里市有关问题。决定由州人民政府召开专门会议，对凯里撤县建市问题进行具体研究。9月15日，州政府召开有关部门会议，讨论了凯里市有关区划调整和市、区、社各级领导班子配备，以及凯里城市规划建设、工业生产、社会服务等工作，形成了《撤销凯里县设立凯里市会议纪要》，要求凯里撤县建市与州、县行政机构改革大体上同时进行。10月27日，州委召开常委会议，专题讨论了凯里市城市建设总体规划。1984年1月1日，中共凯里市委、凯里市人民政府正式挂牌办公。

五、贯彻落实民族区域自治条例

随着经济体制改革的逐步推进，凯里市社会主义民主法制建设也迈出新的步伐。

根据第五届全国人大民族委员会第二次会议关于民族立法的精神，1981年3月，黔东南州成立了《黔东南苗族侗族自治州自治条例》(简称《自治条例》)起草领导小组，着手进行《自治条例》的起草工作。1981年10月6日，黔东南州七届人大一次会议召开，选举产生了黔东南州人民代表大会常务委员会。1982年8月14日，州七届人大常委会第6次会议通过关于成立黔东南州自治条例起草委员会的决议。起草委员会下设办公室，具体负责《自治条例》的起草工作。经多次易稿并广泛征求意见，1987年3月3日，州委向省委呈报了《关于将〈黔东南苗族侗族自治州自治条例(草案)〉送请审查的请示》。省委原则同意《黔东南苗族侗族自治州自治条例(草案)》，并提出了一些具体修改意见。按照省委意见组织修改后，4月20日，州人大常委会将《自治条例》提请州第八届人民代表大会第二次会议表决通过。7月16日，贵州省六届人大常委会第25次会议经过审议，认为《黔东南苗族侗族自治州自治条例》符合《宪法》《民族区域自治法》的基本原则，反映了黔东南自治州特点，决定予以批准，自1988年1月1日起施行。

《黔东南苗族侗族自治州自治条例》明确规定，自治州除了行使下设区、县、市的地方国家机关的职权外，还具有以下自治权：自治州州长由苗族或者侗族公民担任，自主管理本民族、本地区的内部事务，享有制定自治条例和单行条例的权力，自主安排、管理、发展经济建设事业，尊重和保障少数民族宗教信仰自由，保持或者改革本民族风俗习惯，自主发展教育、科技、文化等社会事业，使用和发展本民族语言文字等。条例对自治州的经济建设、财政管理、社会事业发展，以及少数民族干部和各类专业技术人才的培养使用、少数民族语言文字的使用和自治州的国家权力机关、行政机关、审判机关、检察机关的名称牌匾使用苗文、侗文、汉文三种文字制作等问题，也作出了明确的规定。《黔东南苗族侗族自治州自治条例》的颁布实施，标志着全州民主法制建设进入了一个崭新的发展阶段，是民族地方立法的一个里程碑。

1987 年 9 月 2 日，州委发出《关于宣传实施〈黔东南苗族侗族自治州自治条例〉的决定》(简称《决定》)。《决定》指出，各级党委要提高对《自治条例》颁布和实施重要性的认识，认真学习，广泛宣传，深刻领会《自治条例》的精神实质，承担《自治条例》规定的任务，清理现行各项规定性文件，为实施《自治条例》作好准备。《决定》要求，凡与《自治条例》规定相抵触的属本地区、本部门、本单位制定的规定性文件，应予以修改补充；凡属上级制定的，要逐条校对，提出意见，及时报请上级修改。

第四节　跨越发展　飞跃与成熟

党的十六大后，中国特色社会主义事业在科学发展中深化与提高，取得了长足的进步，正在进行的具有许多新的历史特点的伟大斗争对加强党的建设也提出了迫切要求。在面临“四大考验”和“四种危险”的严峻挑战中，党中央适时作出了重要战略部署，将中国特色社会主义事业总体布局概括为社会主义经济建设、政治建设、文化建设、社会建设“四位一体”，创造性地提出了贯彻落实科学发展观的一系列方针政策，鲜明地提出“提高党的建设科学化水平”的重大命题和重大任务，党的建设新的伟大工程理论与实践取得了新进展。

党的十八大以来，以习近平同志为核心的党中央在推进党的建设新的伟大工程中将全面从严治党纳入战略布局，把加强党的政治建设摆上突出位置。凯里市各级党组织认真贯彻党要管党、从严治党要求，牢固树立“四个意识”、切实落实“两个责任”，深入开展党的群众路线教育实践活动、“三严三实”专题教育、“两学一做”学习教育，正风肃纪不停步，反腐惩恶不手软，全面从严治党取得重要阶段性成效。

一、坚定理想信念

把坚定党员理想信念作为凯里市开展党内政治生活的首要任务，坚持不懈办好“市委周末党校”、市委党校和各级各部门党校，加强和改进各级党委（党组）中心组学习，抓好领导干部这个“关键少数”，坚持学用结合、知行合一，在真学、真信、真用、真行上做示范，切实带动全市党员干部队伍的学习。认真学习中国特色社会主义理论体系、党章党规，突出抓好习近平总书记重要讲话精神的学习，学会用马克思主义立场、观点、方法观察问题、分析问题、解决问题，自觉把对马克思主义信仰、对社会主义和共产主义的信念作为毕生追求。广泛学习经济、政治、文化、社会、生态文明以及哲学、历史、法律、科技等各方面知识，不断提高战略思维、系统思维、创新思维、辩证思维、法治思维、底线思维能力。大力弘扬社会主义核心价值观，发扬伟大长征精神，引导党员干部深入学习文朝荣、邓迎香、姜仕坤等先进典型，坚守真理、坚守正道、坚持原则、坚守规矩，明大德、严公德、守私德。加强党内政治文化建设，弘扬忠诚老实、光明坦荡、公道正派、实事求是、艰苦奋斗、清正廉洁等价值观，旗帜鲜明地抵制和反对关系学、厚黑学、官场术、潜规则等庸俗腐朽的政治文化，培育良好的政治生态土壤。

二、坚持党的基本路线

全面执行党的政治路线、思想路线、组织路线和群众路线，坚持以经济建设为中心，坚持四项基本原则，坚持改革开放，深入贯彻以人民为中心的发展思想，深入践行创新、协调、绿色、开放、共享五大发展新理念，统筹推进“五位一体”总体布局和协调推进“四个全面”战略布局，努力提高发展质量和效益，不断提高人民生活水平。深入贯彻习近平总书记对贵州工作的重要指示，坚持守底线、走新路、奔小康工作总纲，坚定不移地实施主基调主战略，全面推进“大扶贫”“大数据”“大健康”三大战略行动，以率先全州全面建成小康社会、率先全州向基本现代化迈进为奋斗目标，以打造黔东经济增长极和贵州东部区域中心城市为发展目标，以打造山江公园市为统揽建设国际旅游城市、国家生态园林城市、国家创新型城市，以“凯麻同城、州市共建、城乡统筹、产业支撑、项目推动、要素保障”为主体思路，以“三线推进、三产升级、三区互动、路网密布、中心开花”为实现路径，统筹推进“人文凯里、素质凯里、实力凯里、平安凯里、法治凯里、生态凯里”建设，确保做到“发展生态统筹兼顾，增比进位持续向好，全面小康巩固提升，安全稳定压倒一切”，坚定不移在黔东南打造国内外知名民族文化旅游目的地征程中走前列、做表率，推动凯里经济社会发展在新的历史阶段实现新跨越。

三、坚决做到“两个维护”

全市各级党组织和全体党员坚决维护习近平总书记党中央的核心，全党的核心地位，坚决维护党中央权威和集中统一领导，向党中央看齐，向党的理论和路线方针政策看齐，向党中央决策部署看齐。对党中央的决策部署，任何党组织和任何党员都不准合意的执行、不合意的不执行，不准先斩后奏，更不准口是心非、阳奉阴违。属于地方和部门职权范围内的工作部署，要以贯彻党中央决策部署为前提，发挥积极性、主动性、创造性，但决不允许自行其是、各自为政，决不允许有令不行、有禁不止，决不允许搞上有政策、下有对策。对于损害党中央权威的言行，各级党组织和全体党员要增强政治敏锐性和政治鉴别力，从政治上划清是非曲直、善恶美丑，在大是大非面前头脑清醒、立场坚定，要敢于亮剑、挺身而出，旗帜鲜明反对和抵制坚决做到“两个维护”。

四、严明党的政治纪律

全市党员特别是党员领导干部严格遵守党的政治纪律和政治规矩，自觉做到“四个服从”，必须牢记“五个必须”，坚决防止“七个有之”，严格执行“八个决不允许”，做到有令必行、有禁必止、不越雷池、不踩红线。党员不准散布违背党的理论和路线方针政策的言论，不准公开发表违背党中央决定的言论，不准泄露党和国家秘密，不准参与非法组织和非法活动，不准制造、传播政治谣言及丑化党和国家形象的言论。党员不准搞封建迷信，不准信仰宗教，不准参与邪教。党员干部特别是领导干部严禁在党内拉私人关系、培植个人势力、搞团团伙伙、结成利益集团。党的各级组织和全体党员必须对党忠诚老实、光明磊落，说老实话、办老实事、做老实人，如实向党反映和报告情况，反对搞两面派、做“两面人”，反对弄虚作假、虚报浮夸，反对隐瞒实情、报喜不报忧。领导机关和领导干部不准以任何理由和名义纵容、唆使、暗示或强迫下级说假话，凡因弄虚作假、隐瞒实情给党和人民事业造成重大损失的，都要依纪依规严肃问责追责。对坚持原则、敢于说真话的同志，要给予支持、保护、鼓励。

五、保持党同人民的血肉联系

全市各级党组织和全体党员特别是领导干部认真贯彻党的群众路线，做到一切为了群众，一切依靠群众，从群众中来，到群众中去，积极倾听群众呼声，真心实意为群众办实事、解难事。党员干部特别是领导干部奋力提高做群众工作的能力，既服务群众又带领群众坚定不移贯彻落实党的理论和路线方针政策，把党的主张变为群众的自觉行动，引领群众听党话、跟党走。各级领导干部广泛深入实际、深入基层、深入群众，到条件艰苦、情况复杂、矛盾突出的地方，千方百计为群众排忧解难，不搞劳民伤财的“政绩工程”“形象工程”。坚持问政于民、问需于民、问计于民，不在群众面前自以为是、盛气凌人，不做官老爷、漠视群众疾苦，不欺压群众、损害和侵占群众利益。改进和创新联系群众方法，建立和完善民意调查等制度，利用传统媒体和互联网等各种渠道了解社情民意，倾听群众呼声，密切党群干群关系，把对上负责和对下负责一致起来，着力实现好、维护好、发展好最广大人民的根本利益。在应对重大安全事件、重大突发事件、重大自然灾害事件等事件中，大批领导干部深入一线、靠前指挥，及时协调解决突出问题，及时回应社会关切。

六、坚持民主集中制原则

认真落实《中国共产党地方委员会工作条例》和《中国共产党党组工作条例（试行）》，按照“集体领导、民主集中、个别酝酿、会议决定”的原则，进一步完善市委常委会议事规则和决策程序、党委（党组）工作规则，明确党委（党组）

班子成员的职责，实行权力清单制度，公开权力运行过程和结果。认真贯彻集体领导制度，坚持集体领导和个人分工负责相结合，“一把手”要带头执行民主集中制，落实“三重一大”事项集体决策和末位表态制度，坚决防止把个人意见强加给集体，以个人决定代替组织决定。对集体讨论的事项，每个班子成员都能发表意见、亮明态度，并记录在案。不以损害班子团结之名打击、压制不同意见，同时杜绝不负责地发表意见。集体决定一经作出，班子成员都能服从，并按照各自职责分工，抓好跟踪督促落实。在集体领导过程中，坚决反对和防止独断专行或各自为政；议而不决、决而不行、行而不实；以党委集体决策名义集体违规。

七、发扬党内民主和保障党员权利

全市各级党组织深入开展调查研究，广泛听取各方面意见和建议而作重大决策部署，凝聚智慧和力量，做到依法决策、科学决策、民主决策。充分尊重党员主体地位、保障党员民主权利，落实党员知情权、参与权、选举权、监督权，保障全体党员平等享有党章规定的党员权利、履行党章规定的党员义务，任何党组织和党员不得侵害党员民主权利。畅通党员参与讨论党内事务的途径，拓宽党员表达意见渠道，营造党内民主讨论的政治氛围。坚持党的代表大会制度，落实党代表大会代表任期制，实行代表提案制，健全代表参与重大决策、参加重要干部推荐和民主评议、列席党委有关会议、联系党员群众等制度。党员有权在党的会议上有根据地批评党的任何组织和任何党员，党组织既严肃处理对举报者的歧视、刁难、压制特别是打击报复行为，又严肃追查处理诬告陷害行为。对受到诽谤、诬告、严重失实举报的党员，党组织能及时为其澄清和正名，保障了党员申辩、申诉等权利。对执纪中的过错或违纪行为，依规及时纠正、消除影响并追究有关组织和人员的责任。

八、坚持正确选人用人导向

严格执行《党政领导干部选拔任用工作条例》，坚持党管干部原则，坚持“好干部”标准，严格按照制度、规矩和程序选人用人，提高选人用人公信力。坚持公道正派，把好选人用人关口，特别是严把政治关和廉洁关。加强干部选任中酝酿、动议环节的监督。严格执行干部档案“凡提必审”、个人有关事项报告

“凡提必核”，纪检监察机关意见“凡提必听”、信访举报线索“凡提必查”等规定，加快建立干部选拔任用全程纪实制度，坚决防止带病上岗、带病提拔。坚决禁止跑官要官、买官卖官、拉票贿选，坚决禁止向党伸手要职务、要名誉、要待遇，坚决禁止向党组织讨价还价、不服从组织决定。领导干部不准任人唯亲、搞亲亲疏疏，不准封官许愿、跑风漏气、收买人心，不准个人为干部提拔任用打招呼、递条子，不得干预曾经工作、生活过的地方干部选拔任用工作。树立重德才、重实干、重实绩的导向，坚持工作目标与岗位责任相结合、激励保障与惩戒约束相结合，切实落实干部考核评价的各项制度，注意了解干部平时的思想、工作、作风、生活状况，把日常管理与关键时刻管理贯通起来，搞好分析研究，把好“党风廉政意见回复”关。抓紧建立容错纠错机制，严格“三个区分”，加强正面激励，为敢于担当的干部担当，为敢于负责的干部负责。注重人岗相适，充分发挥干部干事创业的主观能动性。积极推进领导干部能上能下，把不适宜、不作为、乱作为的干部调整下来。

九、严格党的组织生活制度

全市各级党组织严格执行组织生活制度，确保党的组织生活经常、认真、严肃。全市党员、干部特别是领导干部不断增强党的意识，时刻牢记自己第一身份是党员，无论职务高低，都参加党的组织生活，领导干部以普通党员身份参加所在党支部或党小组的组织生活。坚持“三会一课”制度，党员必须参加党员大会、党小组会和上党课，党支部定期召开支部委员会会议；“三会一课”要突出政治学习和教育，突出党性锻炼，坚决防止表面化、形式化、娱乐化、庸俗化。坚持民主生活会和组织生活会制度，会前广泛听取意见、深入谈心交心；会上认真查摆问题、深刻剖析根源、明确整改方向；会后要逐一整改落实。上级党组织要加强对下级领导班子民主生活会的指导和监督，会前了解所督导领导班子的运行状况，有针对性地予以精准指导，确保民主生活会开出预期成效。坚持谈心谈话制度，党组织领导班子成员之间、班子成员和党员之间、党员和党员之间开展经常性的谈心谈话，坦诚相见，交流思想，交换意见；领导干部带头谈，也要接受党员、干部约谈。坚持对党员进行民主评议，督促党员对照党章规定的党员标准、对照入党誓词、联系个人实际进行党性分析，强化党员意识、增强党的观念、提高党性修养；对党性不强的党员，及时进行批评教育，限期改正，如经教育仍无转变的，应劝其退党或除名。党员干部必须强化组织观念，工作中重大问题和个人有关事项按规定按程序向组织请示报告，离开岗位或工作所在地应事先向组织请示报告，对无正当理由不按时报告、不如实报告或隐瞒不报的，严肃处理。

十、开展批评和自我批评

坚持开展批评和自我批评，做到讲党性不讲私情、讲真理不讲面子，出于公心，不主观武断，不发泄私愤。按照“照镜子、正衣冠、洗洗澡、治治病”的要求，严肃认真提意见，满腔热情帮同志，杜绝把自我批评变成自我表扬、把相互批评变成相互吹捧。党员领导干部开展批评和自我批评敢于直言、敢于担当，做到查找问题准、提出时机准、反映内容准、预期效果准，达到履职尽责、发扬民主、增进团结的目的，引导党员、干部打消自我批评怕丢面子、批评上级怕穿小鞋、批评同级怕伤和气、批评下级怕丢选票等思想顾虑。党员干部特别是领导干部采取民主生活会、收集社情民意、调查研究等多渠道多方式接受各方批评，深入剖析原因、换位思考、长中找短、闻过则改、坚决整改，使自身更好更快成长，更好地推动工作。

十一、加强对权力运行的制约和监督

不断完善权力运行的制约和监督机制，推行政府及其部门权力清单、责任清单、负面清单制度，规范公共服务、公共资源交易、财政专项资金、国有资产等的运行、管理和处置，完善有权必有责、用权必担责、滥权必追责的制度安排，把权力关进制度笼子，让权力在阳光下运行。用好“数据铁笼”，织密权力监督网络，实现公共权力运行全程电子化、处处留痕迹，强化权力运行监管。全体党员切实增强监督意识，既履行监督责任，又接受各方面监督，自觉按法定权限、规则、程序办事，杜绝以言代法、以权压法、徇私枉法，杜绝违规干预司法。党员领导干部特别是主要领导干部能正确对待监督，主动接受监督，习惯在监督中开展工作，不拒绝监督、逃避监督。加强自律、慎独慎微，自觉检查和及时纠正在行使权力、廉政勤政方面存在的问题，做到可以行使的权力按规则正确行使。

十二、保持清正廉洁的政治本色

全市各级党员领导干部带头践行“三严三实”，经得起权力、金钱、美色考验，继承和发扬党的优良传统和作风，弘扬中华民族传统美德，养成共产党人的高风亮节，自觉远离低级趣味。带头执行中央八项规定和省委十项规定、州委十二项规定，严格执行领导干部个人有关事项报告制度，严格落实全省干部作风“十不准”，以自身模范作用带动形成良好的党风政风。自觉同特权思想和特权现象做斗争，不利用权力为自己和他人谋取私利，筑牢拒腐防变的防线，自觉净化社交圈、生活圈、朋友圈，高度重视家庭、家教、家风，教育管理好亲属和身边工作人员。保持反腐败的高压态势，坚持“老虎”“苍蝇”一起打，坚持无禁区、全覆盖、零容忍，严肃查处发生在项目审批、工程建设、矿产开发、土地出让、扶贫民生等领域腐败案件，着力构建不敢腐、不能腐、不想腐的体制机制，保持党的肌体健康和队伍纯洁。

“十三五”期间，在党中央、国务院，省委、省政府和州委、州政府的坚强领导下，全市上下坚持以习近平新时代中国特色社会主义思想为指导，贯彻落实习近平总书记对贵州工作重要指示精神，树牢“四个意识”、坚定“四个自信”、做到“两个维护”，以实干实绩诠释对党绝对忠诚，用好“晒比评述”“五定工作表”等方法，切实提高工作质量和效率。健全正向激励机制，营造良好政治生态，点燃干事创业激情。取得以下成效。

一是坚持尽锐出战精准施策，脱贫攻坚取得全面胜利。准确把握精准扶贫精准脱贫基本方略，坚决打好“四场硬仗”，发起“大战 140 天”和“决战 80 天”两项行动，“两不愁三保障”短板全面补齐，建成“组组通”公路 192.7 公里，解决 9.8 万人饮水安全问题，改造农村危房 10955 户。成功探索“出门七有”移民社区模式，10027 户 44179 人进城安居，全国易地扶贫搬迁后续扶持现场会在凯里召开。81 个贫困村 6.13 万贫困人口全部出列脱贫，书写了贵州减贫史上的凯里精彩篇章。

二是坚持高质量发展要求，产业发展提质增效。农业生产稳步提升，农林牧渔业总产值年均增长 4.4%。完成“两品一标”认证 16 个，认定面积 10.2 万亩。工业经济运行总体平稳，工业增加值年均增长 6.6%。实施“千企改造”项目 121

个，累计完成投资 47.94 亿元。现代服务业持续提升，社会消费品零售总额年均增长 7.7%。创建国家 4A 级景区 2 个，建成旅游集散中心 2 个、游客服务中心 11 个，入选 2020 中国县域旅游综合竞争力百强县市。“十三五”规划确定的目标任务基本完成，产业引领推动经济不断向高质量发展。

三是加大城乡统筹力度，城乡融合发展取得新突破。凯麻同城化、凯都一体化扎实推进，建成区面积达 73.62 平方公里，大风洞、凯棠撤乡设镇，新设立白果井街道和白午街道。滨江大道、银桂大道、环北高速等相继通车，东西向交通框架的拉开加快推动城市“西进”。二龙至台盘公路、杭州路、凯都大道等相继建成，全市公路总里程达 1867.4 公里，15 个镇街开通城市公交。公园广场建成开放 67 个，建成大健康绿色慢行步道 52.7 公里。建成上寨水库，完成鸡鸠水库引水入凯工程。实施新一轮农网改造，农村供电可靠率达 99.7%。市政燃气管道铺设 74 公里，覆盖 160 余个小区。光纤宽带和 4G 网络 30 户以上自然寨覆盖率达 100%，建设 5G 基站 494 个。“广电云”用户 6.7 万户。国家新型城镇化综合试点强力推进，凯里市列为全国新型城镇化质量百强县市。老城区、高新区、下司古镇连为一体，山地民族特色城镇格局正加快构建，城乡一体的新型城镇化道路越走越宽广。

四是坚持生态优先绿色发展，生态环境持续优化。生态环保督察反馈问题整改高效推进，鱼洞河流域环境综合治理达到序时进度。污染防治成效明显，城市空气质量优良天数率达 95% 以上，中心城市集中式饮用水源地、千人以上集中式饮用水源地水质达标率均达 100%。建成污水处理厂 11 座、提标扩容改造 5 座，总投资 4.7 亿元。生活垃圾分类工作有序推进，建成凯里市生活垃圾焚烧发电厂，全面落实河湖长制，成功创建国家节水型城市。“城市修补”“生态修复”和矿山、裸露山体植被恢复成效显著，荣获“省级园林城市”称号。绿水青山就是金山银山理念更加深入人心，生态环境优势正在加快转换为经济优势和发展优势。

五是坚持纵深推进改革开放，发展活力持续增强。重点领域关键环节改革取得突破性进展，国家级社会管理和公共服务综合标准化试点等国家级改革试点通过评估验收，PPP 合作模式获国务院表扬。坚持“市区一盘棋”，开发区管理体制改革加快推进，黔东南高新区获省批复。农村“三变”改革深入推进。市属国有企业加快重组，成立五大集团公司。政府机构和事业单位改革全面完成。州市共建

“市民之家”投入使用，“放管服”改革、商事制度改革持续深化，登记市场主体达5.89万户。凯里海关封关运行，黔东南陆港建成运营。招商引资项目累计到位资金702.05亿元。省级以上科技创新平台16个，综合科技进步水平指数提高到85%，入选科技部确定的全国首批创新型县（市）建设名单。成功创建全国文明城市。改革开放创新不断增强高质量发展的内生动力，凯里发展更加高效、更具活力。

六是坚持以人民为中心，民生福祉持续增进。城镇累计新增就业11.17万人，劳务输出务工就业3.13万人，投入21.5亿元，改扩建中小学、幼儿园101所。教育集团化办园管理模式走在全省前列，义务教育基本均衡发展通过国家评估认定，普及十五年教育通过省人民政府评估验收，5.26万农村学生（儿童）营养改善全覆盖。建成中医医院康养中心和二级甲等中医院、妇幼保健院，行政村卫生室实现全覆盖，入选紧密型县域医共体建设试点县。成功创建国家卫生城市。建成国家二级文化馆，申报非物质文化遗产生产性保护示范基地67个。建成气膜运动馆等体育健身项目，人均体育场地面积处于全省领先水平，村级农民体育健身工程实现全覆盖。城乡低保应保尽保，标准逐年提高。法治政府建设取得新成效，“凯里法治云平台”在全州推广，“七五”普法通过国家级验收。扫黑除恶专项斗争实现长效常治，“黄赌毒”“盗抢骗”“食药环”等各类违法犯罪得到有效遏制。一批群众的操心事、烦心事、揪心事得到解决，向人民群众交出了获得感、幸福感、安全感不断提升的新答卷。

七是推动党要管党、从严治党向纵深发展。扎实推进“两学一做”学习教育，深入开展“不忘初心、牢记使命”主题教育，大力弘扬“厚德载物、知行合一”的凯里城市精神，奏响了“牢记嘱托、感恩奋进”的时代强音。扎实推进基层减负年、效能提升年、营商环境提升年行动，坚定不移推进依法行政，驰而不息深化作风建设，持续保持惩治腐败高压态势，政府自身建设得到全面加强，政府执行力、落实力明显提高。国家安全、国防动员、双拥共建、人民防空、民族宗教、外事侨务和工会、青年、妇女、儿童、老龄、残疾人、红十字、气象等各项事业均取得新业绩。大力加强基层组织建设，创建了一批全省、全州、全市先进基层党组织和脱贫攻坚先进基层党组织。大力培养和选拔了一批人民需要的好干部，党的创造力、凝聚力、战斗力显著增强。坚定不移正风肃纪、反腐惩恶，始终保持“零容忍”高压态势，党内政治生态逐步向上向好。

第四章　繁荣发展经济　改善民生福祉

新中国成立前，炉山县是一个偏僻、闭塞、贫穷落后的山区。工业、商业都很萧条，加上社会政治动荡不安，战乱频繁，炉山县的人民群众生活极其贫苦。人们生活依靠原始落后的农业耕种，粮食产量低，水稻亩产300斤左右，遇上旱涝等自然灾害，老百姓收成就更少，甚至绝收，只有挖野菜、树根，采野果充饥，有些人被迫流浪到外乞讨为生。炉山的工业生产很不发达，仅有零星的几家私人煤窑，且多数是自采自用，仅有一台12千瓦的发电机，供炉山县城照明。当时的交通闭塞，除县城外，其他地方几乎没有公路，人们只能靠肩挑、手抬和步行，尽管境内有清水江、巴拉河、重安江通小船，但运载能力非常有限。另外，炉山的通信、医疗、卫生、教育等社会事业都十分落后，生产力水平低下，人们的经济收入极少。

1949年11月，凯里人民在中国共产党的领导下，迎来了翻身大解放，黔东南苗族侗族自治州建州后，特别是改革开放以来，在党中央、国务院，省委、省政府和州委、州政府的正确领导和亲切关怀下，在党的民族政策光辉照耀下，历届凯里市委、市政府始终抢抓机遇、加快发展，团结带领各族群众积极投身到改变贫穷落后面貌的伟大实践中，经过多年的努力，斗转星移，沧桑巨变，凯里彻底改变了昔日贫穷落后的状况，城乡面貌发生了翻天覆地的变化，创造出了史无前例的奇迹。现在，凯里经济社会快速发展，社会各项事业呈现蓬勃生机的景象，民族团结进步，社会和谐稳定，人民安居乐业，如今的凯里被誉为云贵高原上一颗璀璨的“苗侗明珠”，闪烁着绚丽的光芒。

第一节　经济结构不断调整优化

新中国成立前，凯里市处于传统的自给自足的农耕社会，基本没有工商业，农业在整个国民经济中的比重占 90% 以上。新中国成立后，在中国共产党的领导下，国家坚持以农业为基础，以工业为主导的基本方针，有计划、有步骤推进农业化、工业化、国防和科学技术现代化建设，特别是改革开放以来，全市经济取得了显著成就，农业生产持续稳定增长，产业结构调整不断推进，工业发展步伐加快，批发零售贸易业、餐饮业、交通运输业、邮电通讯业、金融保险和房地产等社会服务业得到了较快发展，同时，全市经济结构和产业结构发生了重大变化，逐步向合理化的方向发展。

在 1949 年以前，凯里市农业、工业生产相当落后，1949 年工农业生产总产值 807 万元，每人平均 65 元。至 1949 年，工农业总产值仅 1333 万元（按 1980 年不变价格计算，下同）。1949 至 1952 年国民经济恢复时期，开展反封建斗争，实行土地改革，没收官僚资本，鼓励、扶持有利国计民生的工业发展，工农业生产迅速恢复。1952 年，工农业总产值达 1552 万元，比 1949 年增长 16.43%。其中工业总产值 30 万元，增长 4 倍；农业总产值 1522 万元，增长 14.69%。

1956 年州委、州政府决定迁到凯里后，给凯里的发展带来了契机。1953 至 1957 年，贯彻过渡时期的总路线，对农业、手工业和资本主义工商业进行社会主义改造，工农业生产迅速发展。1957 年，工农业总产值达 2542 万元，比 1952 年增长 63.79%。其中工业产值 232 万元，增长 6.73 倍；农业产值 2310 万元，增长 51.77%。社会商品零售总额 465 万元，增长 2.62 倍。

1958 至 1961 年，由于“大跃进”的失误和自然灾害的影响，工农业生产遭到严重挫折。1961 年，工农业总产值 1654 万元，比 1957 年下降 34.93%，其中农业产值仅 801 万元，下降 65.32%。国民经济处于极端困难时期。

1962 至 1965 年，贯彻“调整、巩固、充实、提高”方针，国民经济迅速复苏，随后国家启动了“三线”建设，大批中央企业厂矿落户凯里，为凯里的发展注入新的血液，促进凯里蜕变成一座新型的电子工业城。1965年，工农业总产值增加到5009万元，比1961年增加2.03倍。其中工业总产值2230万元，增长1.61倍；农业总产值2779万元，增长2.47倍。财政收入325.9万元，增长1.09倍。社会商品零售总额1401万元，增长28.06%。接踵而来连续三年的严重自然灾害和“文化大革命”使国民经济发展受到很大影响，人民生活水平停滞不前，但是得益于中央在凯里开展大规模的“三线”建设等机遇，国民经济仍然呈现出较快的发展势头。

1978年中共十一届三中全会后，党在农村实行了联产承包责任制，大力发展乡镇企业，在城市发展多种所有制经济，调整产业结构，改变管理模式，实行政企分开，充分调动了农民的积极性，解放了农村生产力，推动了农业的发展，在城市增强了企业活力，工业得到发展，经济建设取得前所未有的成绩，是解放后发展最快的时期。

自1980年起，开始进行国民生产总值、社会总产值、社会净产值（国民收入）的统计。凯里当年国民生产总值11477万元（当年价，下同），其中第一产业2785万元，占24.27%；第二产业4955万元，占43.17%；第三产业3737万元，占32.56%。1985年，国民生产总值28929万元，其中第一产业4320万元，占14.93%，比1980年下降9.34个百分点；第二产业14618万元，占50.53%，比1980年上升7.36个百分点；第三产业9991万元，占34.34%，比1980年上升1.78个百分点。1990年，国民生产总值48582万元，其中第一产业12133万元，占24.97%，比1985年上升10.04个百分点；第二产业20133万元，占41.44%，比1985年下降9.09个百分点；第三产业16316万元，占33.59%，比1985年下降0.75个百分点。1984年，工业职工人数已占全市非农业人口总数的27.9%；工业总产值已占全市工农业总产值的77%。迅速发展的工业，为今后全市经济社会的发展奠定了良好的基础。1990年，工农业总产值达64985万元，比1980年增长2.22倍，发展速度仅次于毕节县、遵义市、绥阳县和平坝县，居全省第5位；国民生产总值48582万元，比1980年增长3.23倍，发展速度次于仁怀县、遵义市、兴义市、赤水市等11县、市，居全省第12位；财政收入4292万元，比1980年增长4.23倍，发展速度次于铜仁市、赤水市、贵阳市云岩区等25县、市、区，居全省第26位；社会商品零售总额20184万元，比1980年增长2.13

倍。同时，人均国民生产总值1298元，次于遵义市（3296元）、六盘水市钟山区（2344元）、贵定县（1653元）、清镇县（1586元）、平坝县（1428元），居全省第6位；人均工农业总产值2140元，次于遵义市（5546元）、钟山区（3531元）、平坝县（3011元）、贵定县（2796元）、清镇县（2451元），居全省第6位；人均财政收入115元，次于遵义市（813元）、白云区（303元）、赤水市（211元）等8县、市、区，居全省第9位；人均乡镇企业总产值167元，次于乌当区（609元）、花溪区（470元）、遵义市（294元）、遵义县（252元）等16县、市、区，居全省第17位；人均粮食产量193公斤，次于江口县（352公斤）、岑巩县（351公斤）、铜仁市（347公斤）等61县、市、区，居全省第62位；农民人均纯收入837元，次于南明区（1405元）、云岩区（1337元）、乌当区（1021元）、白云区（871元）、花溪区（852元），居全省第6位。

“十五”期间，凯里市积极抢抓国家实施西部大开发和新阶段扶贫开发等战略机遇，全面贯彻科学发展观和构建社会主义和谐社会重大战略思想，坚持以经济建设为中心，围绕把凯里建设成为贵州东南部重要的区域性中心城市的战略目标，按照“农业稳市、工业强市、城建立市、商贸活市、科教兴市、旅游促市”的发展思路，不断深化改革，扩大开放，积极发挥区域比较优势，扎实推进以交通为重点的基础设施建设、城市建设和经济结构战略性调整，全面发展各项社会事业，大力发展非公有制经济，经济社会取得了积极进展，城市建设迈上了新台阶，综合经济实力和竞争力明显增强，成为全省首批建成的经济强县（市、区）之一和“中国优秀旅游城市”。据统计，2005年，凯里市生产总值达到382亿元，比2000年增长1.9倍，年均增长10.7%，经济总量和综合实力位列全州第一。人均GDP达到8301元，比2000年增长1.8倍，在全州率先实现总体小康生活水平的阶段性历史跨越。全市财政总收入达到35亿元，比2000年增长90%，年均增长13.7%，其中地方财政收入达到1.81亿元，比2000年增长60%，年均增长9.9%。固定资产投资大幅度增加，全社会的固定资产投资达到17亿元，五年累计固定投资63.39亿元，年均增长14%左右。特色优势产业的发展步伐加快，基本形成了一批以能源、原材料、民族制药、特色食品、旅游业为重点的特色优势产业群和以中心商业区、经济开发区、工业聚集区为重点的区域经济增长极，旅游业成为拉动经济增长的新亮点。三项产业结构由2000年的

15.6：42.8：41.6 调整为 2005 年的 12.18：39.79：48.03。非公有制经济增加值占全市 GDP 的比重由 2000 年的 32.9% 提高到 2005 年的 39.3%。

依托良好的交通和区位优势，凯里市不断扩大对外开放，改善投资环境，2005 年基本建立起适应发展开放型经济和对外招商引资的政策体制和运行机制。“十五”期间，累计合同引资 441 亿元，实际到位资金 1369 亿元。2005 年，货物进出口总额达到 650 万美元。凯里开发区建设进展顺利，开发面积已达到近 20 平方公里，成为凯里市发展新型工业、承接产业转移的重要平台。2005 年，凯里市城镇居民人均可支配收入由 2000 年的 4991 元提高到 7707 元，农民人均纯收入由 1533 元提高到 2177 元；全社会消费品零售总额由 2000 年的 645 亿元增加到 2005 年的 16.55 亿元，年均增长 20.8%；城镇居民人均居住建筑面积达到 25 平方米，农村居民人均砖混结构住房面积达到 19.14 平方米。

“十一五”期间，随着我国市场经济体制不断完善，提供了一个更加开放的市场环境，国际资本及东部发达地区的部分产业逐步向中西部地区转移，有利于凯里市在产业发展中利用好“两种资源”和“两个市场”。我国已进入工业化中期和重化工业加快发展的新阶段，国家把支持西部地区优势资源开发和产业结构调整作为实施西部大开发的战略重点，进一步加大对少数民族地区发展的扶持力度，特别是贵广快速铁路和厦蓉高速公路贵州段在黔东南苗族侗族自治州的建设，使黔东南苗族侗族自治州成为依托贵阳城市经济圈、面向两广市场和承接珠江三角洲地区产业转移的贵州“东大门”和经济腹地，为凯里市加快产业发展提供了难得的重大战略机遇。据统计，2010 年凯里市完成生产总值 78 亿元，是“十五”期末的 2.1 倍，年均增长 13.46%；财政总收入完成 11.02 亿元，是“十五”期末的 3.15 倍，年均增长 25.77%；固定资产投资完成 72.45 亿元，是“十五”期末的 4.35 倍，年均增长 34.2%；城镇居民人均可支配收入达 14.59 元，比“十五”期末增长 82.42%，年均增长 12.78%；农民人均纯收入达 4081 元，比“十五”期末增长 87.46%，年均增长 13.39%；城市建成区面积达 39 平方公里，比 2005 年增加 15.2 平方公里，城镇化率达 59.5%，比“十五”期末提高了 19.8 个百分点。凯里市主要经济指标均保持了两位数增长，实现了高于全省和全州平均水平的目标，综合实力排名也由原来全省的第 25 位上升到第 8 位。凯里市正逐步建成一个基础设施配套、经济社会发展、环境优美舒适、人民生活宽裕的现代文明城市。

“十二五”期间，凯里市认真执行国家、省、州决策部署，坚守发展和生态两条底线，坚定落实主基调主战略，真抓实干、开拓创新、攻坚克难、奋力争先，圆满完成了“十二五”各项目标任务，全市经济社会发展初步实现了由超常规向新常态转变、由单纯扩大规模向提升品质品位转变、由单纯投资拉动向投资拉动与产业支撑并重转变、由山城时代向滨江时代打造山水田园城市转变。2015年顺利通过贵州省同步小康达标认定，踏上了巩固提升全面小康，向基本现代化迈进的新征程。据统计，2015年，凯里市在全省31个经济强县增比进位综合测评中排第7位。较“十一五”末，全市生产总值由78亿元增长到213.9亿元，年均增长18.1%，实现翻一番以上；人均生产总值由16351元增长到40094元，年均增长15.6%；财政总收入由13亿元增长到58.4亿元，年均增长35%；全社会固定资产投资由72.5亿元增长到502亿元，年均增长47.3%；工业增加值由19.1亿元增长到47.4亿元，年均增长18.9%；城镇居民人均可支配收入由14059元增长到24708元，年均增长11.9%；农村居民人均可支配收入由4081元增长到8856元，年均增长16.8%；金融机构存款余额由162.7亿元增长到416.9亿元，年均增长20.7%；金融机构贷款余额由118.1亿元增长到277.2亿元，年均增长18.6%；三次产业占比由8.5∶33.8∶57.7调整为6.0∶32.3∶61.7；城镇化率由57.4%提高到70%。增比进位在31个经济强县始终保持前10位，2014年入围“中国西部百强县”。

“十三五”期间，凯里市坚持稳中求进工作总基调，坚持以脱贫攻坚统揽经济社会发展全局，牢牢守住发展和生态两条底线，全力打好“防范化解重大风险、精准脱贫、污染防治”三大攻坚战，统筹做好稳增长、促改革、调结构、惠民生、防风险、保稳定各项工作，打赢了脱贫攻坚战，夺取了抗击疫情重大战略成果，取得了经济社会发展重大成就。

一是坚持尽锐出战、精准施策，脱贫攻坚取得全面胜利。准确把握精准扶贫精准脱贫基本方略，坚决打好“四场硬仗”，发起“大战140天”和“决战80天”两项行动，“两不愁三保障”短板全面补齐，建成“组组通”公路192.7公里，解决9.8万人饮水安全问题，改造农村危房10955户。成功探索“出门七有”移民社区模式，10027户44179人进城安居，全国易地扶贫搬迁后续扶持现场会在凯里召开。81 个贫困村 6.13 万贫困人口全部出列脱贫。

二是坚持高质量发展要求，产业发展提质增效。农业生产稳步提升，农林牧渔业总产值年均增长 4.4%。完成“两品一标”认证 16 个，认定面积 10.2 万亩。工业经济运行总体平稳，工业增加值年均增长 6.6%。实施“千企改造”项目 121 个，累计完成投资 47.94 亿元。现代服务业持续提升，社会消费品零售总额年均增长 7.7%。创建国家 4A 级景区 2 个，建成旅游集散中心 2 个、游客服务中心 11 个，入选 2020 中国县域旅游综合竞争力百强县市。

三是加大城乡统筹力度，城乡融合发展取得新突破。凯麻同城化、凯都一体化扎实推进，建成区面积达 73.62 平方公里，大风洞、凯棠撤乡设镇，新设立白果井街道和白午街道。滨江大道、银桂大道、环北高速等相继通车，东西向交通框架的拉开加快推动城市“西进”。二龙至台盘公路、杭州路、凯都大道等相继建成，全市公路总里程达 1867.4 公里，15 个镇街开通城市公交。公园广场建成开放 67 个，建成大健康绿色慢行步道 52.7 公里。建成上寨水库，完成鸡鸠水库引水入凯工程。实施新一轮农网改造，农村供电可靠率达 99.7%。市政燃气管道铺设 74 公里，覆盖 160 余个小区。光纤宽带和 4G 网络 30 户以上自然寨覆盖率达 100%，建设 5G 基站 494 个。“广电云”户户用安装 6.7 万户。国家新型城镇化综合试点强力推进，凯里市列为全国新型城镇化质量百强县市。

四是坚持生态优先绿色发展，生态环境持续优化。生态环保督察反馈问题整改高效推进，鱼洞河流域环境综合治理达到序时进度。污染防治成效明显，城市空气质量优良天数率达 95% 以上，中心城市集中式饮用水源地、千人以上集中式饮用水源地水质达标率均达 100%。建成污水处理厂 11 座、提标扩容改造 5 座，总投资 4.7 亿元。生活垃圾分类工作有序推进，建成凯里市生活垃圾焚烧发电厂。全面落实河湖长制。成功创建国家节水型城市。“城市修补”“生态修复”和矿山、裸露山体植被恢复成效显著，荣获“省级园林城市”称号。

五是坚持纵深推进改革开放，发展活力持续增强。重点领域关键环节改革取得突破性进展，国家级社会管理和公共服务综合标准化试点等国家级改革试点通过评估验收，PPP 合作模式获国务院表扬。坚持“市区一盘棋”，开发区管理体制改革加快推进，黔东南高新区获省批复。农村“三变”改革深入推进。市属国有企业加快重组，成立五大集团公司。政府机构和事业单位改革全面完成。州市共建“市民之家”投入使用，“放管服”改革、商事制度改革持续深化，登记市场主体达5.89万户。凯里海关封关运行，黔东南陆港建成运营。招商引资项目累计到位资金702.05亿元。新增省级以上科技创新平台16个，综合科技进步水平指数提高到85%，入选科技部确定的全国首批创新型县(市)建设名单。

六是坚持以人民为中心，民生福祉持续增进。城镇累计新增就业11.17万人，劳务输出务工就业3.13万人。投入21.5亿元，改扩建中小学、幼儿园101所。教育集团化办园管理模式走在全省前列，义务教育基本均衡发展通过国家评估认定，普及十五年教育通过省人民政府评估验收，5.26万农村学生（儿童）营养改善全覆盖。建成中医医院康养中心和二级甲等中医院、妇幼保健院，行政村卫生室实现全覆盖，入选紧密型县域医共体建设试点县。成功创建国家卫生城市。建成国家二级文化馆，申报非物质文化遗产生产性保护示范基地67个。建成气膜运动馆等体育健身项目，人均体育场地面积处于全省领先水平，村级农民体育健身工程实现全覆盖。城乡低保应保尽保，标准逐年提高。法治政府建设取得新成效，“凯里法治云平台”在全州推广，“七五”普法通过国家级验收。扫黑除恶专项斗争实现长效常治，“黄赌毒”“盗抢骗”“食药环”等各类违法犯罪得到有效遏制。一批群众的操心事、烦心事、揪心事得到解决，各族群众获得感、幸福感、安全感不断提升。①

特别是2020年初突发新型冠状病毒肺炎疫情以来，凯里市迅速出击、精准布防、从容应对。在全国疫情得到缓解控制的大背景下，迅速有序组织复工复产，把耽误的时间抢回来，把遭受的损失补回来，成为全省第一时间赴省外开展招商引资的县市之一，也成为疫情防控好、经济恢复较快的城市之一。2020年凯里地区生产总值完成281.76亿元，分别约为1949年的4101倍，约为2015年的1.4倍；500万元以上固定资产投资累计完成640.91亿元；全社会消费品零售总额从100.14亿元增加到173.52亿元，年均增长8.8%；城镇和农村居民人均可支配收入达36761元、14224元，年均分别增长8.1%、10.0%；位列中国西部百强县市第35位。农业产业结构持续调优，坝区产业加快发展，林下经济势头正旺，山地高效农业产业体系基本形成。工业经济持续平稳发展，黔东南高新技术产业开发区获省批复。全市多种经济成分共同发展，能源通信等基础设施不断加

---

① 《2021年凯里市人民政府工作报告》，2021-03-17。

强，交通运输网络大为改观，农田水利条件大有改善，对外开放步伐明显加快，旅游产业持续“井喷式”发展，人民群众物质文化生活不断丰富，呈现出“各民族共同团结奋斗、共同繁荣发展”的崭新局面。

第二节 农业生产持续稳定增长

凯里地处云贵高原东侧的梯级状大斜坡带，横跨黔中丘原和黔东中低山陵两个地貌区。地势是西北、西南和东部较高，中部和东北部较低，最高海拔为1447米，最低海拔为529米。平均气温在15.7℃以上，年平均降水量为1240毫米，无霜期为288天，属黔东南副热带温暖湿润气候区。总面积为1306平方公里。其中，耕地占15.89%，林地占24.17%，宜林、宜牧地占18.70%。境内山地、丘陵多，坝地少，但适宜于多种农作物的生长和多种畜禽的繁殖，粮食作物有水稻、小麦、玉米、薯类等10多种；蔬菜植物有11类100多种；林木资源有松、杉等；果木资源有6大类70多个品种，野生牧草有110多种，药用植物有400余种，珍稀树有10多种，野生动物分5类13纲。

历史上，各族人民就在这里垦荒种田、饲养牲畜，从事山地农业开发。由于长期的封建专制统治，交通闭塞，政治、经济、文化落后，人民群众的生产方式还相当低下。广大农民虽起早贪黑，辛勤劳作，但由于封建势力的剥削，加上战乱频繁和屡遭自然灾害，产量不稳，生产水平低下，仍然过着食不果腹、衣不蔽体的生活。

一、土地改革搞活农村经济

中华人民共和国成立后，凯里和全国人民一道，大力推进土地制度改革，广大农民实现了“耕者有其田”的梦想。解放初期开展农业社会主义改造，农业生产得到迅速恢复。土地改革后，广大贫农、雇农及部分中农分得了土地，生产积极性空前高涨，农业生产得到较快发展。但小农经济有着分散孤立、落后、守旧、生产力低下的特点，不能适应国民经济发展和人民生活的需要。1952年

9月，国家提出了从现在开始用10到15年时间，逐渐由新民主主义社会过渡到社会主义社会的设想。党在这个过渡时期的总路线和总任务，是要在一个相当长的时期内，逐步实现国家的社会主义工业化，并逐步实现国家对农业、手工业和对资本主义工商业的社会主义改造。从1951年下半年开始，炉山县对农业进行社会主义改造，大体分为互助组、初级农业生产合作社、高级农业生产合作社三个阶段，到1956年底基本结束。在农业合作化的进程中，各级党委加强对广大农民进行社会主义教育，社员的生产积极性不断高涨，农业生产得到进一步发展，集体经济逐步壮大，人民生活水平不断提高，综合实力有所增强。其间经过普查选留水稻及畜禽品种，开展农业技术革命，政府直接从财力、物力、人力上扶持农业发展，粮食生产连续上台阶。由于农业技术的运用，油料、棉花、烤烟、茶叶、水果等经济作物及畜禽产品也获得全面丰收。1949年，粮食播种面积20.25万亩，占总播种面积的90%以上，总产30313吨，平均亩产150公斤。1952年农业总产值1522万元（按1980年不变价格计算，下同）。按当时的统计口径，农业总产值包括农、牧、副业。其中农业（种植业）产值1021万元，占67.08%；畜牧业产值149万元，占9.79%；副业产值352万元，占23.13%。对农业进行社会主义改造，实现农业合作化，农业生产得到迅速发展。1957年农业总产值达2310万元，其内部结构仍保持原水平。其中种植业产值1550万元，占67.10%；畜牧业产值226万元，占9.78%；副业产值534万元，占23.12%。1950至1957年，粮食播种面积逐年扩大，单产和总产不断上升。1957年粮食播种面积24.53万亩，总产50156吨，平均亩产204公斤，分别比1949年增长21.1%、65.5%、36.0%。

二、农业发展一波三折

1958年8月，贯彻中共中央《关于在农村建立人民公社问题的决议》，同月30日，万潮区试办第一个政社合一的人民公社，将全区13个高级合作社，3000多农户合并建成团结人民公社。9月，民族联合（凯里）、高原（舟溪）、悦平（开怀、平乐）、胜利（挂丁、格冲）、高峰（大风洞、平良、冠英）、黔峰（炉山、洛棉、五里桥、大田）、临江（旁海）、红旗（翁项、米蒿）、清江（湾水）、前进（凯棠）等10个人民公社相继成立。一个多月，全县实现公社化。

11 月 5 日，根据中共贵州省委关于实行一区一社的指示，年底全县将已建的 11 个公社合并为 4 个公社，辖 27 个管理区，53 个大队，141 个生产队。

人民公社“一大二公”，将原来一二百户的合作社合并成为三五千户以至上万户的大公社（一区一社）。将几十个上百个经济条件、贫富水平不同的合作社合并后，一切财产上交公社，在全社范围内统一核算，统一分配，并实行部分供给制（如大办公共食堂、吃饭不要钱等），原来的各个合作社之间、社员与社员之间实行平均分配，社员的自留地、家畜、果树等，均被收归队有。同时在全县大炼钢铁、大修水利、大规模造林、大办养猪场，公社无偿地调用生产队的土地、物资与劳力，甚至调用社员的房屋、家具。这些行为，不同程度地引起农民的恐慌和不满，加上自然灾害的影响，农业生产受到严重损失。1960 年与 1957 年比，农业总产值下降 42.55%，粮食总产量下降 56.32%，大牲畜存栏下降 28.63%，生猪存栏下降 79.25%。1962 年农业总产值下降到 1842 万元，且内部结构出现异常现象。其中：种植业产值 754 万元，占 40.93%，比 1957 年下降 26.17 个百分点；畜牧业产值 114 万元，占 6.19%，比 1957 年下降 1.59 个百分点；副业产值 943 万元，占 51.19%，比 1957 年增加 28.07 个百分点；另有林业产值 28 万元，占 1.52%；渔业产值 3 万元，占 0.16%。

1961 年撤销一区一社的大公社，并对一系列不适应生产力水平的生产关系进行调整：将基本核算单位下放到生产队，实行以生产队为基础的公社、大队、生产队三级集体所有制；按照大集体、“小自由”的原则，允许社员种植少量自留地、发展家庭副业和手工业，对属于农民私人所有的一切生活资料、小农具和工具等生产资料给予保护，同时开放农村集市贸易，允许农民自己生产的农副产品进入市场交易；推行“三包一奖四固定”（三包一奖即包工、包产、包成本、超产奖励；四固定即固定土地、劳力、耕牛、农具）。这些管理制度，在一定程度上纠正了平均主义的做法。经过贯彻“调整、巩固、充实、提高”八字方针，农业内部结构逐步趋于正常。1965 年农业总产值 2779 万元，比 1960 年增长 109.42%，粮食总产量达 46500 吨，比 1960 年增长 112%。其中种植业产值 1533 万元，占 55.16%；林业产值 141 万元，占 5.07%；畜牧业产值 683 万元，占 24.58%；副业产值 207 万元，占 7.45%；渔业产值 215 万元，占 7.74%。1966 年开始，全县农村开展“农业学大寨”运动，广大农民学习大寨艰苦奋斗精神，开展大规模的以治山治水为中心的农田基本建设。

三、调整农业体制结构

1978年12月，党的十一届三中全会胜利召开，吹响了改革开放的号角。全会做出了把工作重点转移到社会主义现代化建设上来的战略决策，并深入讨论了农业问题，印发了《中共中央关于加快农业发展若干问题的决定（草案）》（简称《决定（草案）》）和《农村人民公社工作条例（试行草案）》（简称《条例（试行草案）》）。凯里认真贯彻落实《决定（草案）》和《条例（试行草案）》精神，在农业政策上拨乱反正，纠正工作中的失误，平反冤假错案，清除“左”的影响，调整农业生产关系，实施联产承包责任制，掀起了农业农村改革热潮，划分自留地和自留山，广开集市贸易，恢复农民生产、经营、分配、交换自主权，大力发展商品生产，农村经济逐步恢复正常。至1979年3月，全县有82个生产队实行田、土承包到户，占生产队总数的4%；有172个生产队实行田由集体耕种、土承包到户，占生产队总数的7%。当月26至31日，中共凯里县委召开区、镇党委书记会议，明确宣布不准分田、分土、分山林到户搞单干。尽管如此，责任到户的面仍在不断扩大。1979年12月，贯彻执行中共贵州省委四届四次全委会关于不准包干到户的指示，中共凯里县委派出工作组下凯棠等公社进行“纠偏”，结果出现“顶牛”，收效甚微。1980年9月，贯彻中共中央《关于进一步加强和完善农业生产责任制的几个问题》的指示，年底，全县2462个生产队全部实行了包干到户责任制，共签订承包合同45227份，并逐户填发了土地承包使用证。包干到户，由承包户将国家征购、派购任务和集体提留任务等向生产队签订合同，包干完成任务，极大调动了农民的生产积极性。1980年农业总产值4509万元，其中种植业2947万元，占65.36%；林业产值45万元，占1%；畜牧业产值517万元，占11.47%；副业产值894万元，占19.83%；渔业产值106万元，占2.34%。1984年，改公社为乡镇，改大队为行政村，改变了农业生产的管理体制。1984年，全市农业总产值达6064.5万元，比1978年增长0.9倍，农业人口人均254.15元。农产品商品率已达342%；粮食总产量为67480吨，比1978年增长42.6%；油菜籽产量为2045吨，比1978年增长3.1倍；烤烟产量为1485吨，比1978年增长97.1%；茶叶产量为13.7吨，比1978年减少59.3%；水果产量为704吨，比1978年增长1倍；肉类产量为3689.55吨，比1978年增长1.4倍；鱼的产量为735吨。近几年来，乡镇企业也有较快的发展，1984年产值达2389.85万元，比1978年增长19.6倍。

畜牧业不断增加，1985年产值达1022万元，占农业总产值的23.19%，比1980年增加11.72个百分点。1988年工农业总产值57716万元，为1949年的71.51倍，每人平均1582元，为1949年的24.33倍。1988年纯收入486元，比1973年的49.92元增加9.73倍。1949年粮食总产量31777吨，1988年63645吨，增长2倍。除粮食生产逐年稳产增产外，其他经济作物也增长迅速。1988年，油菜产量2454吨，比1949年增长46.3倍；1985年，烤烟产量1529吨，比1949年增长2.8倍；1988年桐子油产量61000公斤，比1950年增长4.65倍。1988年，在农业总产值中，林业产值占3.10%，牧业产值占27.75%，副业产值占12.99%，渔业产值占1.08%。1990年上升到6868万元，1990年比1980年和1984年分别增长52.32%和13.26%。其中，粮食总产量达72253吨，比1984年增长7.07%。畜牧业产值达1915万元，占农业总产值的27.88%，比1985年增加4.69个百分点，创历史最高水平。

四、综合生产力显著增强

20世纪90年代，经过40余年建设，凯里市农业由过去的单一种植业生产，逐步转向全面发展和农工商多种经营，进一步调整了生产关系，生产力得到了解放，有效激活群众的热情与活力。1993年，农业总产值1.98亿元，乡镇企业产值1.65亿元，全市农村劳动力13.87万人，农业机械总动力3050万瓦特，农民人均收入602元。

历届凯里市党委政府不断改善农业基础设施，兴修水利，搞坡改梯建设，植树造林，调整农村产业结构，大力发展经济作物，积极培育一批农业龙头企业，辐射带动周边农业发展，并大力发展城郊型特色生态农业。党的十八大以来，按照“农区变园区，园区变景区”的工作要求，采取“政府推动、政策扶持、集聚资源、企业主体、市场运作、多元投入”等方式，加强园区道路、水利、电力、通信等基础设施建设，优化园区环境，创建了一批集生产生活、现代科技、农耕体验、观光休闲、生态环保、商业开发、产品加工销售等多种业态为一体的现代高效农业示范园区，形成了一批旅游产业和高效农业、传统作物与经济作物、种植业与养殖业紧密结合的农旅一体化园区，建成“云谷田园”、“黔原云珠”、“苗侗百草”、下司草莓示范园等现代高效农业园区21个，云谷田园成功入选国家农业部蔬菜标准示范园、全国休闲农业与乡村旅游示范点、贵州省“十佳农业旅游景区”。凯里市良农种养殖专业合作社被农业部评为国家农民合作社示范社。农业机械化水平达61%。建成优质晚熟葡萄基地3.5万亩、优质辣椒基地2万亩、无公害生姜种植基地1.1万亩、优质香葱产业基地8000亩、优质大蒜基地3000亩。全市规模以上农产品加工企业达19家，总产值10.8亿元，农业增产、农民增收、农村呈现了新气象。老百姓的腰包鼓了，生活条件得到了改善，生活水平大幅提高，农业综合生产能力显著增强。2015年，全市农业增加值达13.1793亿元。全市204个行政村实现村村通公路；7个乡镇乡乡通油路，农村普遍用上了自来水，开通了电视、电话，农村人均居住面积为30.06平方米。每100户农村居民拥有彩电105台、冰箱85台、洗衣机57.5台、摩托车22.5辆、家用汽车7.5台、移动电话257.5部。社会主义新农村正蓬勃发展，呈现出日新月异、欣欣向荣的美好景象。

进入新时代，随着全面建设小康社会和乡村振兴战略的实施，农村集体产权制度改革和农业供给侧结构性改革深入推进，新型农村集体经济和乡村产业不断发展壮大，农业农村发展基础进一步夯实，农业农村进一步发展，农民收入不断提高，农村人居环境持续向好。凯里“云谷田园”园区投入运营四年来，累计接待参观考察团500余次，每年接待游客80万人次以上。仅2018年五一小长假就接待游客3万人次，实现旅游收入135万元。2019年，投入6048.27万元，实施“鸡猪渔菜菌”五大农业主导产业项目44个。200亩以上坝区加快建设，进驻经营主体71家。实施林下经济重点项目15个，规划建设东西两线林下经济产业示范带6万亩，累计利用林下经济森林面积达25.5万亩。“凯里生姜”国家地理标志通过农业农村部评审。农村土地承包经营权确权登记颁证改革完成实测面积40.78万亩，“三变”改革试点村达175个。拓宽农产品销售渠道，“农超”对接销售农产品1273.69吨，向248家单位配送食材4.7万吨。2020年凯里市农林牧渔业总产值348674万元，比上年增长6.4%。畜牧业产值比重为22.1%，粮经比44.1：55.9。农作物总播种面积39308公顷，同比增长3.7%。其中：粮食播种面积17343公顷，同比上升1.7%，经济作物面积21965公顷，增长5.2%。粮食总产量87758吨（折粮），比上年增加183吨，同比增长0.2%；水果产量58947吨，增长17.1%；蔬菜产量451062吨，增长2.6%；油料产量4169吨，下降9.3%。2020年末拥有人工造林218公顷，年末实有封山育林面积1147.7公顷，森林覆盖率达56.6%。2020年完成肉类总产量14561.87吨，下降1.3%；禽蛋1423吨，增长1.9%。肉猪出栏数110939头，下降8.6%，年末生猪存栏数94203头，增长8.4%，大牲畜年末存栏数32287头，增长7.9%。

表4-1 凯里市主要农产品产量 单位：吨

指标名称	2020年	比上年增长（%）
粮食总产量（折粮）	87758	0.2
#夏粮	7859	8.9
秋粮	79899	-0.6
粮食作物	87758	0.2
水稻	63267	-1.2
玉米	8271	-3.7
薯类	13546	4.0
豆类	2330	37.1
油料	4169	-10.0
#花生	1715	-17.1
油菜籽	2416	2.2
烤烟	487	-9.1
蔬菜	451062	2.5
水果	58947	17.1

（来源：凯里市统计局：《2020凯里统计年鉴》。）

表4-2 2020年凯里市主要畜产品产量和畜牧存栏数

畜产品	单位	数量	比上年增长(%)
肉类总产量	吨	14561	-1.3
#猪肉	吨	9815	-9.5

续表

畜产品	单位	数量	比上年增长 (%)
牛肉	吨	1032	-0.8
羊肉	吨	63	-33.0
禽肉	吨	3434	32.0
牛奶	吨	355.43	-33.1
禽蛋	吨	1423	1.9
大牲畜年末存栏	头	32287	7.9
#牛	头	31334	10.7
猪存栏	头	94203	8.4
羊年末存栏	只	5226	1.2
水产品产量	吨	3600	2.9
蔬菜	451062	2.5	
水果	58947	17.1	

（来源：凯里市统计局：《2020 凯里统计年鉴》。）

2020 年凯里市农业生产条件和农村基础设施进一步改善。全市农业机械总动力 26.442 万千瓦；农村用电量 18624 万千瓦时，增长 137.5%；全年化肥施用量 5871 吨（折纯），下降 4.3%；水稻有效灌溉面积 9740 公顷；自来水受益村 166 个，自来水普及率 100.0%；通电话的村 166 个，占总村数的 100.0%。

第三节　工业发展步伐日益加快

凯里境内矿产资源丰富，已探明有煤、铁、铅、锌、铝土矿、石灰石、石英砂、重晶石、硅石岩、白云岩、耐火黏土等，硅石中二氧化硅含量高达 98%，名列西南之冠。1993 年煤矿储量为 7071 万吨，铁矿储量为 1093 万吨，石灰石储量为 8291 万吨。到 2013 年，凯里市已形成有色金属冶炼、建材、绿色食品加工、机械为主体的 10 余个工业门类，50 多个行业，主要产品有铝锭、铅锌、磁材、磨料、玻璃等。随着产业结构的不断优化升级和经济规模的扩大，凯里的资源精深加工能力进一步增强，已逐步发展成为区域性资源综合加工基地。

解放前，凯里是炉山县的一个小集镇，人口仅1000人左右。1947年炉山县城仅有一户以木炭为燃料的引擎发动的电灯厂，照明不足100户，年发电量为1.6万度。解放初期，炉山县工业几乎是空白。全县只有348人从事手工业生产，1949年，全县工业总产值仅6万元。

一、工业经济艰辛起步

新中国成立后，党和政府十分重视少数民族地区的社会主义建设，采取了适合民族地区经济社会发展的政策措施，使凯里的经济社会各项事业得到了较大的发展。1952年恢复国民经济，实现工业总产值30万元（按1980年不变价格计算，下同），其中全民所有制占4%，集体所有制占96%。1957年完成第一个五年计划，工业总产值达232万元，其中全民、集体工业产值各占50%。1958年州府迁驻凯里，新的行政中心开始建立，省、州在凯里大办工业，至1962年完成工业产值956万元。其中全民工业产值855万元，占89.44%，集体工业产值99万元，占10.36%，个体工业产值2万元，占0.21%；省、州属工业产值781万元，占81.69%，县属工业产值175万元，占18.31%。1965年，国家三线建设及其他重点建设的开展，10户企业陆续在凯里建厂，凯里的经济建设和市政建设发展更为迅速，逐步发展成为以电子、轻纺、建材工业为主的新兴工业城市。

二、工业发展曲折前进

20世纪60年代至70年代，湘黔铁路修经凯里，在“三线”建设中，国家又在其周边地区部署了电子、建材等一批先进工业企业，经过10年左右的建设，基地工程基本完成。〇八三基地在凯里的企业共有10个，均建在以凯里为中心的四周，城东有永光电工厂、宇光电工厂、南丰机械厂和永华无线电仪器厂；城西有新云器材厂、红云器材厂和凯旋机械厂；城南有华联无线电器材厂、长征无线电厂和红州无线电厂，地方工业也得到迅速发展，并加快了城市基础设施的建设步伐。1966年重建龙场煤矿（州属），1970年新建里仁煤矿（县属）。1966年10月，由贵州省电业管理局投资凯里发电厂二期扩建工程竣工投运发电，三期工程3、4号机组同时施工，组建罗马尼亚产2×3000千瓦发电机组。1970年，凯里电厂装机容量为9180千瓦（含棉花冲水电站）。凯里第一个并入贵州电网运行的变电站——青山变电站1970年破土动工，1971年6月13日一期工程投运，一号主变压器容量1.5万千伏安。1970年由州五金公司和州广播站兴建凯里无线电厂，在〇八三基地各厂的帮助下，1975年末建成磁材、整机、金工3个车间，并试制成功E形磁芯、偏形磁棒等磁性材料。1972年凯里标准紧固件厂建成投产，当年共产标准件6大类20个品种270万件。1975年2月，兴建凯里县水泥厂，9月修建手爬岩水电站。1976年3月，新建凯里钢铁厂。

三、结构调整恢复发展

党的十届三中全会以来，根据中央“调整、改革、整顿、提高”的方针，对工业企业进行了全面整顿、产业结构调整和管理体制改革。在对农业机械等长线产品和消耗大、效益差的企业实行关、停、并、转的同时，按照国家、集体、个体一齐上的方针，把工作重点转移到社会主义工业现代化建设上来，在政策上贯彻执行对内搞活经济、对外实行开放，使全市工业经济逐步走上了持续、稳定、协调发展的轨道。1980年，工业产值15641万元。其中全民工业产值14674万元，占93.82%，集体工业产值913万元，占5.84%，个体工业产值4万元，占0.02%，中外合资工业产值50万元，占0.32%；中央属工业产值10734万元，占68.63%，省、州属工业产值1787万元，占11.42%，县属工业产值3120万元，占19.95%。建筑业发展较快，1984年，凯里共有建设施工企业34个，共完成产值2565.24万元。其中，全民所有制企业3个，职工0.19万人；集体所有制企业31个，职工0.36万人。1985年，工业企业122个，工业产值30302万元。其中全民企业50个，工业产值27209万元，占89.79%，集体企业71个，工业产值1644万元，占5.43%，中外合资企业1个，工业产值66万元，占0.22%，城镇合营、个体、村及其以下工业产值1383万元，占4.56%；中央属工业企业11个，工业产值18229万元，占60.16%（其中〇八三系统10个，产值18126万元，占59.82%），省属工业企业3个，工业产值879万元，占2.90%，州属工业11个，工业产值4770万元，占15.74%，市属工业企业96个，工业产值6358万元，占20.98%，中外合资企业1个，工业产值66万元，占0.22%；乡及乡以上工业企业122个，工业产值28919万元（轻工业55个，工业产值7056万元，占24.40%，重工业企业67个，工业产值21863万元，占75.60%）；乡及乡以上工业企业中，大型企业10个，工业产值18126万元，占62.68%，中型企业1个，工业产值1356万元，占4.69%，小型企业111个，工业产值9437万元，占32.63%。1990年，工业企业111个，工业总产值58117万元。其中全民工业55个，工业产值53834万元，占92.63%，集体工业56个，工业产值1935万元，占3.33%，城镇合营、个体、村及其以下工业产值2348万元，占4.04%；中央属工业企业12个，工业产值30528万元，占52.53%（其中〇八三系统10个，工业产值30005万元，占51.63%），省属工业3个，工业产值924万元，占1.59%，州属工业10个，工业产值15288万元，占26.31%，市属工业86个，工业产值11377万元，占19.57%；乡及乡以上工业企业111个，工业产值55769万元（轻工业53个，工业产值18336万元，占32.88%，重工业58个，工业产值37433万元，占67.12%）；乡及乡以上工业中，大型企业10个，工业产值30005万元，占53.80%，中型企业1个，工业产值1717万元，占3.08%，小型企业100个，工业产值24047万元，占43.12%。

四、工业进入全面发展

为发展壮大工业经济，凯里市进行了结构调整、技术改进、承包经营责任、企业产权制度改革，工业建设步伐进一步加快。凯里已逐步发展成为电子、轻纺、建材、煤炭、造纸、制药、制革、印刷、食品等新兴的有高新技术的工业城市，工业经济总量得到大幅度提升。在“七五”期间，凯里市年度工业产值接近1亿元大关。“八五”期间，凯里市确定了工业发展方针，即走内涵扩大再生产与外延扩大再生产相结合的道路，同时充分利用本地资源，新建了一批冶金、化工及能源工业企业。“十一五”以来，为优化经济发展环境，凯里市在2006年就设立了“工业发展基金”，建立了重点投资项目行政服务联席会议制度，由发改委、环保局、财政局、国土局等相关职能部门组成产业政策、项目选址、财税政策评估等服务组，开展全方位专业服务，实行“一站式”服务，开辟绿色通道，迅速有效地解决项目建设中遇到的困难和问题，全力打造工业经济发展的“软实力”。期间，取得的成效具体如下：

一是打出生态工业牌，凯里市着力围绕提升城市品位、创建全国优秀旅游城市和全国文明城市的目标，果断实施“退二进三”战略（即把市区的第二产业通过改造、升级后搬迁到工业园区发展，在主城区主要以第三产业发展为主），按照城市未来发展方向，坚持把国企改制同招商引资、退城进园结合起来，引导、扶持企业从城市的繁华地段退出，整体迁入城郊的炉山循环经济区建设新厂，支持企业通过技术升级改造、项目嫁接、靠大联强等多种途径，推进企业二次创业，凯里市从事第二产业的劳动者数量也在逐年增长，从2007年的12590人上升至2012年的18805人，增长了近50%。其中，建筑业的劳动者数量增长最快，从2007年到2012年增长了2倍；电力、燃气及水的生产和供应业的劳动者数量呈现下降趋势，从2008年的2422人下降到2012年的1038人，下降了57%。2010年，凯里市斥巨资7亿元打造的炉山循环经济区初具雏形，凯里市郊“半小时”经济圈正在形成，同年10月，凯里市辖区内共实现工业总产值和工业增加值分别为42.46亿元、8.34亿元，同比增长分别达31.9%、24.6%。其中，市属规模工业实现工业总产值和工业增加值分别为17.78亿元、4.75亿元，同比分别增长70.2%、63.6%。凯里走出了一条具有地方特色的新型工业化道路，实现了经济效益与环境效益的双赢。

二是老企业焕发新活力，企业异地搬迁，腾出了升值的城市土地，整合了现有的资源，一大批老企业风光重现，同时，企业技术改造，提升企业核心竞争力，焕发老企业的生机和活力。市区内工业企业陆续迁入工业集聚区。奋达工业公司、丰球磁材厂、康尔佳制药厂、瑞安水泥厂等一大批在凯里市财政收入中占据重要地位的工业企业，正抓紧“搬迁入区”工作。据不完全统计，市财政投入2亿多元工业发展资金，扶持和帮助20余户工业企业进行技改，涉及医药、建材、食品、香料、机械、纺织、煤炭等行业，累计总投资达29亿元。第一批“退二进三”搬迁企业已完成投入7.1亿元，搬迁后总用地规模达52.6万平方米。

三是打造产业集聚驱动力，依托炉山及周边地区丰富的煤炭、铝矾土、重晶石、铁矿、石英砂等特色资源优势，规划辐射48平方公里的工业集聚区，按照“减量化、再利用、再循环”的理念，以资源换项目，以项目换资本，以资本换产业，重点选定、引进和发展火电、铝矾土、重晶石、铁矿、石英砂精深加工及配套关联项目，着力延伸产业链条，形成煤—电—铝—建材—化工循环经济产业链，建成炉山新型重化工循环经济工业基地，打造凯里新的经济增长极。2010年，凯里市斥资近7亿元对园区的水、电、路灯基础设施进行建设，投资1500

万元的日产1.2万吨自来水厂建成使用；投资900万元的供水管网工程竣工供水；投资3700万元的炉山110千伏变电站建成投入运行；投资4000万元建设的循环经济3号路、炉山镇环城东路、西路已全面建成通车；投资4100万元的原炉山国营农场职工3.8万平方米安置房竣工入住；投资近4亿元的虎庄至炉山二级公路全建成通车。另外投资2.5亿元6万吨/日供水工程，投资12亿元总长30公里的炉山到碧波城市干道项目，投资6亿多元总长14公里的炉山循环经济区铁路专线，炉山循环经济区污水处理厂、垃圾填埋场项目等纷纷落地，为企业落户提供了投资硬件环境。在炉山这块工业集聚的高地上，已有其正化工、雅宝研磨材、鑫明星瓷业、祥鹏矿业等4户中型以上企业正式落户园区建设。其中，总投资71亿元、一期投资15亿元的年产60万吨氢氧化铝项目已全面进入主体工程建设，2011年10月建成投产。此外，清江电厂一期2×66万千瓦火电项目列入贵州省“十二五”实施项目。

“十三五”以来，凯里市进入了工业化加速发展的阶段。在工业园区的推动下，凯里市的主要发展行业集中在能源工业、铝及铝加工业、建材工业和冶金化工工业为主的重工业行业。同时，工业化的发展，推动了就业结构的变化，在第二产业就业的劳动力数量逐年上升，第三产业劳动力比重较高。伴随着工业化的发展，凯里市的城市化进程也在加速，甚至超过了全国平均水平。民间资本大量进入凯里，新建了一批工业企业如中科汉天下、申黔数据为引领的电子信息企业、全世通精密机械、裕高电子、其亚铝业、苗仁堂健康药业等。建成了电子信息产业园、凯里民族医药产业园、万潮苗侗医药产业园、凯里（珠三角）高新技术产业园、碧波高新建材产业园、民族文化创意产业园等六大专业园区，不断完善园区基础设施，增强了发展集聚能力。2015年，全市规模以上工业企业达67户，规模以上工业增加值完成46.3亿元，全市规模以上工业增加值增长到47.4亿元，其中，全市新兴产业增加值完成9.2亿元，占全市生产总值的4.3%。凯里获批为省级可持续发展实验区、“贵州大健康医药产业发展示范区”，炉山—碧波工业园区列入省级新型工业化产业示范基地。凯里市工业经济得到高速发展，私营企业的兴起为凯里工业注入了新的活力。2019年，实施工业产业倍增计划，初步形成以铝及铝加工、冶金、新型建材等为重点的本地优势产业。打造其亚铝业、闽源锰业、瑞安建材、凯荣玻璃等行业龙头企业。亿元以上企业达17户，2

户企业进入省民营百强。实施“千企改造”工业产业项目41个，累计完成技改投资12.13亿元。进出口总额增长20%。2020年，落实各项惠企政策，争取中央“两直达”资金6.46亿元，新增入库规模以上工业企业8户，总数达65户，规模以上工业增加值完成15.69亿元，规模以上工业增加值同比增长1.9%。轻工业增加值同比下降7.6%，占规模以上工业增加值的比重为14.0%；重工业增加值同比增长3.0%，占规模以上工业增加值的比重为86.0%。市属企业同比增长7.6%，园区企业同比下降0.2%。工业战略性新兴产业增加值同比下降5.8%，规模以上工业全年营业收入同比增长10.4%，企业产品产销率为95.2%，亏损企业24家，亏损面为36.9%。辖区内全部工业实现工业增加值26.42亿元，比上年增长2.3%。全社会建筑业增加值26.05亿元，比上年下降13.7%。其中：资质以上建筑企业共完成建筑业总产值78.04亿元，同比下降8.1%。房屋施工面积218万平方米，同比下降8.3 %。

表4–3　2020年凯里市规模以上工业企业主要产品产量

产品名称	计量单位	本年累计	同期相比 %
水泥	万吨	192	-4.1
氧化铝	万吨	83.3	10.3
商品混凝土	万立方米	185.6	-6.0
陶质砖	万平方米	622	-9.9
啤酒	万千升	8.1	-4.1
平板玻璃	万重量箱	328.5	3.2
电子元件	万只	26430.8	16.9
自来水生产量	万吨	3357	4.8
粉末冶金零件	吨	1436.2	-6.5
中成药	吨	325	-23.3
饲料	吨	112694.1	45
铁合金	吨	97743.4	27.7
大米	吨	16714	9.4
钢丝	吨	4199.2	-39.4

（来源：凯里市统计局：《2020凯里统计年鉴》。）

如今，全市上下以习近平新时代中国特色社会主义思想为指导，认真贯彻落实习近平总书记对贵州工作的系列重要指示精神，坚决按照中央、省、州和市委的部署要求，坚定不移实施“工业强市”战略，聚焦“精准、有序、效率、协作”八字方针，按照《贵州省十大千亿级工业产业振兴行动方案》《黔东南州贯彻落实全省十大千亿级工业产业振兴行动方案》，进一步加快凯里市重点产业集聚、集群、集约发展，加速传统产业升级、特色产业壮大、新兴产业增强，补齐产业链短板，培育经济发展新动能，抢抓经济高质量发展关键“窗口期”，深入推进“双千工程”，集中力量推动产业加速发展，促进工业转型升级和提质增效，全力以赴推动凯里市工业经济实现大发展、大提升、大增效，为凯里市高质量发展提供持续有效支撑，为打造黔湘桂区域性中心城市作出新的更大贡献。

第四节　第三产业发展蒸蒸日上

新中国成立前，境内陆路交通闭塞，清水江、巴拉河等水路便成了与外地沟通物资交流的主要渠道，商业贸易很不发达。在广大农村地区，商品经济微弱，许多地区在方圆几十里甚至上百里的地方不见一个店铺，有的边远山区，基本是以物易物，农副产品和土特产品很难运出去，生产、生活用品极度缺乏，人民的生活非常贫困。在商业往来稍微频繁的城镇，资本较多的商号，多是客商，本地人经商多属于小商贩，商品品种和数量奇少，购买力极弱。

一、日常商贸统购包销

新中国成立初期，百废待兴，全市经济还处在恢复期，市场还比较萧条，人们生活必需品须凭票证供给。在党和政府扶持下，国营商业、供销合作、粮食贸易、出口贸易、集市贸易迅速兴起。

在五金交化商品交易方面，境内工业发展较缓慢，还处于自给能力差，绝大多数商品仍靠外省、外地供应，少数由县内和地州内生产的小五金交电化工商品，实行统购包销。1956 年以后，凯里建立二级站，商品主要从上海、天津、广州三个商业系统内的一级站和全国各主要产地的二级站调入。每半年编报要货计划上报，计划商品由商业部下达分配指标，执行计划调拨。三类商品根据供需双方情况签订合同进行调拨。黔桂铁路延伸至谷硐后，由黔南布依族苗族自治州都匀二级站按计划衔接供应。经营五金交化商品的县公司只能向凯里二级站进货，不能外出采购商品。1958 至 1960 年，州府、县府基建工程启动，湘黔、森林铁路开工，兴修水利，修建公路等，需要大量八角榔头、十字镐、铁铲、石工手锤、撬棍、元钉、铁丝等五金交电商品。除向州外购进外，对凯里轻工机械厂、天柱县农具厂、黎平五金厂、镇远五金厂、岑巩农具厂等地方企业生产的农具和水利工具实行统购包销，计收购 28 万件。到 1962 年，五金交化商品发展到 69 种，均由商业部管理。1970 年以后，对凯里境内〇八三系统所属企业永华厂和州属标准紧固件厂、凯里无线电厂生产的收音机和标准紧固件实行统购包销。

在针纺织品交易方面，1950 年 11 月 9 日，贯彻政务院财委会《对于目前棉纱的管理办法》，县贸易组有计划地加强棉纱管理，取缔囤积居奇、投机套购，除供应生产用纱外，暂停市场上的棉纱销售。1951 年 1 月 4 日，执行政务院财委会《关于统购棉纱的决定》，县内私纱厂自纺和现存的棉纱统由国营贸易商店收购。贸易商店经营的纺织品由上级花纱布公司分配、调拨，供销商业和私商统一向国营进货。1954 年，遵照政务院《关于实行棉布计划收购供应》和《关于实行棉花计划收购的命令》，棉花、棉纱、棉布统一由国营商业委托供销社代购。境内棉花产量极少，无国营纺织厂，民间手工纱、布作坊生产的纱、土布不足供应，大部分由镇远专区分公司或省公司调拨。1957 年，凯里纺织品二级站建立后，按计划由全国一级站及各主产地二级站按计划直接分配调拨。凯里经营纺织品的国营商业公司只在二级站按计划分配调入。

在百货商品贸易方面，由县贸易商店经营管理。1954 年，糖烟酒列入计划专卖商品，县内私人作坊生产的烟、酒，实行统购统销，国营商店委托供销社代购，不足部分镇远专卖分公司按计划分配调拨。1956 年成立炉山县专卖事业公司，属三级批零兼营企业。凡列为计划分配调拨的商品，均由黔东南苗族侗族自治州糖业烟酒分公司按计划分配调拨，三类商品可根据市场需要自行采购。1956 年，糖、烟、酒购进总值 27.03 万元，比 1955 年下降 65.03%，约占全县商品购进总额的 9%，比 1955 年下降 41.99 个百分点。1957 年以后，糖、烟、酒业务由食品部门经营，由州糖业烟酒公司按计划分配调拨。

二、商业贸易曲折发展

按照国家“发展经济，保障供给”的财经工作总方针，炉山县开发民族资源，活跃农村经济，稳定市场物价，使人民生活水平逐年提高。各类商品品种繁多，花样新颖，人民买卖难的问题已得到解决。1951 年 3 月，原炉山县建立了黔东南地区最早的一个供销合作社，乡、村设零售商店、代销点、农副产品收购推销站、饮食企业和物资转运站等，形成遍布农村的新型贸易网，为农村人民生产生活服务，成了农村市场的主体和领导力量，也成为党和政府在经济上与农民群众联系的桥梁和纽带。

建社初期的资金来源，除社员入股集资外，主要向银行贷款，贷款利率受到国家优待，比国营商业贷款利率低 10%，财政也适当拨款补助，上级供销社也给予扶持。入股的社员，每年按不超过股金的 50% 来分红利。除此之外，还可凭社员证，优先供应急需商品；并按不同品种享受 1%—5% 的价格优待。社员交售的主要农副产品，还可以高于市场价格。取这种内外有别的政策后，提高了社员主人翁的责任感，把供销社当成自己的组织。供销合作社没有经营分工的限制，方向明确，经营灵活。1955 年以前，供销社除了经营粮、棉、油、烤烟等主要品种外，还经营木材。到 1956 年以后，实行国营商业和合作商业城乡分工和商品分工，合作商业转向小土特产、中药材、烤烟、干鲜果品、中小农具、废旧物资和工业品的经营，购销金额仍持续上升。

合作商业还积极扶植手工业的生产。据 1955 年调查，有铁匠、铧匠、竹器、木器、棕衣、油榨、缝纫、皮革、洗染、面粉、糖食、砖瓦、造纸、制伞、制扇、土陶等 16 个行业与供销合作社挂钩，签订了合同，接受加工任务。既支持了手工业的发展，又满足了农民的需求。供销社还积极扶持农村多种经营的生产，大量收购梭草、芒秆、五倍子、红麻、构皮麻、小杂竹、野生淀粉、野生纤维等野生造纸原料和农副产品，为地方工业生产提供原料。同时，又积极推销地方工业产品，支持地方工业的发展。

1958 年到 1960 年，由于“左”倾错误的影响，实行国营、合作商业合并，关闭农村集市贸易，基层供销社上升为区商店，变集体所有制为全民所有制，由民办变为官办，从此停止了发展社员入股和发放红利，商品由国营商业独家经营，脱离了国家计划经济的轨道，脱离了市场的客观需要。

1961 年，贯彻执行党中央提出的“调整、巩固、充实、提高”的八字方针，调整了商业机构和农副产品收购政策，恢复了供销合作社，划出了合营商店和小商小贩，重新清理社员的股金和红利，开放了自由市场。合作商业又活跃在广阔的农村中，对恢复国民经济和农业生产的发展起了很大的作用。

1966 年后，民族贸易机构被取消，境内商业陷入萧条。1969 年 1 月，撤销了供销社，合并于商业局，1973 年再次恢复。

三、恢复商贸活跃市场

党的十一届三中全会以后，澄清了路线是非，拨乱反正，健全商业机构，发展大集体和个体商业，商业又呈现出欣欣向荣的景象。凯里市委、市政府采取有力措施，提高农副产品和猪、牛、羊、蛋的收购价格，减少肥猪的收购、派购任务。同时，带领广大干部职工团结奋斗，努力开拓，坚持深化改革，“外争环境，内挖潜力”，不断推动商业贸易经济发展。并随着改革开放的深入，市场经济体制建立并逐步完善，商业贸易迅速壮大起来。1984 年，全市有商业批发机构 31 个，从业人员 364 人；商品零售网点 2561 个，从业人员 6144 人。全民所有制商业企业 197 个。1984 年，社会商品零售总额为 12818 万元，比 1952 年增长 100.1 倍，比 1978 年增长 3 倍。国内纯购进总额为 2342.19 万元。外贸收购总值为 870 万元，直接出口总值 369 万美元。城乡集市贸易迅速发展，全年成交额达 2069 万元，比 1978 年增长 1.5 倍。凯里的金融事业也相应地得到发展。1984 年，全市银行现金收入达 10921 万元，比 1978 年增长 1.9 倍；现金支出 12264 万元，比 1978 年增长 1.9 倍。银行年末各项存款余额为 12808 万元，比 1978 年增长 2.1 倍。银行年末各项贷款余额为 14954 万元，比 1978 年增长 0.8 倍。储蓄存款增长的速度已大大超过贷款增长的速度。

20 世纪 90 年代，凯里市大部分商业经营单位仍执行计划经济时期政策。全市商业网点主要是国营商业和集体商业，私营商业仅为国营、集体商业的补充。随着社会主义市场经济的发展，国营集体企业还存在着“短期行为”等一些难以克服的缺陷，无法适应、参与市场竞争的需要，使得承包制难以为继。1993 年，国营商业销售总额9280万元，同比下降3%，亏损308万元。1994年销售总额7068.66万元，同比下降23.82%，亏损518.8万元。1995年销售总额7584万元，税金完成346万元，亏损549.5万元。1996年销售总额7000万元，同比减少584万元，亏损770万元。

为了缓解城镇就业的压力，我国逐步放开对个体私营经济的限制。随着民营经济的迅速壮大，中央陆续出台了一系列鼓励民营经济发展的方针政策，特别是1997年党的十五大提出了“公有制为主体，多种所有制经济共同发展，是我国社会主义初级阶段的一项基本经济制度。……非公有制经济是我国社会主义市场经济的重要组成部分”的重要论断，民营经济获得了前所未有的政策支持。

在搞活民营经济的同时，也需要从整体上搞活国有经济，需要对国有经济进行功能定位并实施战略重组，也需要创新国有资产监管模式和国有企业新的领导体制。2002年，国营商业按照国家“出让产权，企业改变机制，职工转变身份”的思路逐步实现国有资本能进能退、进退有序的格局。企业逐步建立现代企业制度。是年，对民族贸易公司、纺织品公司、燃料公司、饮食服务公司、糖业烟酒公司、商业储运公司进行资产评估。2003年，民族贸易公司的改制方案获市体制办批复，同意按改制方案实施。对燃料公司所属土地进行公开拍卖，稳妥推进职工再就业工作。2004年12月，民族贸易公司、纺织品公司、饮食服务公司下属东风饭店完成职工安置工作。燃料公司、食品公司、糖业烟酒公司、商业储运公司、蔬菜公司完成资产评估。2007年年底，百货公司、民族贸易公司、纺织品公司、五交化公司、糖业烟酒公司、商业储运公司、饮食服务公司、蔬菜公司、食品公司、酱菜厂、燃料公司完成改革改制工作。2008年完成物资总公司的改革改制工作。

随着企业改革改制推进，集体经营改为承包经营和个体经营，非公有经济不断发展壮大，国营和集体网点随之逐渐消失，取而代之为个体经营户直接与凯里城区的个体批发商进货。1991年，全市个体商有5443户、从业7309人，其中商业2636户、从业3540人，饮食业1118户、从业2236人。服务业443户、从业132人，其他业135户、从业204人。营业额为19262万元。1993年全市个体商发展到6876户、从业9042人，营业额21826万元，其中农村个体商1414户、从业2084人，营业额2432万元。1994年，贯彻省、州《关于大力发展个体私营经济的决定》，把凯里城区26个巷道开辟为市场，为个体经营户提供经营场地。是年，全市个体户增加到7917户、从业10449人，营业额23895万元，其中有12户被中共黔东南苗族侗族自治州委、黔东南苗族侗族自治州人民政府表彰为“百颗星”先进个体户。1996年，市人民政府作出《关于大力发展个体私营经济的决定》。是年，个体商发展到8842户、从业10281人，营业额25337万元。1997年有8551户、从业10735人，其中批发零食、餐饮业5494户、从业6280人，社会服务业2116户、从业2536人，其他行业2户、从业6人。1998年有9641户、从业12692人，其中仓储业409户、从业818人，批发零售和餐饮业6254户、从业7413人，其他行业2961户、从业4461人。1999年个体商发展到10246户、从业12905人，销售额35369万元。2001年有8089户，比1999年减少2157户，从业13014人，销售额46178万元。

2003年，根据《中共中央国务院关于进一步做好下岗失业人员从事个体经营有关收费优惠政策的通知》，市人民政府制定具体措施：下岗失业人员持“下岗优惠证”申请办照的，优先受理、优先发照；下岗失业人员开发山地承包荒山从事种植业、养殖业、加工业的，视其发展情况，1至2年内免收登记费、管理费等；凡个体工商户和私营企业安置下岗失业人员用工总数超过30%，免收1年管理费和验照费。是年，有个体商户8765户、从业人员11335人，销售额18530万元，在从业人员中有331人享受免收3年办证费3600元及管理费27804元。2004年，有个体商户8795户，从业人员12925人，营业额53530万元。2005年，有个体商户9809户，从业人员29427人，营业额56714万元。2007年，有个体商户11875户，从业人员34891人，营业额67813万元。

在商店商场配套建设上，凯里大力招商引资，修建大型商贸城和综合商场，1999年后，建成隆丰商贸、天一商贸城、金玉商贸中心、中博综合商场、东方大厦商场、富万家购物广场、大十字地下商场7个，经营品种1万多种。此外，全市有小规模的综合商店数百个，经营的品种1000多种。这些小规模综合商店既是大型商场的延续和补充，又可解决城市和乡村民众的需求。这一时期，综合性超市和专项经营性超市也应运而生，从2001年6月建立第一家超市——佳惠超市起，2004至2007年，先后建有：凯里市北京西路东升超市、凯里市连体超市经营部、凯里市太平洋服装超市等40多家。经营项目有100多个大类，品种有2万多种，年均营业额4亿多元。同时，服装店（广场）、鞋店、电脑商场、家电商场、移动通信店、药店、汽车商行、摩托商行、建材市场、农贸市场、花卉市场等如雨后春笋，纷纷出现在凯里市场上，经营各类商品，品种齐全，不断丰富和满足各族群众的生产生活需求。

四、现代服务业繁荣发展

2006年7月23日，迎来了黔东南苗族侗族自治州成立50周年的重要发展时期。在新的历史发展时期，围绕州委、州政府“生态立州、农业稳州、工业强州、旅游活州、科技兴州、城镇带州”的发展战略思路，凯里市委市政府带领各族人民，以旅游为龙头的第三产业被作为新兴的朝阳产业正在发展壮大。在加快巴拉河、香炉山等为主体的重点景区景点建设的同时，启动建设了裕豪五星级大酒店、凯里民族风情园、农产品综合批发市场、民族旅游商品市场等项目。“十一五”期间凯里市旅游行业总体发展势头强劲，具体表现如下。

一是旅游接待人数大幅度提升，总收入跨越提高。2006年—2010年9月，凯里市实现旅游总收入109亿元，接待游客1088万人次，其中国外游客15万人次。接待国内外游客从“十五”期末年（2005年）的66.41万人次增加到2009年的425万人次，旅游收入从“十五”期末年（2005年）的5.88亿元增长到2009年的44亿元。2010年1—9月，共接待游客350.49万人次，同比增长13.73%，总收入40.02亿元，同比增长10.25%，接待海外游客3.05万人次，同比增长13%，创汇709.37万美元，同比增长1.8%。二是旅游工艺品生产加工取得新进展。全市主要旅游商品生产企业有贵州仰阿莎民族工艺品有限公司、黔岭瓦寨旅游开发有限公司等12家，产品涵盖银饰品、银画、根艺、布艺、扎染、牛角等。2006年，全市旅游商品销售产值达840万元，实现利润84万元；2008年建成三棵树民族旅游商品市场，旅游商品销售产值增加到目前的1000万元，实现利润100万元，比2006年增长19.05%。三是民族文化得到较好的传承和保护。争取到总投资为2015.67万元的贵州省世界银行贷款实施文化与自然遗产保护和发展项目——巴拉河（凯里段）苗族文化遗产保护项目，主要用于三棵树镇南花、季刀、怀恩堡等乡村旅游景点基础设施建设和非物质文化保护。此外，“苗族芦笙乐舞曲”“旁海翁项苗族堆绣服饰工艺”“舟溪甘囊香芦笙节”“马尾斗笙制作工艺”“苗族板凳舞”等5个项目被列入省级非物质文化遗产保护名录，“凯里苗绣”被列入国家级非物质文化遗产保护名录。“十一五”期间，投入项目经费300余万元，改造、修缮111栋传统民居，收集和整理历史资料、历史遗物200余件。四是旅游业拉动农民脱贫致富成效显著。“十一五”期间，全市民族村寨旅游收入占村集体经济收入的59%。从事旅游等服务业的人数由不足总劳动力的15%上升到39%，全市从事涉及乡村旅游项目经营的农户达2787户，占总农户数的18%，乡村旅游就业人数达3973人，间接就业人员8480人，占总劳动力的32%。同时，旅游开发还带动了农村公益事业发展，全市民族旅游村寨实现了电视入户率98%，自来水入户率85%，计划生育率100%，78%的农户已安装程控电话。

经过几十年的努力发展，凯里商业经历了国家开办国营商业、供销社，允许个体和私营商业存在，公私合营、全民所有制企业等经营形式。由于凯里市委、市政府对商业流通体制进行了一系列改革，非公有制经济发展迅速，市场经济得到发展。并随着城乡居民收入和生活质量的不断提升，国内知名大规模超市纷纷落户凯里，高档商品逐渐进入人们的消费领域。如今凯里市区和各乡镇集市均店铺林立、商品琳琅满目，城乡贸易活跃、购销两旺、市场繁荣。同时，电子、互联网消费迅猛发展，年轻人足不出户，动动手指，需购买的商品就送上门来。目前，建成全省一流的大十字地下商业街，经纬国际汽车城、国际商贸城等建成营业，中心城地下商业综合体、华亿大西部石材建材城、银田农产品物流园建设顺利推进，上海老凤祥、恒远意通、北京华联、红星美凯龙、居然之家、上海苏果、苏宁电器、肯德基、必胜客等国内外知名品牌相继入驻，凯里商贸服务业正朝着高端化、国际化发展。2015年，全社会消费品零售总额达100.1亿元，年均增长16.1%。凯里民族商品线下体验店示范园、跨境电商O2O体验中心建成营业，凯里互联网众创产业园正式开园。成功列入阿里巴巴农村淘宝“千县万村”计划，在农村建成淘宝服务站40余个。城乡电子商务网络初步形成，成功获批贵州省“2015年省级电子商务进农村综合示范县”。据统计，“十二五”期间，凯里累计完成外贸进出口5000万美元。城镇居民人均生活消费支出15424.18元，农村人均消费支出7258元，全市社会消费品零售总额达87.4069亿元。2015年，实现旅游总收入200.8亿元，是2010年的3.4倍。全面推行“三证合一”登记制度改革，各类市场主体户数从 2010 年的 14308 户增长到 2015 年的 24761 户，注册资本达 176 亿元，是“十一五”期末的 1.7 倍。在旅游业的带动下，餐饮、文化娱乐、金融、邮政、通信、保险、交通运输等各相关行业均实现了平稳较快发展。2015 年，服务业增加值完成 131.9 亿元，拉动经济增长 10.1 个百分点，成功入列全省现代服务业发展示范区。

2020 年，凯里市 500 万元以上固定资产投资同比增长 10.5%。其中，建筑安装工程投资同比增长 1.8%；设备工器具购置投资同比增长 47.4%；其他费用投资同比增长 54.8%。产业投资占比为 15.1%。500 万元以上固定资产投资（含房地产开发项目），第一产业投资同比下降 100%；第二产业投资同比增长 201.1%，其中制造业同比增长 506.1%，电力、煤气及水的生产和供应业投资同比增长 157.8%；第三产业投资同比增长 1.3%。

2020 年，凯里市房地产开发投资比上年下降 4.5%。按工程用途分，住宅投资同比增长 2.3%，商业营业用房同比下降 24.9%；房屋施工面积 964.18 万平方米，下降 3.0%，竣工面积 11.01 万平方米，增长 56.2%。商品房屋实际销售额 75.67 亿元，同比下降 3.1%；实际销售面积 138.32 万平方米，同比下降 4.1%，其中住宅销售 128.70 万平方米，同比下降 2.0%；年末待售面积为 16.56 万平方米，同比增长 192.4%。

表 4-4　2020 年凯里市 500 万元以上固定资产投资（按行业分）

指标	比上年增长（%）
一、本年完成投资（或自年初累计完成投资）	10.5
房地产完成投资	-4.6
其中：基础设施	-1.4
产业投资	339.4
本年新开工完成投资	348.3
国有经济控股	22
第一产业	-100
第二产业	201.1
工业	201.1

续表

指标	比上年增长（%）
制造业	506.1
电力、热力、燃气及水生产和供应业	157.8
第三产业	1.3
批发和零售业	-100
交通运输、仓储和邮政业	-55.8
住宿和餐饮业	828.7
房地产业	-4.6
科学研究和技术服务业	163.4
水利、环境和公共设施管理业	371.4
教育	447.4
卫生和社会工作	802.2
文化、体育和娱乐业	694.7
公共管理、社会保障和社会组织	3585.7

（来源：凯里市统计局:《2020 凯里统计年鉴》。）

2020 年凯里市社会消费品零售总额完成 205.17 亿元，比上年增长 2.5%。分行业看，批发业零售额 90.58 亿元，比上年增长 3.6%；零售业零售额 106.36 亿元，比上年增长 2.9%；住宿业零售额 6455.9 万元，比上年下降 10.3%；餐饮业零售额 75802.7 万元，比上年下降 6.7%。分区域看，城镇消费品零售额 166.59 亿元，比上年增长 2.5%，其中城区消费品零售额 125.47 亿元，比上年增长 2.5%；乡村消费品零售额 38.58 亿元，比上年增长 2.5%。

如今，凯里正加大培育限额以上批发零售住宿餐饮市场主体，积极推进全域旅游示范区创建，推出“凯里十八菜”特色餐饮、“凯里十景”旅游打卡点，推出新景点云谷小镇，成立凯里市酒店行业协会，新建、改造旅游公厕，非遗与旅游融合，承办旅游产业发展大会等措施，其中，“非遗与旅游融合推动麻塘精准扶贫”入选 2019 非遗与旅游融合发展优秀案例。旅游产业实现“井喷式”发展，2019 年接待游客 4776.34 万人次，实现旅游综合收入 519.62 亿元，2020 年底，凯里市共有 4A 级旅游景区 2 个，3A 级旅游景区 8 个，四星级酒店 6 家，申报创建青曼苗寨1个3A级旅游景区。

第五节　城镇化进程不断开新篇

一、新中国成立后初步发展

新中国成立前，凯里只有一条狭窄的街道。1949—1958年间，中国的社会经济制度发生了根本性的改变，当时所面临的首要任务是恢复社会生产，改造更新旧城市，打好工业基础，建立完善和独立的经济体系。从1953年起，国家开始大规模的工业建设，大量农民进入城镇和工矿企业就业，城市人口增长极快，初步推动了凯里市的城市化进程。解放后，凯里市的房屋建设也逐年发展，到1957年，建筑面积达23.09万平方米，凯里市城区人口达到2.11万人，比1949年增加1.11万人，城市化水平从1949年的10.60%上升到15.39%。

凯里成为黔东南自治州首府以后，市政建设有了很大发展，特别是近几年来，市内道路以及通信、供排水能源供给、环境保护等基础设施的建设进展比较快。1958—1965年间，这七年时间里，凯里的城市化处于不稳定发展中，由于“大跃进”的影响，工业发展迅猛，大量农村劳动力流向城镇，凯里市人口猛增，使得凯里的工业化和城市化脱离正常轨道发展异常迅速，而农业的发展则在原地踏步。凯里市人口的增长超过了它所能承载的最大负荷，不仅城市发展不起来，而且还破坏了农业生产。1961年，工农业总产值为1654万元，比1957年下降34.93%，其中农业产值仅为801万元，下降65.32%。国民经济处于极端困难时期，城市发展极其缓慢。1962—1965年间，凯里贯彻“调整、巩固、充实、提高”方针，国民经济迅速复苏，凯里城市化得到了初步发展。

二、改革开放后蓬勃兴起

中共十一届三中全会以后，经济得到迅速复苏，中共凯里市委、市人民政府以解决吃水难、行路难、住房难、乘车难为重点，以缓解十年“欠账”问题。经过“六五”和“七五”的努力，凯里城市建设有了新的面貌。由于实行了农村体制改革，凯里市农村经济的发展比以往高出好几倍，同时，非农产业的发展速度也有明显的提高，这一系列变化加快了凯里城市化速度，使得凯里走出了倒退和停滞的低谷。随着经济建设的快速发展，凯里城市化进入了复苏和蓬勃发展的阶段。1983 年 8 月 19 日，国务院批准撤销凯里县，设为凯里市。1984 年 1 月，凯里市成立。自凯里确定为州府所在地后，凯里即开始按现代城镇进行建设。先在老街南面田坝上兴建新街道，以大十字为中心，以后城市建设逐步向四面八方扩展。到 1984 年底，全年建成区面积已达 6 平方公里；市内道路全长 9.41 公里；公共汽车已有 36 辆；年供水量 648 万吨，人均日供水量 0.11 吨；居民住宅面积已达 6.6 万平方米，城市绿化覆盖率为 47.6%。

随着城市经济体制改革的不断深入和横向经济联系的逐步扩大，城市基础设施的建设将加快步伐，商品流通网络将进一步发展和完善，以交通运输、通讯信息、劳动服务为主的第三产业有了一个较大的发展，城市的功能逐步完备，吸引力和辐射力进一步增强。到 1996 年，经过近二十年的建设发展，凯里已形成了以电子、轻纺、建材和木材加工为主体的新兴工业城市，成为黔东南的经济、政治和文化中心，黔中经济区五大主要城市中心，贵州省东部区域性中心城市。

跨入新世纪新阶段以后，随着社会科技和科学的进步，我国三大产业发展变化巨大，一产和二产比重有所下降，三产发展迅速，态势良好，所占比例越来越大。农村剩余劳动力大量涌入城市工作生活，国民经济不断增长，城市化进程逐渐加快。新世纪新阶段，随着全球经济一体化和信息化的进程，城市人口占总人口比例不断增加，凯里市城市化得到了空前发展。2005 年，城乡基础设施建设进一步改善，形成了以铁路、高速公路、通县油路为主干，以通乡和通村公路为连接的交通运输网和“三横四纵”的城市主干道网络，实现了村村通公路，新建或改扩建了一批客货运站场。全市公路通车里程达到 1348.5 公里。城镇化进程进一步加快，城市建成区面积由 2000 年的 17 平方公里扩大到 2005 年的 238 平方公里，城市化水平提高到 39.7%，比 2000 年提高 3 个百分点。城南新区建设初具规模，城市基础设施、市政公用设施和人居环境显著改善，人均公共绿地达到 4.2 平方米，全市森林覆盖率由 2000 年的 32.7% 提高到 38.7%。

“十一五”期间，凯里市在城市建设过程中，以建设独具苗侗文化特色的国际旅游城市为目标，加大了对民族文化的挖掘、保护和传承力度，对城区标志性建筑、重点片区、街区适当摄入了民族文化元素。同时，建设了一批以民族文化园、民族风情园为代表的城市文化景观，使得凯里实现了民族传统与现代、城市与自然生态的和谐统一。凯里市在城市规划、城市文化、空间布局、建筑形态、产业发展上不断注入民族文化特色和个性理念，努力塑造凯里城市品牌，增强城市竞争力。为给市民营造一个绿色生态、文明和谐的生活环境，凯里市实施“退二进三”科学发展绿色经济，使经济建设和保护生态环境两不误、两促进，选择距市区 35 公里的炉山镇附近区域建设炉山工业循环经济区。依靠当地丰富的矿产资源和电力优势，打造循环经济发展的样板基地，形成优势明显、协调发展的绿色工业企业集群。2010 年，凯里城市建成区面积达 39 平方公里，比 2005 年增加 15.2 平方公里，城镇化率达 59.5%，比“十五”期末提高了 19.8 个百分点。

三、新时代迈向国际旅游城市

党的十八大以来，凯里市高度重视规划工作，编制完成了《贵州炉碧经济开发区总体规划》、《凯里市中心城区近期建设规划》、中心城区 5 个片区控制性详细规划、2 个乡控制性详细规划和 165 个村“两委”所在地村庄规划，城乡建设规划体系进一步完善。加快城市路网建设工作，开工建设了城市主次干道 200 公里，总投资达 100 亿元以上，为大凯里城市总体框架构成夯实了基础。这些路网工程的开工建设，全面拉开了大凯里建设尤其是凯麻同城化[①]建设的序幕，凯里城市扩容取得了战略性突破。城市建成区面积由 2011 年的 50 平方公里扩展到 2012 年的 67 平方公里，城镇化率达 65%，比 2003 年的 36.5% 上升了 26.5 个百分点，并在 2007 年超过全国水平。2012 年，全国城市化水平为 52.6%，贵州省为 36.4%[②]，黔东南州为 31%[③]。大力拓展城市发展空间，积极开展低丘缓坡向山要地试点工作，吸纳社会资金 50 亿元，启动实施了 19 处削峰填谷向山要地工

① 凯里作为黔东南州府所在地，经济总量一直占到全州的 1/3 左右。“同城化”主要是指两个或两个以上相邻的城市的社会经济发展到一定阶段，要求突破现有行政区划的制约，按照同一城市（地区）来统筹规划考虑，优化配置资源，以达到共同繁荣的目的。为加快凯里市的发展，黔东南州委、州政府提出了“凯麻同城化”的战略构想，将凯里市和麻江县连为一体，实现同城化发展，以期把凯里、麻江两市县建设成为全州最具活力的发展区域，成为黔东南后发赶超、同步小康的战略支撑。

② 姚慧琴、徐璋勇：《中国西部经济发展报告（2013）》，北京，中国人民大学出版社，2013。

③ 贵州省民政厅：《自治州行政体制改革研究——以贵州省黔东南苗族侗族自治州为例》，贵州省民政厅网站（http：//www.gzsmz.gov.cn/content-20-6153-1.html）。

程，可造地1.5万亩以上。实施旧城改建与新区建设齐头并进，完成了老街东西片区环境综合整治工程，黔东南州委党校、棉纺厂、草坪寨片区旧城开发有序推进，粮校、未来城、开怀、鸭塘、滨江等新区建设进展顺利。进一步完善城市功能体系，完成了城区100公里油路改造工程，建成了龙都五星级酒店、开怀民族文化主题公园一期建设工程、凯丰市民休闲广场、开怀大型游乐园、10公里小街小巷维修整治工程、55.8公里城市亮化工程、10.76万平方米城市绿化工程等一批市政配套设施，启动建设了清江市民休闲广场、沃尔玛超市等一批城市配套基础设施项目。加大小城镇建设力度，在城乡一体化推进过程中，对主城区已覆盖的乡镇、街道，按照统一规划、统一标准、统一建设、统一管理的原则，与主城区同步建设和管理；对炉山镇、万潮镇，按照产城互动的原则，与炉碧经济开发区统一规划、建设和管理；对主城区、开发区尚未覆盖的乡镇，实现了规划全覆盖，主要基础设施均由市政府统筹安排建设，并预算安排专项资金用于维修和管护，使全市城乡一体化建设步伐进一步加快。

2015年，凯里市相继获得"国家卫生城市""全国十佳生态文明城市""全国科技进步市""全国民族团结进步创建活动示范市""贵州省森林城市""贵州省双拥模范城市"等称号。凯里市智慧城市一卡通正式接入全国城市一卡通互联互通大平台，成为全国35个互联互通城市中在大西南的关键点。成功纳入"国家智慧城市""国家知识产权城市"试点，国家环保模范城市创建通过省级预评估。炉山镇、舟溪镇、下司镇成功入列全省重点建设的100个特色小城镇，炉山镇被评为2015年全省小城镇建设先进单位。凯里市获国家新型城镇化综合试点和全国新型城镇化质量百强县市；"十三五"期间，荣膺国家卫生城市、国家节水型城市、全国文明城市，城市知名度、美誉度、承载能力持续提升。

2021年，在"十四五"开局之年，凯里市坚持规划引领、项目带动，有效投资持续扩大。凯麻城市总规修订获贵州省人民政府批复，城乡空间功能布局不断优化，以"多规合一"为基础，加快推动项目落地。2020年实施省、州重大工程和重点项目98个，完成投资98.36亿元。申报地方政府专项债券项目9个，获批专项债券资金4.23亿元。申报特别国债项目18个，获批资金2.23亿元。①

① 数据来源：《2021年凯里市人民政府工作报告》，2021-03-17。

近年来凯里市大力实施基础设施提升、城市环境美化、公共秩序优化等攻坚行动，2020年完成东湖湿地公园南区建设，完成城镇老旧小区改造13个1097户，继续推进原262厂片区、凯里四小片区、州农校片区等棚改项目，启动东门幸福家园保障性住房建设项目。完成凯里市洗马河二龙新村道路维修、二商场及万博农贸市场钢管架结构棚建设、道德广场人行步道板铺装项目附属工程建设、凯里市永乐路人行道提升改造、中博中心广场提升改造、凯里市环城西路亮欢寨到星力城段道路建设项、凯里市州府路、营盘东路、文化北路、北京东路人行道板综合改造、龙头河沿江路路灯亮化建设、高速公路凯里站出口路灯安装建设、大阁山隧道北洞口风雨长廊亮化建设等市政设施工程全面建成投入使用。

近年来凯里市不断改善人居环境，提升城市品质，2020年城市建成区面积达73.62平方公里，常住人口城镇化率达75.0%。城市建成区绿地率达32.1%，人均公园绿地面积达9.8平方米，分别增长2.8%、40.6%。城市空气质量达标天数比例保持在95.0%以上，森林覆盖率达56.6%，中心城市集中式饮用水、1000人以上集中式饮用水源地水质达标率为100.0%。城市污水处理率达97.8%，生活污水治理设施处理能力12.1万吨/日，城乡生活垃圾无害化处理率达97.3%。[①]成功创建全国文明城市，城市文明程度明显提升，“斑马线上的文明”享誉全国，“人车礼让”成为文明风景线，追求和坚守文明成为全市干部群众的自发行动和共识。

凯里市坚持惠民利民，扎实做好民生实事，2020年全市城镇新增就业15877人，农村劳动力转移就业5896人。辖区内拥有医疗卫生机构580个，其中州级审批监管27个，市级审批监管554个。州级监管公立医院6个，疾病预防控制机构1个，卫生监督局1个，采供血站1个，民营医院17个，医疗整形美容诊所3个。市级监管公立医院4个，疾病预防控制机构1个，卫生监督局1个，监狱医院1个，乡镇卫生院11个，街道社区卫生服务中心9个，政府办社区卫生服务站9个，民营医院13个，个体诊所、医务室、卫生站342个，村卫生室214个。拥有编制病床位5831张，实际开放床位7371张；卫生技术人员7985人，比上年增长4.7%，其中执业（助理）医师2695人，增长14.3%，注册执业

① 数据来源：《2021年凯里市人民政府工作报告》，2021-03-17。

护士 3749 人，增长 4.3%。

2020 年凯里市参加基本养老保险（含职工、居民）人数为 266111 人，比上年增长 3.1%。参加失业保险的人数为 34578 人，比上年增长 11.0%。参加基本医疗保险人数为 495272 人，比上年增长 2.3%。参加工伤保险人数为 77835 人，比上年增长 27.5%。参加生育保险人数为 49094 人，比上年增长 5.1%。全市参加城乡居民医保 430751 人，参保率 100.0%，参合农民就诊 740300 人次，补助 15053.7 万元，人均获得补助 203.35 元。全市享受最低生活保障 19097 人，211184 人次。其中：城市 8534 人，90915 人次，农村 10563 人，120269 人次。全年共支出低保金 5972 万元，比上年下降 1.0%。全市各类收养性社会福利单位数 1 个，床位 450 张。

2020 年凯里市科技经费预算投入 10999 万元，占本级公共财政支出比例 2.5%，获上级科技计划项目 26 项 1338 万元。辖区拥有院士工作站 1 个，省级科技创新人才团队 6 个，省级科技特派员 12 人，州级科技特派员 8 人。拥有国家级科技创新平台 6 个，省级科技创新平台 35 个，高新技术企业 21 家，占全州 42.9%，入库科技型中小企业 10 家。建立凯里市科技专家咨询库 1 个，共 101 人。辖区专利申请 1566 件，与去年同比增长 7.8%。其中：发明专利 160 件，实用新型专利 1201 件，外观设计专利 205 件；专利授权 1330 件，同比增长 58.0%。其中，发明专利 19 件，实用新型 1176 件，外观设计 135 件。有效专利数量达 149 件，每万人发明专利拥有量 2.72 件。[①]

凯里市坚持以人为核心的新型城镇化之路，围绕“凯都一体化”“凯麻同城化”发展布局，把牢“一城、两轴、三区、多点”的城乡空间发展定位，全力推进产城景融合发展，不断提升城镇综合承载能力，切实把凯里打造成独具苗侗文化特色、宜居宜业宜游的现代化城市。强化规划先行，优化顶层设计，全力实施“城镇大提升”行动，加快老城改造，特别是老旧小区改造，优化城市空间布局，补齐城市基础设施短板，完善城市功能，着力打造一批特色街区，不断提升城镇居民生活品质。抢抓“凯都一体”“凯麻同城”的发展机遇，推进凯里新城建设，坚持以产兴城、以城促产、产城融合，进一步优化商贸物流、文化娱乐、改善性

① 数据来源：《2021 年凯里市人民政府工作报告》，2021-03-17。

住房等产业布局，以特色产业为支撑，加快形成产城互动格局，逐步打造我市经济发展新引擎。强化组织领导，统筹推进各项工作，加大招商引资力度，坚持以商招商，引进优强企业，加快完善教育、医疗、就业、养老等服务体系，不断提升人民群众的幸福感和获得感。

第五章　传承创新并重　推进文旅融合

习近平同志强调："文化是一个国家、一个民族的灵魂。文化兴国运兴，文化强民族强。没有高度的文化自信，没有文化的繁荣昌盛，就没有中华民族伟大复兴。"[①] 在全面建成小康社会的第一个百年奋斗目标即将实现的历史关头，在中国日益走近世界舞台中央的时代潮头，中华优秀传统文化不仅是历史上中华民族战胜种种艰难险阻而薪火相传的伟大精神瑰宝，也是实现中华民族伟大复兴中国梦的重要精神支撑。

600 多年来，凯里市一直是贵州优秀传统文化的策源地之一和贵州人文精神领域的一座高峰。早在明代，凯里地区诞生的"清平王学"，使清平（凯里市的前身，以今炉山镇为中心）成为贵州五大"王学重镇"之一。而"清平王学"的代表人物孙应鳌，为"王学"的集大成者，其以哲学、教育、文学等领域的杰出成就，在继承阳明学说的基础上创造性地提出了"以仁为本"，并自成一思想理论体系，奠定了凯里（清平）在"王学"中的地位和影响。"清平王学"的提出并最终与阳明学说接轨，进而成为推动人类文明进步的优秀传统文化的组成部分。延及近现代，凯里市在战争年代成为革命老区，在 20 世纪中后期成为"三线"建设的重镇，在当代文旅大潮中又成为民族文化的集散地。这座城市在开放兼容中，形成"厚德载物、知行合一"的城市精神。"厚德载物"，德广于外，孙应鳌成为帝师，师天子；成为国子监祭酒，师天下士。载化于内，今凯里地区民风向学，以及凯里人淳厚好义、包容天下之品性，无不得益于"德"开一方风气之先，且一代代传承。"知行合一"，作为多民族聚居地，凯里融入鲜明的军屯文化特色，以古驿道为载体，以走向全国各地的士大夫为桥梁，既有绚丽多彩

① 习近平：《决胜全面建成小康社会夺取新时代中国特色社会主义伟大胜利》，40—41 页，北京，人民出版社，2017。

的优秀民族文化，又有博观约取匡世之现代文明，[①] 以铸牢中华民族共同体意识为主线，加强各民族交往交流交融，促进各民族像石榴籽一样紧紧抱在一起，共同团结奋斗、共同繁荣发展，书写了历史应有的担当，践行了时代赋予的使命。

第一节　文化建设革故鼎新

一、文化机构建立完善

1951 年 11 月，炉山县委宣传部、炉山县教育科接管县民众教育馆，选用遗留书刊开办“大众阅览室”。1952 年 10 月，炉山县文化馆成立，馆址仍设于县城原民众教育馆。1956 年 7 月，县人民政府拨款在县城场坝口修建一楼一底砖木结构新馆舍及排练用房。1958 年更名凯里县文化馆，迁凯里老街（今西门街）办公。1962 年迁县委礼堂二楼。1963 年迁人民大会场台上两侧房。1965 年修建馆舍一栋。1979 至 1984 年，在营盘西路修建新馆，1985 年迁入新址办公。1990 年，市文化馆组织（或与有关单位联合）开展全市的文化活动。

1953 年，第一个农村文化站——凯里区文化站成立。1956 年，旁海、万潮区文化站相继成立。1959 年，凯里区文化站并入凯里县文化馆，旁海、万潮区文化站停办。

改革开放后，文化机构迅速恢复，炉山、舟溪、青曼、湾水、冠英、万潮、五里桥、大田、翁项、凯棠、平乐、挂丁、金井等 13 个区、社（乡镇）、大队（村）文化站先后成立，因经费等原因，除炉山、青曼、舟溪、金井等站外，其余文化站不久即停止活动。炉山区文化站，系公办文化站，主要开展图书阅览、文艺演出、美术书法作品展览、体育竞赛等业务。1987 年起，增设录像放映，采用有偿服务办法增加部分资金来源。青曼乡文化站建立后，坚持图书开放、组织业余文艺队，深入村寨宣传和参加接待外宾演出，并经常利用民族节日集会，组织跳芦笙、斗牛、赛马、赛跑等比赛。该站还办有油印文学小刊《长岭岗》，举办青少年美术作品展览等。舟溪乡文化站建站以来，开展了书刊阅览、科普知

① 姜秀波：《也谈凯里“城市精神”》，凯里市文明网，2019 年 9 月 9 日。

识宣传等活动，并利用民族节日集会及节假日开展各种文娱体育活动。金井村文化站除开展图书阅览、民歌歌会等外，还开展舞会、录像、台球等有偿服务活动。

1984年筹建市青少年宫，1985年10月破土动工，1986年7月，凯里市青少年宫正式成立，隶属团市委领导管理。1988年6月，青少年宫正式开展活动，先后举办少儿舞蹈、体操、美术书法、电子琴、武术等培训班多期。

凯里市各级文化部门通过组织文艺调演、故事会、展览、文化培训班等，丰富和活跃群众的文化生活督促尚未建立文化站的乡镇尽快建立。20世纪90年代后，乡镇文化站如雨后春笋，纷纷建立，基本实现了乡乡有文化站。

进入21世纪，特别是党的十八大以来，凯里市坚持以丰富群众精神文化生活为目标，全力推进市、镇、村三级文化服务阵地建设，着力打造城乡一体化公共文化服务体系。2020年，全市现建有国家二级文化馆1个，开设有合唱、舞蹈、美术、钢琴、古筝、朗诵等课程。图书馆1个（现搬迁至凯里市十六中），市图书馆总馆共有藏书14万册，设置有电子借阅机3台、少儿电子阅读机2台、电脑30台。建有镇（街）文化馆分馆18个、镇（街）图书馆分馆7个，服务点10个、实体书店14个、社区图书室6个、农家书屋181个，村级（社区）综合文化场馆服务民间文化团队200余支，服务群众1.2万余人。“两馆一站”免费对外开放，每年接待群众10万余人次。加强非遗阵地建设，建成非遗文物展示馆、苗妹非遗博物馆等非遗博物馆8个，全市挂牌非遗生产性保护示范基地42个，州级教育示范基地17个，传习基地（所）18个，非遗大师名师工作室17家。舟溪镇新光村、开怀街道开怀村被省文化厅命名为“文化产业示范村”。强化文物保护机构建设，共有文物保护单位37处，其中省级文物保护单位4处，州级文物保护单位5处。全市不可移动文物162处，国有可移动文物12468件。

二、文娱活动日益丰富

民国二十六年（1937），炉山县学生利用寒假返乡组织“抗日宣传队”，演唱歌曲《大路歌》《大刀进行曲》《义勇军进行曲》和演出话剧《放下你的鞭子》《送郎当兵》等节目，进行抗日救亡宣传。新中国成立后，各族人民真正成为国家主人，开展各类文艺庆祝活动，文艺团体及文艺演出遍地开花。1952年，炉山城区有业余京剧团和业余花灯剧团各1个。1956年有业余剧团8个，业余文艺宣传队14个。1958年，业余剧团增至13个，业余文艺宣传队增至38个。1959年12月成立凯里县歌舞剧团，团部设在麻江，后迁凯里，继迁雷山，有演员60余人。剧团成立后，创作排练了一些小歌剧、小演唱、器乐合奏、独唱等节目，深入农村演出。1954年起，炉山县举办首次民族民间文艺汇演，有60余人参加，演出节目60个，观众9000余人次。1955年，全县举行各种文艺演出54次，观众达42160人次。1956年，县文化馆深入农村帮助建立俱乐部79个，并组织64个优秀节目到县演出，观众3000余人次。同年7月，县组织21人的文艺代表队，赴镇远参加全州建州活动文艺汇演。1957年起，炉山县举办多届工农业余文艺汇演。1962至1964年，全县开展"革命歌曲大家唱"活动，歌曲有《三八作风歌》《我是一个兵》《社员都是向阳花》《听话要听党的话》《毛主席著作闪金光》《我们是共产主义接班人》等，有近万人参加。

1966至1976年，全县各生产大队基本上都成立有毛泽东思想宣传队，以学习演出"样板戏"为主开展文艺宣传。1980年后，除青曼乡曼洞村业余宣传队坚持开展活动外，其余相继解散。青曼乡漫洞村文艺宣传队自1964年建队以来，坚持"业余、自愿、小型、多样"原则，至1990年止，编排节目近400个、演出500余场，观众约50万人次。演出节目类型有苗族芦笙舞、苗语快板、苗族大歌、芦笙独奏、小话剧等，被群众誉为"苗家自己的宣传队"，多次受到共青团中央和省、州、市团委的表彰。

1978年，党的十一届三中全会决定全党工作从过去的以阶级斗争为纲转为以经济建设为中心，在这一总背景下，聚焦于文艺与政治的关系，果断地以"文艺为人民服务、为社会主义服务"（即"二为"）方向取代过去战争年代以来一直实行的"文艺为政治服务"。县业余文艺宣传队排练15个节目参加全州第八届业余文艺汇演，舞蹈《吃新节之夜》《难忘的日子》，表演唱《夸阿哥》，芦笙独奏《春到苗寨》等纷纷登场。1981年7月，州、县联合举办"州庆民歌赛"，有11个县的263名民族民间歌手应赛，演唱传统民歌及创作新歌543首。1984年，在国庆期间举办"歌唱祖国"专题歌咏会。48个单位组成13支歌咏队，386人参加，演唱歌曲62首。在1981至1984年期间，凯里县（市）与麻江、丹寨、雷山等县联合举办4次"四县边区文艺联赛"，凯里县文化馆先后组织大中、舟南、漫洞等业余文艺宣传队参赛。

1982年7月成立凯里县民族文化工作队。队员主要是来自农村的青年和城镇待业的青年，少数民族占75%。文工队坚持“小队伍、小节目、小装备”，“组织不散、人员轮换、保留骨干”的建队方针，至1985年轮换演员三批，创作排练文艺节目76个，演出184场，观众20万余人次。1986年元月改名“凯里市文工团”。1992至1998年因人员流失而未开展活动。1998年9月恢复。2002年12月与凯里电力艺术团合并为凯里民族歌舞团。此外，还有凯里市老年芦笙队、舟溪镇苗族芦笙队、南花村苗族芦笙队、凯里市军乐队等业余文艺团。市文工团历年创作的舞蹈节目有：《苗岭欢歌》《阿江阿玩》《苗女风韵》《罩鱼》《欢乐的苗寨》《拦门酒》《芒筒笙声》《欢迎您到凯里来》《踩桥》《斗牛》《水乡侗女》《心愿》《铜鼓舞》《板凳舞》《木鼓舞》《钓》《锦鸡舞》《织花带》《我从东方走来》《丰收鼓》《清水江》《芒筒芦笙舞》《西部大开发》《丰收酒》《苗山鼓韵》《讨花带》《踩鼓》《节日苗寨》《苗山鼓韵》《相约在芦笙场上》《节日苗寨》《锦鸡姑娘》《水姑娘》等，歌曲有《门阁歌》《山歌》等。

1999年8月28日至30日，州、市党政机关举办首届“中国·凯里国际芦笙节”开幕式，市文工团演出10余个节目，观众4万余人。10月，市民族歌舞团赴无锡参加江苏省举办的民间艺术节，为大会进行专场演出，观众达30万人。此后，以中国凯里国际芦笙节为代表的民族节庆活动精彩纷呈，民族节庆不仅是开展群众文化活动的重要内容，也是全市文化旅游产业必不可少的重要资源。

国家进入了新时代，舞台艺术也绽放出新的生机，作为文化战线的生力军，凯里市艺术院团紧贴时代脉搏，将深入生活，扎根人民，服务人民作为文艺与院团创作的导向；将思想精深，艺术精湛，制作精良作为文艺院团生产精品的准绳；将健全动力机制，优化人员配置作为文艺院团发展的原生动力；将在传承中不断融合创新作为文艺院团发展的脉络和方向；将讲好中国故事，传递好中国声音作为文艺院团的优势与职责。

2018年，凯里积极开展文艺服务活动，组织文艺志愿者到万博广场、5个易地扶贫搬迁点及万潮镇、炉山镇等地开展“送文艺、送春联、送照片、送书画”活动。由市委宣传部、凯里市文产办主办，黔东南苗族侗族自治州山歌协会、凯里市民协、下司清江旅游公司承办的“放飞新时代·山歌颂党恩”2018年凯里市山歌王者争霸大赛在下司古镇举行。自黔东南苗族侗族自治州内16个县（市）及黔南布依族苗族自治州、铜仁市的100多名山歌歌手参赛。与凯里市电商办举办“农村电商·助推凯里——凯里市电子商务进农村综合示范摄影比赛”活动。6月中旬，凯里市委宣传部、凯里市文明办、凯里市文联、黔东南苗族侗族自治州山歌协会联合举办“高歌十九大·山歌颂党恩”凯里市山歌优秀作品到凯里市城区部分社区、各镇街中心村、部分贫困村18个点开展巡演活动。

三、文艺创作推陈出新

新中国成立之初，新文艺方针提出的文艺为人民服务并首先为工农兵服务的方向，作为发展新中国人民文艺的基本方针，号召全国文学艺术工作者以最大努力来贯彻执行。自此，开导了凯里新文艺的伟大变革主潮。文学创作进一步得到繁荣，小说、儿童文学、民间文学、散文、诗歌、报告文学、文学评论、故事等各种体裁的作品相继问世。1956年，《贵州文艺》和贵州人民出版社发表和出版县文化科邵士奎和文化馆张文联合创作的花灯剧《金猫和宝飘》。1960年歌舞团创作的六场歌舞剧《爱国公约是枝花》演出后，受到群众和上级有关部门的好评。1973年县文艺宣传队创作的独幕话剧《一封信》参加全州文艺汇演后，被推选参加全省文艺汇演。

改革开放后，新的文艺政策极大地解放了文艺工作者的思想，激活了文艺生产力，拓宽了创作题材和视野，丰富了文艺形式和艺术风格，从“伤痕文艺”的突破到“反思文艺”的深化再到“改革文艺”的兴盛，从“文化寻根”到“文化反思”再到“东西方文化八面来风”，开创了新时期现实主义文艺复苏的百花齐放的崭新局面。1980年，文化馆李继贤创作的独幕话剧《镜子》获全省戏剧创作三等奖。至1984年，凯里县（市）文化馆主办的《香炉山文艺》，发表小说、诗歌、民间文学、故事达40万余字。1985年市文联主办的文学季刊《香炉山》，至1988年共出版15期，发表小说、诗歌、散文、文艺评论等480篇。建市后，市文联相继举办了文学讲习班、文学讲座、文学函授、“香炉山之秋”征文比赛等活动，使文学创作逐步活跃起来。挂丁镇40余名农村青年自发组织“芦笙文学艺术社”，创办《芦笙文艺》小刊物，发表文学作品300余篇。至1990年，各种报刊已发表凯里市文学作品千余篇，一些作品已被出版社出版发行，并出现了一批作家和诗人（含凯里市籍在外工作的作家和诗人）。其中，凯里市籍国家级作家、民间文艺家 4 人（伍略、张毕来、潘俊龄、王维宁），省级作家、民间文艺家 13 人。

习近平总书记在文艺工作座谈会，第十次“文代会”及党的十九大报告中关于繁荣文化事业的重要讲话，为艺术工作者进一步指明了努力的方向，凯里文艺创作以更具创新意识的文化自觉和对时代生活的深切体验，奋勇前进，砥砺前行，创作出一批紧贴时代的精品力作。

文学方面 2018 年，长篇小说《青鸟在岁月里翻飞》入选中国作家协会申报定点生活项目作品，也是 2018 年度贵州省唯一入选的作品；短篇小说《少女金梅》被翻译成朝鲜文，发表于《长白山》。凯里市作协会员在《民族文学》发表组诗《野草蔓延》；在《延河》发表中短篇小说《唱菩萨》；在《四川文学》发表长篇散文《高过河：一条会唱歌河流的叙述》；在《脊梁》分别发表报告文学《阳芳四化》、长诗《巨龙在野》和组诗《在旷野写诗》；在《诗歌月刊》发表组诗《秋天，乘动车经过苗乡侗寨》；在《扬子江》诗刊 4 期发表组诗《大山亮了》；在《中国艺术报》发表诗歌《表哥》等；多首诗歌入选《中国乡村诗选编》《群岛诗选 2018 年卷》《贵州诗人四十年》《中国百年新诗选》《2018 年中国新诗日历》《新时代·我祝与你在一起》等。

音乐方面 近年来，邀国内多位音乐名家到凯里及周边县市采风并创作新歌曲《苗岭的月亮》《美丽的黔东南》《凯里在哪里》《有一种风景叫凯里》《山水盛宴》《花开满凯里》《醉美黔东南》，其中《醉美黔东南》入选中国音乐协会推选的中国当代歌曲创作精品工程——“听见中国听见你”2017 年度优秀歌曲。《苗岭的月亮》入选湖南省音协 2018 年度优秀歌曲，被中国音乐学院、四川音乐学院等高校选作音乐专业学生练习曲和表演曲目。

舞蹈方面 凯里舞蹈协会部分会员参加由黔东南州歌舞团联合贵州侗族大歌文化传媒有限公司，联合引进国家艺术基金资助推广项目，甘肃省京剧院大型舞蹈京剧《丝路花雨》于 2018 年 4 月 7—10 日在西出口民族文化宫银秀剧场上演。组织开展《超级百团·凯里站》活动获得成功。民族风的街舞作品《迎亲》代表贵州省参加纪念改革开放四十周年首届全国街舞创作作品展演获好评。群舞作品《苗岭连北京》获贵州省大学生艺术展演三等奖。三人舞《翻鼓》、会员黄秦岭创作的群舞《踩亲》进入“群星奖”贵州赛区决赛，群舞《姊妹盛装舞》进入“群文杯”决赛，等等。

美术方面　凯里美术协会作品《苗岭新时代》参加江苏省现代美术馆举办“2018全国农民画优秀作品展”获二等奖，并被主办方收藏。作品《春节龙舟会》《相识风雨桥》参加浙江省嘉兴市秀洲区第七届秀洲·中国农民画艺术节“乡村振兴·绘梦中国”——2018中国现代民间绘画创作大赛中分别获优秀奖，并被主办方收藏；在陕西省西安市鄠邑区举办2018西安鄠邑·中国农民画艺术节“全国农民画原创作品展览”，凯里有5件农民画作品入展。国画作品《花鸟小品》《盛世荷风》《云上家园》《冰凌如花》等10件国画作品入选国家级各类大展，作品《清晖》参加法国莫雷国际写生艺术节中国画展；作品《温暖岁月》《秋韵》分别获“贵州省首届普通高校美术教育专业大学生基本功大赛”金奖、三等奖。作品《石头民居》获第二届全国教师水彩粉画展三等奖，水彩画作品《芳华》入选第十二届“ Premio Tlaloc”墨西哥国际水彩画展。作品《丰硕图》《青莲泻玉》《贵妃濯金》分别入选“庆祝改革开放四十年暨民进贵州省委成立三十周年书画作品展”和黔东南州文联举办“改革开放四十年书画作品展”。作品《苗山侗水》获贵州省第四届美术专业大赛优秀奖。

书法方面　凯里书法家协会作品入展2018中书法家协会全国第二届大字书法展、2018中书协会第三届篆书展，获2018省书协贵州省奢香杯文艺创作大赛一等奖、2018省书协贵州省第五届恒安杯篆书一等奖。

摄影方面　2018年与《大众摄影》杂志社合作举办全国摄影大赛，收到征集作品上万幅，从中评选出60幅优秀摄影作品。市委宣传部和市文联共同举办的“拥抱互联网·走进新时代”凯里市电子商务工作图片展，在行政中心大厅展出摄影作品50余幅。“奋进新时代·开启新征程”凯里市迎新春摄影书画展，在行政中心大厅展出摄影作品60幅和美术、书法作品40幅。凯里市文联与市国税局、市地税局、市书法家协会、市摄影家协会举办凯里市第27个税收宣传月活动暨“优化税收营商环境·助力经济高质量发展”主题书法摄影比赛展览活动，并在行政中心展出摄影作品60幅，书法作品40幅。10月，市文联与市委宣传部等单位联合举办凯里市纪念改革开放四十周年美术书法摄影展。

第二节　广电报刊亮点纷呈

一、广播宣传日益扩大

（一）广播设施建设不断加快

1951年5月1日，建立炉山县广播收音站，隶属县委宣传部，业务受贵州人民广播电台领导，宣传中央人民广播电台播送的记录新闻和宣传材料。同年5月，旁海建立区级广播收音站。不久，万潮、炉山两个区站亦相继建立。1955年8月，省人民委员会分配给炉山县6部收音机，在五里桥乡、虎庄乡、冠英乡、龙头河乡、挂丁乡、湾水乡建立广播收音站。从第三季度起，县收音站开始筹建收音转播站，同时利用上级分配的小型扩音器进行不定期的有线扩音广播。

1954年5月17日，炉山县广播站建立，由于设备、资金、人员缺乏，以收抄记录新闻为主要工作，以印发资料为主要宣传手段。1958年1月，投资1.6万元建成县广播站，同年6月正式播音。1959年4月5日，凯里县广播站在麻江成立，原炉山县广播站改为炉山广播站。1960年3月，凯里县广播站迁凯里，炉山广播站并入县广播站。1961年8月，撤销凯里县广播站，播音业务由州广播站承办。1970年3月，贵州省委在凯里召开全省农村广播网座谈会，将凯里县纳入全省发展农村广播的25个重点县之一。同月，中共黔东南州委批准撤销州广播站，重建凯里县广播站。4月，凯里县广播站筹建，9月1日正式成立并开始向全县各区、社播音。1980年，由于区、社广播放大站陆续停止工作，县广播站只对凯里城区播音。

1990年1月，凯里市加大广播调频台配套设施建设，在省广播电视厅支持下，7月调频台建成于小高山与市电视转播台同塔发射，9月中旬重新建台工作启动，12月30日建于龙井山调频广播站开始播音，调频台把广播节目信号用无线方式传送到乡镇广播站，乡镇广播站再用有线方式转送到村村寨寨。1991年，龙井山调频台发射天线由简易木杆移置发射铁塔。信号场强升至40分贝以上，覆盖率达95%。1992年，凯里调频台每天播出7.5个小时，主要是转播中央和省广播电台节目。自办节目3.5个小时，栏目有《全市各地方广播站联播节目》《新闻与报纸摘要》《简要新闻》《计划生育宣传专题节目》《法制园地》《天气预报》《歌曲欣赏》《音乐天地》《文艺大观》《周末相会》《苗岭乡音》等。

（二）农村广播网逐渐完善

1958年6月上旬县广播站正式播音后，全县39个乡镇中有36个乡（镇）通广播。通广播的农业社79个，占农业社总数的60%。安装于农业生产合作社的喇叭占喇叭总数的90%。有16个乡镇达到《全国农业发展纲要》规定的社社通广播的要求。1959年底，大部分农村食堂和公共场所都通广播。1965年底，全县喇叭发展到2073只。1968年2月，州革委政治工作领导小组决定，由州广播站将凯里地区各单位的广播线路和高音喇叭统一联网广播。8月，凯里县财政拨款3.5万元，州广播站抽调6名技术人员负责扩建农村广播网。年底，入户喇叭达8140只。为贯彻中央和省必须加快农村广播网发展的精神，1970年9月29日县革委决定再投资2.5万元补助农村发展广播网。至1971年底，全县27个公社有24个公社通广播，有3个公社自办广播站；188个生产大队有180个通广播或用三用机自办广播；977个生产队中有895个通广播；入户喇叭达15700只，入户率为44.2%。1973年，公社广播站发展到14个，全县入户喇叭达19910只，入户率为51.5%。

1974年3月，凯里县革委要求每个公社广播站要配备专职广播员。是年6月，召开全县广播事业会议，贯彻落实“巩固和积极发展农村广播事业，建设以县广播站为中心，以公社广播放大站为基础，以专线传输为主的质量高、性能好、适应战备需要”的方针后，至1975年底，全县有区放大站3个，公社放大站19个；安装大喇叭151只、小喇叭14159只；区至公社专线总长142公里，公社以下专线总长1063公里；集体拥有三用机291部；生产大队有业余广播维护员191人；60%的农户通广播。1977年，凯里区、翁项、地午、凯棠、东方红等5个广播放大站相继建成，全县实现区区、社社都有广播放大站，县至区（除旁海区）、区至公社、公社至大队和生产队实现信号传输专线化。县广播站至区站专线总长272公里，公社站以下专线总长15.41公里，大、小喇叭22577只，区、社广播员28人，生产大队、生产队业余广播维护员517人，全县农村广播网初具规模。

1978年后，由于农村从事广播事业人员的报酬没有得到具体落实，致使部分区、社广播员自动离职，业余广播维护队伍自然解散，农村广播处于无人管理状态。1983年全县各区、公社全部停止播音。1984年，恢复荷花乡广播站。1985年，全市共有12个区、乡广播站恢复播音，专线总长165公里。除挂丁站有30只入户喇叭外，其余各站仅有四五只号筒式高音喇叭。

1990年，凯里市恢复和重建万潮、龙场、挂丁、荷花、青曼、舟溪、虎庄、开怀、鸭塘、九寨、格冲等11个乡镇广播站。1991年，鸭塘站用10瓦调频发射，挂丁、翁项站用350瓦功率扩音机，开怀站用850瓦功率扩音机。1992年，九寨、荷花、虎庄、格冲站相继撤销。建立凯里市人民广播电台，转播中央、贵州省广播电台节目，自办《全市联播》《简明新闻》《全州新闻》《一周要闻》《赶场十分钟》《法制园地》和《广播文摘》等栏目。有正式职工37人，其中专业技术人员24人。是年播出本地新闻1880条，播出稿件1100篇，其中自采稿件387篇。

（三）广播节目形式多样

新闻节目 1958年县广播站开始办《新闻》《本县消息》节目。1962年，改为《本州新闻》。1966年后，改为《无产阶级文化革命》《活学活用毛主席著作》《本地新闻》《新闻与报刊选播》等。1975年，改为《全县各地放大站联播》（简称《全县联播》），建市后改《全市各地放大站联播》，沿用至今。报道形式主要有消息、评论、漫谈、通讯、典型报道、听众来信等。

教育节目 1971年开办《对人民公社广播》节目，1973年改为《农业学大寨》，1979年改为《对农村广播》，1984年5月改为《农业科技知识》。1988年9月增开《赶场十分钟》。1986年4月1日，开办《普法专栏》，1987年改称《法制园地》。

文艺节目 1969年9月16日开办《无产阶级革命文艺》节目，1971年改称《革命文艺》。1974年5月，《革命文艺》分为《革命歌曲专辑》和《革命样板戏专辑》。1975年开办《文学》节目。1980年开办《本县文艺》《音乐歌曲》《戏曲与曲艺》和《每周一歌》节目。1988年，《戏曲与曲艺》节目改为《综合文艺》《文艺大观园》。1988年11月13日，开办《文学窗口》节目，同年底改为《广播文摘》。

服务节目　自县广播站成立起，即开办《文化与生活》节目，1979年以前，以介绍卫生常识为主。1980年后，增加文物名胜、古今名人、名特产品、家庭问题等内容。1984年5月开办《为您服务》节目，主要内容为电视节目预告和商品广告。1986年7月20日，开办《广告》节目，内容有商品广告和社会广告。1985年，开办《天气预报》，每天播出2次，内容有农业气象预报和日常气象预报。农业气象预报为旬报，由炉山气象站提供，内容有气温、降水量以及农业生产上应注意的事项等。日常气象预报由州气象台提供，内容为凯里地区24小时内的天气预报。

二、电视电影稳步发展

凯里自1974年3月18日筹备小高山电视转播台，8月开始施工，1975年8月，用10瓦差转机发射5频道，转播都匀2频道中央台节目。1976年11月12日，改用50瓦差转机发射。1978年10月21日，改用1000瓦双通道（高频调制式）彩电发射机。1986年11月，改为4频道，更新为彩色电视发射机。至1990年，覆盖半径50公里，对市境覆盖率为35%。1982年8月，广播电视部向全国提出要开展电视广播网技术规划工作的要求后，10月成立凯里县电视规划小组，在龙井山顶修建300瓦6频道电视转播台。1985年7月，州广播电视局将100瓦彩色电视差转机1台划拨凯里市。11月4日，开始收转雷公山调频电视转播台11频道差转的贵州电视台节目。1986年1月10日，建立卫星地面接收站，开始采用卫星信号转播中央电视台第一套节目。1988年4月13日起试转播中央电视台第二套节目，8月10日开始正式以1频道转播中央台第二套节目，凯里城区实现覆盖率为90%，覆盖人口约11.5万人。

凯里电视差转台同步推进。自1977年起，凯里城郊的企事业单位先后建有小功率的电视差转台14座，覆盖人口最多为1.17万人，最少为0.1万人。1985年1月15日，开通炉山电视差转台，覆盖人口0.9万人。1987年10月1日，开通旁海电视差转台，覆盖人口0.9万人。

凯里地面接收站和有线电视建设步伐不断加快。自1985年起，凯里地区各企事业单位还先后建卫星电视地面接收站30个。1989年11月，开通万潮卫星电视地面收转站。凯里市有线电视建设起步于1985年，至1990年共有29家，接通用户 23920 户。其中凯里有线电视中心规模最大，接通用户 13000 户，其余 28 家为各企事业单位自行安装，接通用户最多 1050 户，最少 61 户。

凯里电视节目逐渐扩大。《凯里新闻》于 1985 年末试办两期，由 6 频道播出，反响不错。1989 年，市政府加大建设力度，6 月 2 日，《凯里新闻》电视自办节目正式开办。1990 年 12 月，凯里市开通能容纳 12 套电视节目的城区电视工程，开通有线电视用户 5500 余户。1991 年自办节目《凯里新闻》播出 130 次，播出新闻 718 条，做新闻专访 9 次（约 280 小时），同时增加《卡通世界》《笑口常开》《每周一歌》等少儿、娱乐栏目。

1991 年，凯里城区有线电视网络进行延伸和扩展，主干线 15 公里，支干线 76 公里，覆盖全城 26 平方公里，有线电视用户达 210 个单位 7500 户。1992 年，开通有线电视用户 288 个单位 6739 户，《凯里新闻》开播 120 期，播出各类新闻 1100 条。5 月创办《凯里有线电视小报》，全年 32 期，每期发行 13500 份。7 月创办《点歌台》栏目，每天 1 期，至年底共 183 期。

1994 年，为适应东方红二号卫星发射上天需要，投入 30 万元对网络系统进行改造，改造后输出信号和质量有明显提高。是年 3 月，有线电视中心建立收费处，收费工作步入正轨。全年《凯里新闻》播出 110 期，各类新闻和信息 900 条。

1995 年，电视频道由 12 个增至 18 个，节目从 14 套增至 19 套。《凯里新闻》增设《经济潮》《城市广角》《半月访谈》《新风赞》《先锋颂》等栏目。《凯里新闻》全年播出新闻和各类信息 1500 多条，自办频道播出综艺服务类录像节目 1800 条 3600 集，《点歌台》播出 360 期。凯里城区有线电视用户达 22969 户。

进入 21 世纪，凯里市开始实施有线电视村级联网工程，到 2006 年底，凯里市 18 个行政村开通联网，受益农户达 3000 余户。

2008 年初，凯里市遭受特大雪灾，为抗雪凝保电视畅通，经过两个多月连续抢修，7000 多户村民恢复正常收看电视。同年，筹建凯里人民广播电台，12 月 1 日，国家广电总局下文批准凯里市广播电视台开办广播业务，呼号为凯里市人民广播电台，频率为 FM 93.00Mhz。

2009 年 9 月 30 日，凯里人民广播电台（FM 93.0）建成并举行开播仪式，10 月 1 日起正式开播，拥有苗语、侗语广播 10 多个栏目，每日连续播出 19 个小时。

同时，凯里市加大广播电视基础设施建设，完成农村卫星地面接收设备安装5468座，实施749个20户以上自然村寨“村村通”广播电视工程，该工程由中央、省、州、市和受益农户五级投入建设，分为两期完成，第一期安装电视接收点5468个，第二期1.1万个，总投资823.9万元。2009年完成第一期工程，并通过上级广电部门验收，解决了边远农村2万余人的看电视难问题。

“十二五”期间，凯里市积极推进有线电视县乡联网工程建设，并将该项目纳入贵州省委、省政府2011年民生工程之一，于2011年7月开工建设，11月初竣工并投入使用。通过闭路电视实现县乡联网，全市9个乡镇和1个街道收视信号由模拟信号转换成数字信号，节目频道从40多个增加到70多个。

2012年，完成部分农村有线电视延伸工程，安装广播电视地面接收设备9242套，1.3万余户村民家庭通数字电视。

2013年，完成广播电视“村村通”9242户和直播卫星“户户通”7816户的设备安装。7月，凯里市启动应急调频广播工程。9月，安装收扩机465套，前端发射系统29套，完成110个村的广播安装，应急广播工程顺利完工。

2014年，凯里市完成安装广播电视“村村通”地面接收设备近1万户，完成11个乡镇（街道）以及190个村应急广播建设。

2017年，凯里市有线电视用户142607户，其中城区92503户，乡镇50104户：有效电视用户数96861户，其中城区59459户，乡镇37402户。电视综合覆盖率98.14%（包含所有乡镇），广播综合覆盖率100%。

2018年，凯里市有线电视用户184858户，其中城区98403户，乡镇86455户；有效电视用户数105800户，其中城区54977户，乡镇50823户。电视综合覆盖率99.12%（包含所有乡镇）。

2017至2020年，凯里市多彩贵州“广电云”户户用工程建设总投资约2.06亿元，完成新建光缆干线建设约2405公里，受益农户收视情况良好，顺利通过了市、州级验收。户户用工程的建成，不仅解决了农村人民群众对精神文化生活的迫切需要，让广大群众收看收听到党委政府的政策，而且依托户户用工程搭建的凯里党建云、云上讲习所、雪亮工程、新时代大讲堂、应急调频广播等平台，有效解决了党委政府基层党员教育、农业发展、农村综合治理及应对突发公共事件等问题。在新冠疫情期间，通过应急调频广播为广大人民群众宣传防疫措施起到重要疫情防控作用，同时为“阳光校园·空中黔课”提供重要支撑，受到了各级各部门和广大人民群众的热烈欢迎。

凯里电影事业在曲折中艰辛前进。民国三十一年（1942），贵州省教育厅第一电影巡回放映施教队赴黔东南，在炉山县民众教育馆首次放映黑白无声影片《塞上风云》。1950 年 12 月，西南地区文教系统巡回放映队贵州大队第一分队随中央民族访问团到达凯里，30 日在凯里大操场（今营盘坡）放映黑白影片《新中国的诞生》，有声电影始进凯里。1951 年 1 月，省电影大队第三分队承担镇远专区巡回放映任务（5 月调离，由第二分队接替放映业务），炉山每月放映一两场，靠近公路的村寨、集镇每年放映二三场。1953 年 12 月，贵州省电影大队在炉山设立贵州省电影放映队炉山县苗族自治区第 19 队，负责炉山、台江、雷山三县的放映任务。县城每月可看到五六场，边远山村开始看上电影。1957 年省炉山放映第 19 队改为炉山县电影放映 1 队，开展普及放映活动，月均放映 17 场，翌年，增设电影放映 2 队，农村放映点扩大到 50 个，全县农村月均放映 53.4 场。1961 年增设放映第 3 队。1958 年，凯里县人民电影院紧跟州电影院步伐，配备国产松花江 35–5502 型（炭精）固定式放映机一套，普通十字布银幕。1983 年 4 月，为解决放映立体电影光源不足的矛盾，县长征电影院与州电影公司技术科合作，将 35–5502 型放映机的炭精光源改为氙灯光源，十字布宽银幕改为金属宽银幕，经测试达到 7400 流明，照明度均匀率在 60% 以上。随后，州电影院、州电影公司试片室，国营永华厂、国营红云器材厂、国营凯旋厂、国营南丰厂、国营红州机械厂等电影组，凯里运输公司、凯里铁路俱乐部等十余个单位也先后照此改革，更新面及成功率均为 100%。

1966 年后，人民群众可以观赏的电影有革命现代京剧《红灯记》《沙家浜》《智取威虎山》《龙江颂》《海港》《奇袭白虎团》，芭蕾舞剧《白毛女》《红色娘子军》等样板戏影片和国产战斗故事片《地雷战》《地道战》《南征北战》等，此外，也有朝鲜、越南、阿尔巴尼亚的部分译制片放映。

1978 年，各类国产影片陆续解禁分批上映，群众可以看到多种艺术形式的片子。10 月，凯里州、县两家电影院连续 3 天 5 夜同时上映戏曲故事片《红楼梦》，共上映 112 场，观众 38 万人次，收入 6.84 万元，创历史最高纪录。1984

年，州电影发行放映公司在凯里建立影片涂磁配音站，至1990年，先后翻译配音和发行少数民族语音片144部，其中苗语故事片64部、侗语故事片50部、苗语科教片5部、侗语科教片25部。另外，还为黔南布依族苗族自治州、黔西南苗族侗族自治州和毕节地区译配苗、布依、水、彝语音故事片21部、科教片11部，为广东涂磁21部。

1983年6月，凯里县长征电影院首次放映立体影片。1990年，凯里电影放映单位发展到62家，拥有座位16245个，其中国营电影院2家、影剧院1家，对外开放的厂矿俱乐部影院3家，农村集镇影院5家，农村集体和个体放映队24个（放映点465处），厂矿电影队27个，从业人员284人。此后，凯里市电影市场出现滑坡，市（长征）电影院也因市场竞争激烈而解体，凯里地区的中央厂矿因陆续搬迁贵阳，其电影放映也陆续停止。

1998年，凯里市开始实施国家农村电影放映“2131”工程（即21世纪实现农村1村1月放映1场电影）。由于市电影公司改制，无条件实施，委托州电影公司承接。2011年，深入农村放映电影3060场次，其中苗语电影30余场。2012年，完成农村电影放映2860场次。2013年，完成电影放映工作任务，其中农村电影完成2700场，重大活动电影完成30场。2007年，凯里市共有电影放映单位2个，其中电影院1个，影剧院1个，共有座位2352个。2013年凯里市完成大世纪影城建设工程。至2020年，凯里市拥有电影院9个。

“十二五”以来，凯里全面实现自然村寨通广播电视的目标任务，农村电视入户率达到100%，广播综合覆盖率100%，基本实现户户通广播电视；凯里广播电视台实现了采、编、播各环节的数字化。近年来，凯里市广播电台播出设备完成升级改造；建立完善应急调频广播发布平台；创建LED微发布平台；建设新闻媒体运用平台；扩展户外直播间；数字电视用户普及率达到100%，自然村实现有线电视联网；城乡有线电视联网全覆盖；广播电视村村通工程“长期通”。建立健全农村公益电影固定放映点，实现一村一月放映一场电影的公益服务目标。随着凯里旅游井喷时代的到来，影视产业也迎来了蓬勃发展，为满足影视拍摄，特别是古装剧拍摄，在凯里市委市政府的大力支持下，北京盛世华映影视文化传播有限公司先期独家出资在凯里市经济开发区滨江大道镰刀湾修建贵州盟喜影视基地，连接下司古镇与凯里滨江大道其余景观，助推凯里市全域旅游。

三、图书报刊纷纷兴起

凯里于1954年4月始建新华书店炉山支店，书店发展代销点10个。图书由镇远中心支店提供，各营业点凭销售书款进书周转，实现农村发行量21.07万册。1958年，凯里、旁海、万潮分别建立区级店。

1959年6月13日于麻江成立凯里县新华书店，当年迁回凯里，原麻江、丹寨、雷山、炉山支店改为协作区门市部，并领导原辖区内的公社书店。1962年，县书店撤销，整个业务由黔东南苗族侗族自治州新华书店接管。1968年2月15日，凯里县革命委员会向州革命委员会提交《关于成立凯里县新华书店的报告》，同时要求将1962年并入州新华书店的炉山、万潮、旁海的3个发行点收归凯里县新华书店管理。1970年下半年，成立凯里县新华书店筹备组。1971年1月，凯里县新华书店正式成立，5月1日开门营业，主要宣传毛泽东思想。1972年底，县书店撤销，图书全部移交州书店。1990年前，出版物均由新华书店、邮电局经营，之后，允许私人开展书刊经营活动，大街小巷均有书店书摊。2007年，全市规模较大的书店（摊）有26家。

2007年3月，国家新闻出版总署、中央文明办、国家发改委、科技部、民政部、财政部、农业部、计生委等8部委发起开展“农家书屋”工程建设，明确“农家书屋”的出版物由政府统一配制，每个书屋的图书不少于1500册，品种不少于500种，报刊不少于30种，电子音像制品不少于100种（张），并满足出版物陈列、借阅、管理的基本条件。全市建成“农家书屋”22个。

2018年，全市拥有文化馆2个，图书馆2个，公共图书馆图书总藏量33.2万册，农家书屋181个，藏书量36.2万册。

新中国成立后，党委政府将发展报业作为保障人民民主权利，促进社会发展的重要手段，通过各种形式，采取多种措施为报业发展创造条件。1958年4月1日创刊中共炉山县委机关报《炉山报》，四开四版，石印，周一报。共发行56期，每期1200份。1959年1月1日停刊。1959年3月1日创刊中共凯里县委机关报《凯里县报》，四开四版，铅印，周一报。每期约发3000份。同年7月11日停刊。1990年10月1日创刊中共凯里市委机关报《凯里报》，四开四版，周二报，期发2000份。

其他小报也得到迅速发展，1959 年 9 月，凯里造纸厂宣传科主办《凯纸报》，1966 年初改《凯纸战报》，同年 6 月停刊。1975 年复刊，1983 年再次停刊，1987 年元月 1 日又复刊。复刊后为铅印，四开四版，半月报，期发 450 份，与全国报纸行业、企业报交流。1986 年 7 月，凯里棉纺厂工会主办《凯棉报》，四开四版，半月报，期发 700 份。1985 年 12 月，中共国营华联无线电器材厂委员会办公室主办《华联报》，铅印，四开四版，半月报，期发 1000 份。1978 年 10 月，国营新云器材厂主办《新云报》，铅印，四开四版，半月报，期发 1000 份，其中 300 份外发，与全国 18 家企业交流。1990 年 10 月 1 日创刊中共凯里市委机关报《凯里晚报》，前身为《凯里报》，周报，四开四版，紧紧围绕州、市委重大活动开展宣传报道工作，把党和政府的声音及时传播到基层。每逢州、市人代会、政协会，均对会议多项活动，代表与委员发言，议案与提案办理情况，新政策出台等进行多角度、多层次、立体化的报道。1995 年更名为《凯里晚报》，为周四报，四开四版。1995 年 5 月加入全国晚报工作者协会。2001 年 1 月增为周五报、四开八版。2001 年下半年，改为周一、周二、周五报，四开八版，周二、周四为四开四版。2002 年 1 月至 2003 年 12 月改为周五报，四开八版，新开辟板报和栏目，增加了信息量。2003 年 12 月底停刊。

2014 年 8 月 18 日，中央全面深化改革领导小组第四次会议审议通过《关于推动传统媒体和新兴媒体融合发展的指导意见》，“媒体融合”正式上升为国家战略。自 2014 年以来，媒体融合也成为中国报业发展的主旋律。从印刷发行到数字分发，凯里媒体宣传采用“网络优先”“移动优先”方式，全面布局新媒体产品体系，以“两微一端”（微博、微信、客户端）为主阵地，在新闻生产这一核心领域进行全媒体转型的探索。从点面结合到统分结合，实行“一次采集、多次生成、多元传播”全媒体统筹运作、全链条统分结合作业形式，全面变革传统的点面结合的采编作业模式，新闻生产方式焕然一新。从满足读者到服务用户，媒体在转型过程中，全面加快大数据在报刊业务中的应用，深耕垂直细分服务，由读者本位向用户本位转变，把“读者需求”放在首位，体现出服务受众的导向。

四、文化市场不断优化

1980 年前，书刊均由新华书店、邮电局经营。之后，允许私人开展书刊销售活动，“书摊热”迅速掀起，1982年达30余家，1983年经文化部门审查注册达51家。由于管理不严，各书摊进书渠道杂乱，有相当数量的非正式出版物、海外书刊、挂历、画报等充斥图书市场，盗版、淫秽书画也鱼目混珠，充斥书摊。1984年起，文化、工商、公安等部门加强对书刊市场的监督管理，清理销毁了黄色淫秽书画和部分非法出版物，风气逐渐好转。1990年全市除新华书店外，有集体、个体书刊门市部或摊点40余家。

1991年5月，省人民政府颁布《贵州文化市场管理办法（试行）》，成立凯里市文化市场稽查队，负责宣传、执行国家关于文化市场管理的方针、政策和法律法规，促进文化市场的发展，管理、监督、检查文化经营者的业务经营活动，并进行业务指导。

进入21世纪，文化部门不断加强和规范文化市场管理工作，从1991至2007年，凯里市文化市场稽查队共召开行业会议、行业培训会百余次，开展“扫黄打非”专项行动数百次，收缴、销毁非法、淫秽音像制品10余万盒（盘），收缴、销毁非法、淫秽书刊3万余册，收缴、销毁非法、淫秽绘画2万余张，查处违法违章经营活动近万起，取缔非法经营数百起，收缴有关设备近2000件（套、台）。

2018年，凯里市文化市场审批和管理双促双进：一是梳理本单位权责清单事项439项，其中，行政许可18项、行政确认1项、其他公共服务事项25项、行政强制3项和行政处罚392项。二是完成窗口和贵州政务服务网上行政审批服务业务35件，受理35件，出证办结33件，其中不予许可办结2件，提前办结35件。三是开展节庆期间的文化市场整治工作，特别是未成年人进入网吧、歌舞厅、游乐厅等娱乐场所专项整治工作。四是开展文化市场从业人员法律法规的学习和培训，2018年召开网吧法人会议、网吧管理座谈会9次，举办文化市场从业人员法律培训班4期，培训歌舞、娱乐场所、网吧、书报刊等文化市场从业人员1210余人次。五是开展文化市场专项整治突击检查27次，部门联合检查12余次，累计出动执法人员820人次，检查经营单位232余家次。加强对非法出版物、网络淫秽色情信息等开展专项治理行动，市场执法检查91组次，检查人员199人次，检查文化企业685家次，发现一般安全隐患47项，完成整改47项，收缴非法出版物369（册、碟），取缔游商地摊2家。大力开展“打非治违”“六打六治”工作，发放宣传资料1732余份，接受群众咨询420余人次，出动检查人员1320余人次，全面巡查全市63家网吧及58家歌舞娱乐场所，全年安全生产实现了“零事故”目标。

第三节　公共文化欣欣向荣

根据贵州省委建设多彩贵州民族特色文化强省的目标，均衡配置公共文化资源，鼓励和引导社会力量参与公共文化服务，基本建成覆盖城乡、便捷高效、保基本、促公平的现代公共文化服务体系。凯里市以“四个全面”为统领，坚持社会主义先进文化前进方向，推动多民族文化大发展大繁荣，围绕实现全面建设小康社会宏伟目标，统筹城乡文化事业发展，不断满足人民群众日益增长的精神文化需求，促进人的全面发展和社会全面进步。

“十二五”期间，凯里文化基础设施得到进一步完善。建成西出口民族歌舞剧院，完成孙应鳌祠堂修复工程，投资12亿元，完成凯里苗侗文化风情园建设。同时，实现场地、经费、人员“三落实”，完成了市文化馆、市电子阅览室、10个乡镇综合文化站以及194个农家书屋，完成康乐社区图书室、苹果山社区图书室等2个社区图书阅览室、4个漂流书亭的建设工作。同时向文化部申请到3个社区文化活动中心和3个社区文化活动室的文化资源共享设备，已全部安装使用，增强城市街道社区的文化活动能力，使广大民众能更好地享受新时代的文化生活。并使用“两馆一站”开放资金免费对群众开放，每年接待群众10余万人次。此外，一批公共文化项目顺利完成。一是投资60万元建成大风洞乡灯光球场并投入使用，完成村级农民健身工程。实施“农民健身工程”10个，建成村级篮球场10个。二是完成小高山健身步道2000余米，苹果山网球场完成场地平整。三是完成770个自然村的广播电视建设任务，受益农户9242户。四是安装50瓦调频发射机、发射天线、寻址编码器等设备29台，高音喇叭870个，投资150万元。五是装调频广播180只，完成投资70万元，所有广播投入使用。六是完成直播卫星“户户通”7816户，为任务数的100%。

进入新时代，特别是党的十八大以来，在党的民族政策光辉照耀下，在各级党委、政府的坚强领导下，凯里市各民族优秀传统文化得到有效挖掘、保护和传承，各类文化机构、基础设施建设日趋完善，群众文化、文物保护、文化交流、文化市场等各项文化事业呈现出全面蓬勃发展的景象。

一是公共文化建设不断延伸。完成凯棠镇等 6 个镇的村级文化活动室建设，完成碧波镇王义村等 30 个行政村的党建文体活动广场建设。启动一级图书馆、社区图书室（8 个）、农家书屋（30 个）的升级改造建设。完成文化文物统计上报 24 个文化单位。出台《市文体广电新闻出版局关于开展对我市公共文化服务体系效能建设检查的通知》。申报凯棠、下司和舟溪三个镇参加“贵州省民间文化艺术之乡”。推进文化馆、图书馆免费开放工作，文化馆培训、参观和参演等人数达 5.5 万人次，现在图书馆接待人数达到 2 万人次以上。2021 年，建成国家二级文化馆，申报非物质文化遗产生产性保护示范基地 67 个。

二是体育基础设施建设不断加大。2018 年，投资 6600 万新建万潮镇、碧波镇、旁海镇、凯棠镇、湾水镇、大风洞镇等 6 镇镇级体育综合馆，投资 4500 万新建碧波镇王义村等 30 个村党建文化体育活动广场。完成行政中心、地质六队、水泥厂、一职校对面、新一中旁、永乐社区（五中旁）、戒毒所旁等新建一批体育健身场地，并向市民免费开放。投资 4.6 亿建设凯里足球学校。完成 3 个村级农民健身工程，投资 50 万余元为 15 个村配备体育健身器材。建成气膜运动馆等体育健身项目，人均体育场地面积处于全省领先水平，村级农民体育健身工程实现全覆盖。

三是全民健身和群众体育竞技一片繁荣。2018 年，举办凯里城市马拉松邀请赛暨第 34 届全民健身迎新跑、“三八”国际妇女节登山比赛、创建全国文明城市之凯里地区周末篮球联赛、凯里地区“中国人寿保险杯”第十二届中小学生田径运动会、“多彩贵州”自行车联赛（凯雷站）暨黔东南苗族侗族自治州庆第六届“雷公山之巅巴拉河之夏”自行车赛、第三届凯里地区周末足球联赛暨“我爱足球”中国民间争霸赛（凯里赛区）等活动，参加人数达 2.7 万余人。组队参加“瑞祥杯”全州迎新全民健身乒乓球赛、黔东南苗族侗族自治州第二届县级篮球公开赛等赛事。组队参加黔东南州青少年锦标赛，选派 249 名青少年运动员参加 11 个项目的比赛，获 60 金 53 银 39 铜。开展老年人体育健身活动，先后举办凯里市老年人乒乓球邀请赛和凯里市老体协第十四届老年人运动会，参加人数3000余人。组队参加在六枝特区落别乡举办的贵州省老年人持杖健走交流活动、在剑河县举办的黔东南苗族侗族自治州老年人持杖健走交流活动、在郑州登封举办的2018年全国老年人持杖健走（登封站）交流活动和在威宁草海举办的贵州省老年人健身球操等交流活动和培训班。举办贵州省足协第一期中国足协D级教练员培训班和足球E级裁判员专题培训班。凯里“百姓大舞台”精品文化活动，走进社区、走进广场、走进乡镇，已为城乡群众演出上千场节目，深受群众欢迎。

四是文化遗产保护进一步提升。在传统村落、少数民族特色村寨保护发展方面，认真抓好全市村寨的历史渊源、主要特征、保护价值和保护状况等调研工作，按照因地制宜、分类指导的原则，根据村寨特色，结合本地城乡发展规划、特色小城镇建设、美丽乡村建设等工作实际，将少数民族特色村寨纳入城乡发展、乡村旅游发展的总体规划。做到与经济社会发展总体规划相结合，与民族团结进步事业发展规划相结合，与美丽乡村建设规划相结合，与各民族群众的实际生产生活需要相结合，与当地民族传统文化特色相结合。出台《凯里市非物质文化遗产传承人管理办法》《凯里市传统村落保护工作方案》等制度，完善传统村落保护、规划、开发建设、经营等方面的规范化、制度化、法治化建设。同时，按照“县负总责，村为主体”的原则，建立州、市、乡镇、行政村四级中国传统村落管理保护机构，将保护工作纳入村级工作重要任务，层层签订了监管责任状。在民族文化传承交融创新方面，加大“非遗”项目和传承人申报工作，“苗族堆花绣”“苗族织锦”“苗族芦笙制作技艺”“仰阿落”4个项目获得国家级保护名录，“苗族古歌”“苗族服饰”“苗族斗牛”“苗族酸汤鱼制作技艺”“马尾斗笠”等16个项目获得省级保护名录。建立了翁项九年制民族学校、湾水镇格种村小学、舟溪逸夫中学等8个非物质文化遗产传习所，亮欢寨旅游服务公司、舟溪镇新光村等10个传承基地，新光村芦笙制作基地、逸夫中学等10个生产示范基地。根据《贵州省非物质文化遗产保护发展规划（2014—2020年）》（黔委厅字〔2014〕35号）、黔东南州文体广电新明电〔2015〕42号文件精神和有关工作部署，进一步完善了非物质文化遗产生产性保护示范基地及传习基地的体系，经非物质文化遗产专家组严格审查，公布了凯里市湾水镇洋排苗族武术研究会等21家企业和个体为凯里市第二批非物质文化遗产生产性示范基地及传习基地。拥有市级非遗传承人100人，州级25人，省级2人。开展民族体育、民族音乐、民族舞蹈、民族书画、民族服饰等民族文化进校园教育活动，有省级民族教育示范点4个，州级示范点3个、市级示范点51个、民族文化培训基地6个。2018年11月，凯里市人民政府主办第三届民族文化进校园成果展演展示活动，凯里市43所中小学59个节目参加民族歌舞展演，参展民族工艺美术书法作品300余幅，成效显著。在民族节庆歌舞打造方面，举办"2018中国（黔东南）国际民歌合唱节暨国际合唱联盟'世界声音对话'"、央视春晚分会场直播、贵州电视台城市春晚的录制、凯里"文化和自然遗产日"宣传活动、"苗妹非遗博物馆非遗展演"、黔世界非遗文化活动艺术周演出等,《银秀》等节目成为凯里市民族文化歌舞剧的精品。大型"苗侗歌舞·风情凯里"在凯里苗侗风情园盘古寨常态化演出，又成为凯里一张崭新的名片，不断树立和突出各民族共享的中华文化符号。

第四节　文旅产业方兴未艾

"十三五"以来，凯里市以深化文化旅游供给侧结构性改革为主线，以提升文化旅游产业发展质量和整体水平为重点，以创建"国家全域旅游示范区""国家康养旅游城市"为目标，将凯里市建成独具苗侗风情的国际旅游目的地，精准发力，助推全市文化旅游产业高质量发展。2020年，全域旅游示范区创建通过省级评估，接待游客4776.34万人次，实现旅游综合收入519.62亿元。

在组织领导方面，成立凯里市旅游工作领导小组，将推动文化旅游产业高质量发展纳入市委市政府重点工作布局，党政主要领导亲自抓旅游，对景区建设、旅游规划等重点问题亲自研究、亲自谋划、亲自部署、亲自推动，按照"苗侗明珠·文明凯里"的城市形象，政府主抓、部门统筹，建立健全文化旅游高质量发展领导协调机制，研究制定促进凯里市文化旅游产业高质量发展的政策措施，旅游业发展已经由原来行业主抓上升为党委、政府统抓。同时，确立民族文化旅游在经济和社会发展中的基础性地位。全市把旅游产业作为推动经济社会发展的战略之一，把民族文化旅游经济指标纳入综合考核评价体系，并以督查问责方式推动民族文化旅游发展，形成部门联动的良好局面。

在规划计划方面，先后编制《全域旅游系列规划》《巴拉河—西江景区系列规划》，启动编制《凯里市住宿业发展专项规划》《5A景区提升规划》《乡村旅游扶贫重点村村寨规划》。按照“一座城就是一个大景区”的发展思路，积极谋划旅游产业布局发展，打造东线——“山地+人文”、西线——“体育+小城镇”、南线——“农文旅融合发展”、北线——“山地—僅家文化”、中线——“康养+集散中心”为主题的全域旅游路径。2020年完成《凯里市文化旅游产业“十四五”规划》编制工作，乘势而上开启“十四五”时期文化旅游新篇章。

在政策扶持方面，一是实施奖补资金支持，市级财政安排奖补资金200万元，用于企业困难补助、市场恢复奖励，帮助文旅企业渡过难关、恢复发展。给予受疫情影响较大、经营规模较大、贡献度较高、信誉度较高的A级景区、星级饭店、文化娱乐企业、旅行社、旅游车队等文旅企业进行一次性补贴。对A级景区、星级饭店、文化演出剧目等给予不低于3万元补贴，对文化娱乐企业、旅行社、旅游车队、等级客栈、等级农家乐给予不低于1万元补贴。二是加大金融支持，协调金融部门提供“文企贷”“黔旅贷”“小企业周转贷”等线上、线下产品，加快贷款投放速度，开辟信贷受理、准入、审批、放款全流程的“绿色通道”，优化信贷业务流程，并足额满足信贷规模，针对在凯文旅困难企业协调金融机构适当给予降低贷款利率支持，协调金融机构适当予以展期还款，力争帮助困难企业解决“融资难、融资贵”及缓解当前融资还款压力。三是落实税收优惠政策，用足用好疫情期间免增值税、小微企业普惠性税收减免等一揽子减税政策。指导帮助受疫情影响的文旅企业，积极申请房产税、城镇土地使用税减免。指导帮助不能按期缴纳税款的文旅企业，依法申请办理最长不超过3个月延期缴纳税款。四是实施电气费用缓缴，协调帮助文旅企业落实好国家电气费用减免等有关政策。2020年2至3月期间对停产、停业文旅企业不进行功率因素考核，企业基本电费按照实际需量缴纳。积极协调有关部门和单位支持文旅企业用水、用电、用气、广电收视费实行“欠费不停供”，疫情结束后2个月内由企业补缴缓缴的各项费用，缓缴期间免收滞纳金。五是减免企业租金，支持培育文旅市场主体，做强做大国有市场主体，发挥领头作用，带动全市文旅企业发展，指导帮助文旅企业用好房屋租金减免政策，对承租国有资产类经营性房产从事生产经营活动的，根据实际适当减免租金。对租用其他经营用房的，鼓励业主（房东）为租户适当减免租金，指导双方协商解决。六是缓缴社保、公积金等费用，返还失业保证金，指导帮助文旅企业，申请缓缴养老保险、失业保险和工伤保险费，缓缴期限最长 6 个月。缓缴期间免收滞纳金，职工依法享受社会保险待遇。申请降低住房公积金缴存比例，最低可降至国家规定的 5%。对确实无力足额缴存住房公积金的文旅企业，符合缓缴条件的，最长可允许申请缓缴 1 年。指导帮助不裁员或少裁员的文旅参保企业申请返还失业保险费，返还标准由原来的不超过上年度实际缴纳失业保险的 50%，提高到上年度实际缴纳失业保险的 100%。七是实行文化旅游企业优惠和免费政策，全年对全国医护工作者、公安民警、军人实行凯里市酒店行业协会会员单位前台价 6.8 折优惠；市内开放的 A 级旅游景区（不包括温泉旅游景区和景区内特许经营性项目）全年对全国医护工作者、公安民警、军人实行门票全免，对境内外其他游客在 2020 年 7 月底前实行门票全免。八是启动“促消费百日专项行动”，千方百计提振消费信心，通过“五一”劳动节、端午节等假期和夏季暑期，聚焦汽车、旅游、商贸、信息、住房、健康、农产品等重点消费领域，指导商家出台一揽子促销措施，让消费热起来、经济活起来。九是提升从业人员素质和景区品质，全年组织文化旅游行业开展酒店行业、导游、乡村旅游从业人员等培训 4 期，并积极组织业内人员参加人力资源和社会保障部门开展的各种岗位培训。

在项目建设方面，以项目为抓手，推动景区建设。全力推进旅游产业发展“十一项工程”，围绕“旅游 + 康养”“旅游 + 文化”“旅游 + 体育”“旅游 + 工业”对系列项目进行包装，提升下司古镇、云谷田园、南花苗寨等一批特色文化旅游景点，推进云谷小镇、小高山生态体育公园等旅游景区建设，加快全民健身中心、凯里气膜运动馆、凯里市数字文化馆等文化、体育场馆项目建设。重点推进香炉山景区、嘎醉河风情小镇等重点项目建设。启动实施旅游产品“1+5 个 100”工程等项目。按照五星级酒店标准，推进“城市之门”酒店、裕豪华美达广场酒店、希尔顿欢朋酒店建设，凯翔浠悦大酒店、云溪汤泉酒店、和谐黔景酒店等建成并投入运营。建成下司涡居、隐筑等精品民宿，按规划推进嘎醉河风情小镇民宿群、原凯里规划展览馆（现改造为酒店）、乡村民宿等项目建设。修建旅游厕所，设置旅游标志标牌。完成了59个村（其中深度贫困村17个）农村人居环境改善工程，优化了农村人居环境，奠定了旅游发展基础。2020年凯里市共有4A级景区2个、省级旅游度假区1个、3A级景区7个，建成旅游集散中心2个、游客服务中心11个，入选2020中国县域旅游综合竞争力百强县市。

在配套设施方面，大力实施基础设施提升、城市环境美化、公共秩序优化等攻坚行动，城市文明程度明显提升，“斑马线上的文明”享誉全国，“人车礼让”成为文明风景线，追求和坚守文明成为全市干部群众的自发行动和共识。发挥凯里市作为州府所在地的作用，重点加快高铁凯里南站游客咨询服务中心、高速凯里南站旅游服务区建设，结合各类旅游服务中心、接待中心以及城区景区的宾馆、酒店建设和旅游企业自身发展，着力把凯里打造成旅游集散地，提高旅游接待能力。同时，加快完善中心城市及景点景区的配套基础设施和功能，大力实施精品客栈建设计划，努力提升住宿、餐饮等旅游综合服务能力。优化旅游路线，串联各景区景点，推动凯里中心城市与周边景区整体发展，切实打造凯里旅游升级版。重点以3A级景区民族文化园等为治理对象，做好景区水质净化，并对景区基础设施进行修缮，提升景区（景点）的整体服务接待能力，以优良的生态环境开门迎客。完成景区监控“智慧旅游云”项目、智慧旅游云数据监控接入省、州数据平台，建成凯里旅游联播中心，铺设旅游信息联播终端机，完成城区与景点免费Wi–Fi安装，凯里旅游APP（黔兜游）、微信公众平台、电商网建设完成并上线。获“中国旅游影响力县区前十榜单”等称号。

在品牌打造方面，提升城市品牌形象，丰富景区业态，2019年，全域旅游示范区创建通过省级评估，凯里苗岭旅游度假区获批省级旅游度假区，南花苗寨、湾水岩寨被批准为3A级景区。舟溪青曼苗寨、旁海屯寨苗寨入列中国少数民族特色村寨。推出“凯里十八菜”特色餐饮、“凯里十景”旅游打卡点，推出新景点云谷小镇。树立了凯里旅游文化品牌和旅游名片，增强外地游客对凯里的认知度，提升了凯里旅游的知名度和美誉度。围绕产业升级，推动“非遗+旅游”融合发展。凯里市将非遗文化和乡村旅游紧密结合，全力推进文化旅游品牌创建，深度挖掘南花村、新光村、曼洞村、格种村、岩寨村等旅游村寨的非遗文化，积极引导现有各级非遗传承人建设生产性保护示范基地42个（其中省级5个、州级6个、市级31个），州级教育示范基地17个，市级传习基地（所）18

个，非遗大师名师工作室 17 家，作为旅游参观点和非遗活态传承体验点。同时，重点扶持壮大非遗文化的产业化发展，先后培育出亮欢寨、苗妹非遗博物馆、苗央馆、欧东花民族服饰博物馆等非遗龙头企业，通过吸收就业、开展订单加工等模式，将凯里市酸汤鱼、银饰、刺绣变成独具特色的旅游商品，助力凯里市旅游产业发展和脱贫攻坚等工作。参加全州十佳乡村旅游讲解员大赛并获“优秀讲解员”3 名，推荐黔东南国旅、中瑞天禧酒店、下司清江旅游公司申报贵州省旅游行业诚信企业。金凯美悦酒店参加黔菜美食大赛，其“酸汤乡村雪花牛肉”菜品获“新派精品黔菜”称号。

在招商引资方面，近年来，凯里市全力优化以商招商环境，大力推行行政审批制度改革，提高服务质量。一是领导带动、部门互动，营造以商招商的工作氛围。市委、市政府主要领导亲自带队多次深入到凯里经济开发区及贵州炉碧工业园区的企业进行调研，在帮助企业解决困难和问题的同时，深挖项目信息，借助企业平台广泛引进产业链企业、关系密切的企业入驻凯里。二是改革促动、服务带动，改善以商招商的环境。特别是强化对新立项项目的跟踪协调服务和重大项目全程无偿代理服务。通过优化发展环境，不断提高职能部门服务水平，凯里市发展环境有了明显的改善，广大企业家都积极参与招商、服务招商中来。三是内外联动、成效促动，初步形成了以商招商的良性机制。凯里市积极开展“请进来”“走出去”活动，广建关系、广开渠道、广搭平台。要求从事招商引资工作的人员不仅要“招商”也要“亲商”，从工作上要广交商界朋友，以情动人、以心感人，初步搭建了覆盖各行各业的人脉资源。同时，面向全市广泛征集人脉资源、丰富招商网络。

2016 年，招商引资文化旅游项目 5 个，投资约 35 亿元。其中，下司旅游综合体项目总规划面积 6 万平方米，包括斗牛城、民族文化演艺厅、民族风情街、五星级酒店、生态观光农业园等，项目总投资约 6 亿元。嘎醉河风情小镇建设项目位于舟溪镇，是连接凯里、凯里市经济开发区的重要交通枢纽，项目建设包括精品客栈、大型停车场、幼儿服务中心、旅游公厕、商业街区、景观绿化亮化、给排水、电力系统、商业地产等，项目总投资约 5 亿元。香炉山景区建设项目其香炉山位于贵州凯里市西北 15 公里处，海拔 1200 余米，是苗族“圣山”，景区建设包括中华祖陵板块、始祖祭坛板块、蚩尤纪念板块、九黎迁徙文化板块、后裔社区板块等五大板块，项目总投资约 7.8 亿元。凯里市清水江生态环境治理与沿河景观建设工程实施范围为凯里市滨江大道沿岸环境景观建设，全长约 20 公里，项目总投资约 15 亿元。文化创意产业园至下司风情大道工程主要包括绿化亮化工程、民族雕塑、风情小镇等特色风貌改造，项目总投资 1.5 亿元。

在宣传推介方面，以建设“山水田园城市和国际旅游城市”为功能定位，重点抓好“一节一会”等节庆赛事宣传营销，继续承办好中国贵州环雷公山超 100 公里跑国际挑战赛等品牌活动，充分借助各种城市品牌创建契机，整合宣传资源，着力打造一批国内外知名的旅游宣传展示平台，切实做好文化旅游宣传推广工作，进一步打响“苗侗明珠·山水凯里”的旅游品牌，提高凯里知名度和美誉度。

针对杭州、桂林、长沙等客源地市场，整合非遗、绣娘、苗侗医药、美食等文化旅游资源开展营销活动，重点对公安干警、医务工作者推出凯里及周边县市两日游、三日游康养产品，积极组织对口帮扶城市市民来凯疗休养工作；年内对企业组织的美食节、采摘节和各类旅游营销活动的每场给予不超过 5 万元补贴；充分利用微博、微信、抖音等新兴媒体，开展线上线下、淡季旺季，多角度、立体式宣传营销，提升城市影响力、美誉度。

围绕品牌营销，提升凯里市非遗文化影响力。以承办黔东南州第十届旅游产业发展大会为契机，凯里市积极筹备和谋划了非遗文化产业提档升级和宣传营销工作。将酸汤鱼等非遗特色餐饮列入“凯里十八菜”，通过各级新闻媒体进行重点宣传推介，打造非遗文化产业品牌；积极筹备银饰刺绣博览会，将凯里银饰刺绣等少数民族非遗技艺作为文化名片进行集中展示。积极探索线上推广，与爱彼迎旅行房屋租赁服务平台合作，对凯里“贵州亮欢寨餐饮娱乐管理有限公司”“欧东花民族服饰博物馆”等非遗文化进行宣传片拍摄，通过传承非遗技艺、传播非遗声音的方式，进一步提升凯里非遗文化影响力。

在 5·19 中国旅游日举办“文旅融合·美好生活——我为凯里旅游出谋划策暨凯里一日游免费体验活动”，新华社网站对该活动报道浏览量达 51.03 万次，其他媒体报道浏览量共计 120.61 万次。

广泛征求市民对旅游基础设施建设、旅游管理服务、旅游营销宣传等方面的建议和意见，并积极宣传凯里的景区、餐饮以及演艺，构建了人人都是凯里旅游文化的宣传者和推广者的良好氛围。

在融合发展方面，坚持树立“以文促旅，以旅彰文”的理念，依托丰富的苗侗文化、医药文化、民俗文化资源，建设“文化 + 旅游”的跨界产品体系；引进非遗保护协会、苗歌协会、国际化非遗跳蚤市场入驻云谷小镇、苗侗风情园，开展非遗活态展示、苗歌表演等活动，以非遗特色产品和非遗传承技艺与旅游相结合促发展；深入挖掘苗族歌舞、服饰、芦笙、斗牛等文化，通过挖掘文化特色、提升文化品牌，做大做强文化旅游经济。

一是融入节庆打造，利用“百节之乡”的品牌，积极开展民族民间节日活动，通过开展以芦笙节、吃新节、鼓藏节、苗年节、翻鼓节、文化旅游节，举办“非遗日”“非遗活态展”等活动，切实发挥文旅深度融合“1+1>2”的叠加效应，坚持把旅游业作为非遗“活”态传承的重要载体的理念，着力丰富旅游产品供给，延长文旅产业链。

二是融入景区提升，将非遗文化元素融入当地旅游发展，作为提升景区文化品位的突破口，对凯里市各景区景点业态布局进行有效指导，重点对下司古镇、舟溪云谷小镇、龙场镇麻塘僅家寨、凯里苗侗民族风情园作为第一批研学游示范点，利用资源平台，搭建沟通桥梁，积极对接旅游公司、非遗工坊、协会等企业，将非遗引入苗侗风情园，成立凯里非遗国际跳蚤市场。同时在云谷小镇开展“文化和自然遗产日”——非遗活态展示活动，琳琅满目的非遗特色产品和芦笙歌舞表演吸引众多游客前来参观，让更多游客能深入地学习和了解到少数民族的非遗文化精神，不断提升非遗文化影响力和景区产业转型升级。

三是融入产品展示，打造非遗文化产业品牌，将凯里银饰刺绣等少数民族非遗技艺作为文化名片进行集中展示，积极组织非遗传承人、企业参加多彩贵州文化艺术节、非遗集中展示、中国（贵州）国际民间工艺品博览会暨中国·凯里银饰刺绣博览会、中国（黔东南）国际民歌合唱节暨国际合唱联盟“世界声音对话”、凯里地区文化和自然遗产日等节会展会，通过各级新闻媒体进行重点宣传推介，展示并扩大对外宣传平台，展示凯里非遗魅力。2020 年，完成实施旅游产业发展“十一项工程”，推进旅游与康养、文化、工业、农业等深度融合，形成“旅游 +”跨界产品体系。“旅游 + 康养”，建成苗侗医药一条街、苗央馆、云溪汤泉等旅游康养业态；“旅游 + 文化”，打造《银秀》大型旅游演艺剧目，深挖酸汤和斗牛文化，打造“中国酸汤美食之都”“东方斗牛城”文化品牌，推出“凯里十八菜”特色餐饮；“旅游＋工业”，建成民族文化创意产业园等，打造凯缘春、玉梦等一批知名民族企业；“旅游＋交通”，开通高铁站至州内各景区的“景区直通车”，增设旅游公交、旅游巴士数量，提升了旅游集散能力。“十三五”期间，年接待游客总人次、旅游综合收入均增长 20% 以上。

在文旅扶贫方面，凯里市坚持发展乡村旅游，助推脱贫攻坚。一是组建了凯里市乡村旅游标准化委员会，建立了凯里市乡村旅游发展专家库，制定乡村旅游地方标准，申报 2 个甲级乡村旅游村寨，省级专家组已现场评估，等级农家乐、乡村客栈评审工作正在筹备中。二是完成旅游扶贫云系统 467 人的录入及审核工作，完成今年目标任务的 64%，组织全市各镇（街道）扶贫信息员开展旅游精准扶贫云系统录入培训，提高了信息员的业务能力。三是全面推行“党建＋公司＋村委＋合作社＋贫困户”产业扶贫模式，采取村企项目共建、利益均沾的合作方式，推广云谷田园农文旅发展模式，带动施秉县双井镇扶贫项目 1.3 万亩脆红李基地发展，依托云谷田园平台为双井镇托底销售脆红李 50 万斤以上。同时，依托云谷田园产业平台，带动从江发展百香果特色精品水果基地，以企业包销的方式，助力从江贫困户产业脱贫。四是以 50 个党建农业产业扶贫园建设为载体，充分利用 200 亩以上坝区，大力发展生猪、林下鸡、生态鱼、食用菌、蔬菜五大农业主导产业，实现贫困人口产业全覆盖，强化贫困人口脱贫的产业支撑，助推贫困人口增收脱贫。

在行业管理方面，加强涉旅行业人员培训，全面提升城市软实力。2020 年，凯里市乡村特色旅游培训已完成 500 人次以上，培训覆盖舟溪镇、碧波镇、鸭塘街道等镇（街道）。全域旅游培训 1 万余人次以上，通过全域旅游知识再培训、再教育，参训人员在思想观念和发展理念方面得到一次大洗礼和提升，有效推动全市涉旅窗口服务行业服务品质和精神风貌大提升。

持续推进文旅市场监管，确保全域旅游安全稳定。一是巩固和完善“1+2+3”旅游市场综合监管机制，形成公安、应急管理、市场监督、旅游等部门的常态化综合执法体系，开展专项联合检查，持续日常检查，优化文化旅游环境，确保了文化旅游市场的安全有序。二是整合全市旅行社、酒店、景区等资源，成立凯里旅游地接服务中心，形成完善的凯里旅游地接服务网。组建了酒店、美食、商贸等行业协会，积极筹建凯里旅游协会，建立行业统筹协调机制。三是加强文明旅游社会公益宣传。在景区景点、旅行社、旅游车队、游客服务中心、酒店等涉旅企业和游客密集区域开展文明旅游宣传点，督促景区和涉旅企业做好周边环境卫生整治。2021 年春节长假期间，累计接待游客 118.94 万人次，同比增长 620.38%；累计综合收入 7.798 亿元，同比增长 842.16%，其中苗侗风情园累计收入 28 万元，云谷田园 102 万元，下司古镇 818.2 万元，假日旅游市场持续升温。

第六章　优先发展教育　教育体系日臻完善

中华人民共和国成立后，随着炉山县党组织和人民政府的建立，经济生产得到迅速发展，各族人民群众生活明显改善，迅速掀起办学热潮，民族教育等社会事业得到较快发展。改革开放后，教育事业更是突飞猛进发展，人民群众文化水平得到极大的提高。2020 年底，凯里市现有学校 417 所，在校学生 159299 人，教职工 14134 人，其中专任教师 9569 人。学前三年毛入园率 105.3%，九年义务教育巩固率 129.3%，高中阶段毛入学率 153.2%，三残儿童少年安置率为 100%。

第一节　基础教育规模逐步扩大

凯里市是多民族聚居区。新中国成立前，由于封建官僚统治、阶级剥削压迫、民族歧视，少数民族教育不受重视。新中国成立后，党和人民政府把少数民族的政治、经济、文化地位的提高放到重要位置，民族教育事业沿着社会主义道路探索前行。

一、学前（幼儿）教育

1951 年凯里小学附设幼儿班一班 69 人（其中女生 18 人），舟溪小学附设幼儿班一班 65 人（其中女生 21 人）。1952 年春，上述两校继续招收幼儿班各一班，共 151 人，当年秋停办。1958 年，炉山县委机关开办托儿所，入园幼儿 40 人。同年，农村生产大队、生产队普遍开办幼儿园、托儿所，至 1960 年达 57 所，入园幼儿 2387 人。1961 年，除州委机关幼儿园外，其余幼儿园、托儿所停办。1962年秋，县委机关托儿所恢复，有职工6人，入托幼儿77人，次年增至125人。1966年开始，幼儿教育停办。1968年，州、县委机关托儿所恢复。

改革开放以来，凯里市按照《中华人民共和国教育法》《幼儿管理条例》《幼儿园工作规程》和《幼儿园教育指导纲要》(试行)的规定，将学前教育纳入规范化管理轨道，幼儿教育有了长足的发展。城区内基本满足适龄儿童的入园需求。农村乡以下（含乡）的小学办学前教育班，采用双语教学，解决少数民族学生听不懂汉语的问题。1979年10月，贯彻全国托幼工作会议和省革委《关于贯彻执行全国托幼工作会的请示报告的通知》文件等精神，时年全县有幼儿园、托儿所10所46班974人。

1990年，全市有幼儿园、托儿所31所，其中教育部门办2所，企事业单位和行政机关办22所，集体或个体办7所，另有小学附设学前班59班，共计174个班，教职工455人；入园、入学幼儿5232人。

2003年，为贯彻落实教育部等十部委下发《关于幼儿教育改革与发展的指导意见》精神，凯里市实施幼儿教育改革，从2003年至2007年，形成以公办幼儿园为主体，形成公办与民办、正规与非正规教育相结合的发展格局。根据城乡的不同特点，逐步建立以社会为基础，以示范性幼儿园为中心，灵活多样的幼儿教育形式相结合的幼儿教育服务网络，为0—6岁儿童和家长提供早期保育和教育服务。进一步完善幼儿教育管理体制和机制，切实履行政府职责，加大资金投入，把凯里城区的市实验幼儿园办成全市的示范性幼儿园。对乡镇幼儿园，农村小学学前班及社会力量办的幼儿园都要纳入正规化管理，要求统一到市教育局注册登记，市教育主管部门负责管理幼儿园园长、教师，指导教育教学工作，城市街道办事处配合有关部门制定本辖区幼儿教育的发展计划，负责宣传科学育儿知识，为指导家庭幼儿教育提供活动场所、设施、筹措经费，组织志愿者开展义务服务，乡（镇）人民政府承担发展农村幼儿教育的责任，负责办好乡（镇）中心幼儿园。

2007年，凯里市各类幼儿园46所，在园幼儿11651人，其中学前班幼儿7343人。幼儿教育学前三年儿童受教育率58%，学前一年儿童受教育率81%，比教育部提出的幼儿教育发展目标分别高出3%和1%。1996年和2003年，凯里市先后被评为“贵州省幼儿教育先进市”和“全国幼儿教育先进县（市）”。

“十三五”以来，凯里市委、市政府始终坚持把教育摆在优先发展的战略地位，始终以办人民满意的教育为宗旨，以建设教育强市为目标，持续加大教育投入，积极改善办学条件，推动教育优质化、均衡化发展，不断满足人民群众对优质教育的需求。2016 年，实施“以强带弱，以公带民”的“名园 + 民园 + 弱园”的集团化办园模式，充分发挥集团化办园的优势，公办、民办联动，两翼齐飞，学前教育实现新的跨越。2020 年，全市各级各类幼儿园 246 所，在园幼儿 27402 人；公办园 93 所（不含幼教点）；学前教育三年毛入园率达 120%；普惠性幼儿园在园幼儿覆盖率达 83%。

二、小学教育

1949 年 11 月 15 日，炉山县人民政府成立，根据“暂维现状，逐步改造”的方针，20 日炉山县人民政府发出恢复学校的通知。12 月 22 日统计：全县 14 所中心学校已有 13 所复课，原有教职员 108 人，到校 90 人，原有学生 2005 人，到校复课的 1026 人；国民学校 36 所，复课 24 所，原有教职工 44 人，到校 25 人，原有学生 3769 人，到校复课 400 人。工友 26 人，全部到校工作。1952 年底，全县有公办小学 70 所，在校生 203 班 8541 人，教职工 178 人；民办小学 27 所，在校生 46 班 1943 人，教职工 46 人。1958 年，公办小学调整为 41 所，其中完小 35 所，初小 6 所，在校生 234 班 11378 人；民办小学增加到 124 所，其中完小 18 所，初小 106 所，在校生 278 班 12658 人。全县适龄儿童 20574 人，入学 20490 人，入学率为 99.6%。1961 年，贯彻中央“调整、巩固、充实、提高”方针，公办小学调整为 47 所，其中完小 21 所，初小 26 所，民办小学保留 8 所。1962 年 6 月，将长坡、马鞍、格细、棉席、荷花、鸭塘、岩头、川中、龙头河 9 所公办初小改为民办初小，同时停办六个鸡、葛冲两所公办初小。当年全县有公办小学 36 所，在校生 193 班 4922 人，教职工 300 人（其中专任教师 297 人）；民办小学 14 所，在校生 17 班 407 人，教职工 15 人。1963 年起，为贯彻关于“两种教育制度”（全日制教育和半工半读半日制教育）的指示和“两条腿走路”的办学方针，1965 年公办小学增加到 60 所，在校生 323 班 13163 人，民办小学增加到 122 所，在校生 254 班 5469 人。另有耕读小学 164 所，在校生 7270 人。全县适龄儿童 25790 人，入学 22253 人，入学率为 86.3%。

1966年后，学校的教学活动受到很大影响。1976年，全县公办、民办小学发展到507所，在校生753班37592人。当年全县适龄儿童31142人，入学30424人，入学率为97.7%。1977年，全县有公办小学58所，在校生9832人，教师427人；民办小学410所，在校生25141人，教师1215人。

中共十一届三中全会后，按照“调整、改革、整顿、提高”的方针，调整学校布局，逐步撤销不具备办学条件的初中班，小学教育稳步发展，教育质量不断提高。1980年末，全县有公办小学60所，其中附设高中班1所、全部办初中班6所、附设初中班21所、实行九年一贯制1所、完小22所、初小9所；民办小学257所，其中附设高中班1所、附设初中班10所、完小79所、初小167所；教师1637人，其中公办644人、民办993人；在校生32976人，其中公办12171人、民办20805人。1985年《中共中央国务院关于教育体制改革的决定》和1986年《中华人民共和国义务教育法》等颁布实施后，市委、市政府把发展教育列入全市经济社会发展的重要议事日程，为实现普及初等义务教育和九年义务教育采取了一系列重要措施。对农村女童实行免收杂费，将一大批村级民办小学转为公办，将部分农村小学附设的初中班剥离出来实行分开办学。贯彻落实《中共中央国务院关于教育体制改革的决定》和《中华人民共和国义务教育法》，小学学龄儿童入学率逐年提高。到1990年年底，全市有各类小学（含企业办学）共293所1491班，在校生49159人，小学入学率为92.66%，巩固率为94.25%，小学教职工总计2401人。

1991年2月，凯里市人民政府发出《关于进一步抓好普及初等教育验收准备工作的通知》指出：抓好普及初等义务教育工作主要是抓“四率”（即入学率、普及率、巩固率、毕业率），坚持实行乡（镇）村包入学率、普及率，学校包巩固率、毕业率；做到“一无两有”（校校无危房、班班有教室、学生人人有课桌凳）。9月27至28日，市委、市政府组织召开全市检查贯彻实施《中华人民共和国义务教育法》总结暨表彰大会，出台《市委、市人民政府关于深入贯彻落实义务教育法的决定》，明确要把教育放在优先发展的战略地位，党政一把手要亲自抓，分管领导要具体抓，一级抓一级，层层落实。全市7—12周岁学龄儿童入学率达93.6%，比1985年上升19.1%；在校学生巩固率96.3%，比1985年上升9.1%；毕业率达96.8%，比1985年上升28.7%；13—15周岁少年儿童普及率达

91.7%，比1985年上升47.68%。

1992年1月，凯里市通过撤区建镇并乡调整为10个乡镇，市政府与市教委和各乡（镇）、街道教育辅导站（教办）签订了教育目标管理责任状，认真落实“分级办学、分级管理、分级负责”的领导体制，明确各乡（镇）和学校在“普九”中的职责、实行政府教育主管部门和学校“双线承包”责任制。年末，全市有小学287所，教学点75个，教学班1440个，在校小学生51485人，适龄儿童入学率96.6%，巩固率99.1%，毕业率96.7%，普及率97.7%，有小学教师1451人，小学民办教师586人，城区小学升初中达96.0%，基本实现了普及初等教育。从1998年9月起，为全面落实“普及九年制义务教育”规划，加快“普及九年制义务教育”进程，市教育局作出决定，持有凯里市户口的小学毕业生一律免试全部升入初中。

2000年4月，贵州省人民政府对凯里市“两基”工作进行评估验收。全市7—12周岁适龄儿童入学率98.8%，其中女童入学率98.5%，小学阶段辍学率由1990年的5.8%下降到0.7%，小学阶段女童辍学率为0.9%，全市小学专任教师学历合格率92.9%，基础教育中基本普及九年义务教育的各项指标均已达到省级标准。2005年，通过实施“科教兴市”战略、推进素质教育，“四制一目标”管理全面实施。是年，凯里市共有小学144所，在校生46790人，适龄儿童入学率为99.4%，在校生巩固率为98.8%，有小学专任教师2344人。

“十一五”期间，为切实做好“两基”巩固提高工作，凯里市加强对《中华人民共和国义务教育法》的学习和宣传，提高社会对农村义务教育的认识。完成适龄儿童入学的摸底工作，及时发放入学通知书，各乡镇、街道“控辍保学”职责得到进一步落实。同时加大乱收费的整治力度，各校在醒目位置公布收费项目和标准，自觉接受社会各界的监督，凯里市开展多次检查督导，规范中小学办学行为，有效制止乱收费现象。加强师德师风建设，禁止在职教师以任何名义到社会力量办学机构任教，严禁学校利用节假日和其他课余时间组织学生进行有偿补课等不良现象，规范社会力量办学行为和中小学用书征订工作等，成效显著，凯里市在2006年黔东南苗族侗族自治州行风检查中名列前茅。至2011年，凯里市有小学149所（含教学点），在校生49721人，小学适龄儿童入学率为99.6%，小学六年巩率为99.1%，小学年辍学率降低至0.2%。

进入“十二五”，2012 年 7 月 23 日，凯里市召开基础教育质量分析会，提出“向校长要质量”“向教师要质量”“向管理要质量”，小学文化水平测试成绩居黔东南州前列。

2013 年，凯里市建立健全防流控辍五项管理制度，明确落实各学校和有关人员的控辍职责，切实保障每一个适龄儿童、少年都能接受义务教育，确保各项指标都控制在国家规定的范围之内。积极推进义务教育均衡发展，拟定时间表和路线图，通过召开培训会，邀请贵州省、黔东南州专家到会指导；组织一批小学校长到麻江、丹寨参观学习；组织大型“推进义务教育均衡发展现场会”3 次。同年秋季，解决进城务工人员随迁子女 13567 人的小学入学问题；凯里市农村义务教育阶段学校有留守儿童 5316 人，其中小学 3251 人。小学六年巩固率 102%，小学辍学率为 0.10%（贵州省定指标为 1.8%），低于省定指标数 1.7 个百分点。12 月通过贵州省人民政府的“义务教育初步均衡发展”验收。

2014 年，凯里市有基础教育学校 143 所，其中小学 120 所（民办 3 所，教学点 62 所），在校生 47812 人，教师 2702 人；小学年辍学率为 0.066%。贵州省“9+3”办依据各考核组的考核评分和国家教育事业学年度统计表数据，对 9 个地、州（市）、贵安新区和 88 个县（市、区、特区）教育“9+3”计划 2014 年实施情况进行全省综合排名，凯里市以 97.05 分名列贵州省第二名。2015 年，凯里市有小学在校生 52609 人，毕业生 9264 人，小学六年巩固率 100.2%。

“十三五”以来，积极推进“初中进城，小学进镇”模式。采取新建、改建、合并、扩建等途径，科学进行凯里市教育布局调整，组建城区五大小学教育集团，扩大城区优质初中教育资源，逐步让农村初中学生进城就读，初步形成了“资源共享、优势互补、以强带弱、共同发展”的凯里市教育良性发展格局。2016 年，凯里市优化小学数量为小学 70 所（不含教学点），小学在校生 54158 人，毕业生 8813 人，小学六年巩固率 107.04%。农村学校全部实行“零收费”，落实“两为主”政策，保障随迁子女就学并保障他们与城镇居民同等待遇，进城务工人员随迁子女安排在公办学校就读。落实寄宿生家庭困难补助政策，对贫困家庭子女实行“建档立卡、精准扶贫”，当年，凯里市学生没有一人因家庭贫困而辍学。

至 2020 年，凯里市经过整合教学资源，调整小学学校为 79 所（不含教学点），在校生65056人，毕业生9478人。黔东南苗族侗族自治州人民政府对县（市）人民政府履行教育工作职责目标管理考核中，凯里市“四率”（学前教育三年毛入园率、九年义务教育巩固率、高中阶段教育毛入学率、“三残”儿童少年入学率）、教师配备、教育投入三项考核指标名列黔东南州16个县（市）第一。

三、中学和职业教育

（一）中学教育

1942年8月，成立炉山县立初级中学，当年招生一班57人。1949年10月，该校有教职工17人，在校生4班114人。办学至解放前夕，共招生13届，毕业7届190余人。

1950年，镇远专署执行省政府《关于整顿中等学校暂行办法（草案）》，将原省立炉山师范和炉山、雷山、台江3县县立中学合并为贵州省立炉山初级中学，校址为原省立炉山师范校址（凯里万寿宫）。当年3月底开学，有初中4个班，附设简师班4班，报到学生220余人，实际到校140余人，教职工28人。开学不到一个月，因土匪暴乱，停课至当年10月。1951年11月16日（后定为凯里一中校庆日），该校改称贵州省炉山民族中学。

1960年，撤销旁海、万潮初级中学，改炉山初级中学为完全中学，建立凯里第二中学。同年，贵州省凯里民族中学改为凯里第一中学。1963年，省教育厅确定凯里一中为全省9所重点中学之一，面向全州招生。至1965年底，境内共有普通中学3所，其中完全中学2所、初级中学1所；在校生644人，其中初中534人、高中110人。

1966年开始的最初几年，学校的正常教学活动受到很大的冲击。1976年，开怀中学建立。至1977年，境内普通中学发展到8所，设中学部的子弟学校达11所，附设初中班的小学达83所（其中公办45所、民办38所）；共有教学班305个，其中初中260个、高中45个；在校生13442人，其中初中11243人、高中2199人。

1978年，黔东南民族师范专科学校附属中学建立。1980年，凯里第五中学建立。1981年，贯彻“适当发展幼儿教育，充实加强小学，调整初中，压缩高中，发展职业教育，集中力量办好重点学校，努力提高教学质量”的方针，对凡不具备条件办高、初中班的学校，采取“停办”“停止招生，只出不进”等办法进行调整。当年，附设初中班的公民办小学由1977年的83所减少到44所。随着铁路中学、振华二中、凯里第六中学等建立，1990年底，全市有中学35所（完全中学13所，初级中学22所，另有小学附设初中班8所）；教学班347个，其中初中268个、高中79个；在校生16662人，其中初中13105人、高中3557人。1995年，市“八五”教育计划基本完成。全市普通中学有37所，在校高中生3624人，初中生13089人，在职教职工1610人，其中专任教师1232人。

为扩大高中办学规模，同时稳妥调整高中办学布局。1998年，凯里三中停招初中学生，办成独立高中。1999年6月，凯里三中改为凯里市民族高级中学。1999年，凯里一中停办初中班，重点抓好高中办学规模、质量。1995年至2000年普高招生和在校生年平均增长速度为14%和9%；2005年高中阶段入学率达90%左右，使农村65%左右的适龄青年接受了高中阶段教育。到2007年底，普通中学发展到48所（高级中学7所、完中7所、初中28所、九年一贯制学校6所）。与1991年相比，高中学校数增加5所，在校高中生增加8671人，初中生增加8058人，教职工增加629人，专任教师增加723人。全市初中阶段入学率达108%，初中在校生辍学率为3%。

2014年实施教育“9+3”突破工程，全省排名第二。2015年以来，随着教育“9+3”顺利收官，高中阶段办学条件得到大幅度改善，毛入学率达到90%以上，促进了凯里基本普及高中教育的发展。

（二）师范教育

1. 初等师范

1944年，贵州省立台江国民学校师资训练所迁来凯里江西会馆，更名为贵州省立第四国民教育师资训练所，次年3月更名为贵州省立炉山师范学校。至1949年，共招收3年制简易师范[①]学生656人，培训教师两期92人，中师一期37人。新中国成立时该校有教职工27人，在校生215人。1950年3月与炉山、雷山、台江3县县立中学合并为贵州省立炉山初级中学。1956年春，在炉山县城紫霞宫（江西会馆）办简易师范班一班45人，学制半年。1957年与雷山县在炉山中学联办师训班一班75人，其中炉山县39人，学制半年。1958年秋，在

① 简易师范：一种师范教育，相当于初中程度的师范学校，主要是培养小学师资。

炉山中学附设简师班一班 50 人，学制 2 年，1959 年春并入麻江师范学校。

2. 中等师范

1956 年秋创建凯里民族师范学校，州教育局主管。1957 年由镇远迁凯里，1958 年镇远师范并入，共有教学班 13 个，在校生 534 人，其中中师 7 班 279 人、初师 6 班 255 人。少数民族学生占学生总数 53%。

1965 年 4 月建立凯里半耕半读师范，面向全州招生 106 人。其中女生 34 人，少数民族 43 人。次年停止招生。1968 年首届毕业生分配回原县任教，当年停办。

1975 年炉山中学附设中师班 1 班 50 人，学制两年，不包分配。1976 年招生 75 人，毕业后由国家统一分配。1977 年招生 40 人，1978 年招生 50 人。1979 年并入凯里县师范学校。

1979 年秋，凯里县师范学校建成，招生两班 77 人。其中女生 26 人，少数民族 34 人。1980 年更名为凯里县民族师范学校，1984 年并入州属凯里民族师范学校。

1975 年 12 月，凯里民族师范学校改为凯里五七师大。1984 年，凯里、麻江、雷山、丹寨、台江、剑河 6 县（市）师范学校合并为凯里民族师范学校，招收新生 500 人，其中少数民族学生 425 人，占 85%。1985 年和 1986 年分别招收小学体育师资各 1 班，计 80 人。1986 年起，针对少数民族边远地区专门招收师范班，规定毕业后回原籍担任小学教师。1987 年起，每年招收幼儿师范班 1 班。1989 年后，面向全州各县（市）招收新生。至 1990 年，有教学班 22 个，其中普师班 13 个、边师班 6 个、幼师班 3 个；在校生 976 人，其中女生 321 人，少数民族学生占 90%；有教职工 143 人，其中专任教师 95 人（高级讲师 9 人、讲师 33 人、助理讲师 39 人、教员 14 人）。1990 年，被州教委确定为黔东南苗族侗族自治州小学教师培训中心。

（三）职业教育

1. 中等专业教育

1958 年，原黔东南农业合作干部学校改为中专性质的凯里农业学校（后更名为贵州省黔东南民族农业学校）。1974 至 1980 年，贵州无线电工业学校、黔东南州五七农业机械化学校（后更名为贵州省凯里农业机械化学校）、黔东南州财贸学校、黔东南民族干部学校（后更名为贵州省黔东南民族行政管理学校）先后建立。1988 年 9 月，黔东南州民族林业学校建成招生。至 1990 年，境内有中等专业学校 6 所，共占地 778 亩，有建筑面积 10.92 万平方米；教职工 733 人，其中专任教师 360 人；在校生 2967 人，其中女生 678 人。

2. 职业技术教育

1958 年，贯彻中央“大力举办农业中学、工业中学和手工业中学，把高小毕业生培养成为有社会主义觉悟、有文化又有一定生产技能的劳动者”的指示精神，县在凯里、开怀、大风洞、湾水、凯棠、米蒿办有农业学校；在舟溪、湾水、洛榜办有工业学校；在挂丁、翁项办有林业学校；在虎庄办有蚕桑学校；在清平办有卫生学校。在校生达千余人。上述学校除清平卫校由政府部门办外，其余均为当地社队主办。办学形式为半日学习半日生产劳动，办学经费主要靠学生勤工俭学的收入解决。文化课开设政治、语文（以应用文为主）和数学（以会计常识、珠算为主），专业课各校根据其性质，结合实际开设。教师就地聘请，其生活待遇由主办单位自行解决。学制均为一年。1959 至 1960 年，社队主办的学校先后停办。

1964 年，贯彻“两种教育制度”和“两种劳动制度”精神，开怀、老君寨、旁海、舟溪、凯棠、湾水、大风洞 7 个公社办有耕读农业中学，州林业部门办有林业中学，凯里镇办有半工半读中学，在校生共 528 人。1966 年后停办。

1975 年，贯彻落实“五七指示”精神，洛棉办有五七中学，舟溪、格冲、开怀办有农业中学。在校生 116 人，教师 18 人。同时在普通中学增设农业基础知识或工业基础知识课，学校或办工厂或办农场，开展学工、学农活动。1977 年，上述学校停办，普通中学的学工学农活动停止。

1985 年，政协凯里市委员会创办职业技术学校。后改称凯里市第一职业技术学校。1986 年，贯彻《中共中央关于教育体制改革的决定》，中共凯里市委、凯里市人民政府作出《关于贯彻执行〈中共中共关于教育体制改革的决定〉的意见》，先后创建凯里市第二、第三职业技术学校。这三所学校招生对象为境内应届初中毕业生，招生指标纳入全市统一招生计划。各职业学校均执行中央人民政府各部委颁布的职业高中教学计划，使用全国职业高中统编教材，学制 3 年。

“十二五”以来，凯里市加快推进职业教育发展，凯里市一职校在开怀建成后，学校通过调控普职招生比例，充分整合职教资源，强化中职学校基础能力建设，规范中职学校的专业设置后，促进教育内容从专业、文化并重到以专业为主，“校校合作”“校企合作”办学模式的转变。初步形成了以专业招生，以专业办学，靠专业发展的格局，推进了中职教育的快速发展，2015 年在校学生共 5662 人。

“十三五”以来，凯里市按照“下延上升、左联右通”的职业教育发展思路，深化职业教育综合改革，探索“校政、校企、校校”深度合作办学模式，构建学生多元成才渠道，推动职业教育内涵发展，中职教育吸引力大幅增强，2017—2018 年，凯里市共有中职（中技）学校 11 所（省州属 10 所），在校学生 18097 人（市一职校 6427 人）。2020 年，一职校毕业生就业率高达 99.2%，实现学校“职教一人、成才一人、就业一人、脱贫一家”的办学目标。

第二节　教学管理体系日臻完善

一、学前教育

新中国成立初期，凯里的幼儿班课程设有体育、语言、认识环境、图画、手工、音乐、计算，不进行识字教学。幼儿教育学习苏联“全面教育”的思想，对儿童全面负责。教学的基本方法为“计划教学”。每学期班主任、教师均写学期工作计划、教学计划，有些还写月计划、周计划乃至日计划。期末对每个儿童的发展作出全面的总结评价。

20 世纪 60 年代中期，各托儿所通过讲雷锋故事，让幼儿学习雷锋的优秀品质，城区幼儿园依照教育部规定的课程设置标准进行教学。

改革开放后，凯里认真执行教育部《幼儿教育纲要》，制定规章制度，建立正常的教学秩序，强调按计划教学。教师根据幼儿的生理、心理发展特点和年龄特征，精心布置、美化幼儿学习、生活及活动环境。重视开发、启迪幼儿智力。有条件的幼儿园，教师播放录音幻灯，运用卡片模型等教学手段来增强课堂教学内容的形象性和生动性，激起幼儿兴趣，吸引他们的注意力。教师普遍采取讲故事、唱儿歌、演示教具来传授简单易懂的知识，使幼儿产生丰富的想象，启迪幼儿思考。

1991年起，根据教育部颁发的《幼儿教育改革与发展的指导意见》和贵州省人民政府办公厅转发省教育厅等部门《关于贵州省幼儿教育改革与发展指导意见的通知》的精神，凯里市幼儿教育制定每个学年的教学计划。学制一般为三年，分小班、中班、大班。小学学前班为一年，设有语言、体育、常识、计算、音乐、数学、游戏等课程。有的幼儿园还根据幼儿的兴趣和爱好开设音乐、舞蹈、英语兴趣小组，每周活动一次。2000年，重新调整幼儿教育发展目标，把幼儿教育由过去的3—6岁改为0—6岁，为儿童和家长提供早期保育和教育服务。推进教育改革，改变政府办、部门办、单位办的幼儿园只收内部子女入托入园的做法，面向社会开放，招收附近居民子女入园。2005年7月，组织部分幼儿园园长和保健医生参加省级幼儿园岗位培训，开展对全市幼儿园进行安全大检查。

2010年7月，中共中央、国务院印发了《国家中长期教育改革发展规划纲要（2010—2020年）》（以下简称《纲要》）。《纲要》首次将学前教育从基础教育里分离出来，成为现代国民教育体系中独立组成部分。《纲要》颁布实施以后，凯里市坚持政府主导、社会参与、公办民办并举的办园体制，初步形成公办、民办幼儿互相促进、共同发展的多元化办学格局。幼儿园和学前班管理与保教工作基本步入正轨，师资力量得到增强，教学小学化倾向得到克服。各类幼儿园和学前班以生动活泼的趣味性游戏、歌舞和促进幼儿身心健康、开发幼儿智力、培养动手习惯的科普性学习活动开展教学，有力地促进了学前幼儿身心的健康成长。

二、小学教育

新中国成立初期，炉山县属各小学学制仍为“四二制”。1949年11月，县人民政府接管民国时期县属小学时，取消公民训练课，删去国语、历史等学科中不适当的内容。1951年，小学一、二年级设国语、算术、常识、唱歌4科，每周19个课时；三、四年级设国语、算术、政治、常识、音乐、体操、图画6科，每周28个课时；五、六年级设国语、算术、政治常识、自然、地理、历史、音乐、图画、体操9科，每周33个课时。各校以少年儿童队为主体，组织“秧歌队”或“腰鼓队”，利用赶场天或集会，开展抗美援朝、土地改革、镇压反革命的宣传活动，对学生进行爱国主义和国际主义教育。

1952 年，国语改为语文。小学分初小、高小两个阶段，初小（一至四年级）设语文、算术、体育、音乐、美工等科；高小课程与上述五、六年级所设课程相同。1955 年执行教育部颁发的《小学（四二制）教学计划》，各年级均设语文、算术、体育、唱歌、图画课。一至五年级增设手工劳动课，五、六年级增设历史、地理和自然课。低年级的语文课分为阅读和写字，高年级语文分为阅读、作文和写字课。以爱祖国、爱人民、爱科学、爱劳动、爱护公共财物为主要内容，对学生进行公民道德教育。1958 年秋，对学生进行总路线、“大跃进”、人民公社“三面红旗”教育，组织高年级学生参加炼钢铁、深耕等社会实践，部分小学又试行五年一贯制。1963 至 1965 年，兴办的各种简易小学和耕读小学学制，开设的课程有语文、算术、周会、唱歌、体育等。各校以学习雷锋为思想品德教育的主要内容，开展“学雷锋、见行动”“我和雷锋叔叔比童年”等活动。在社会主义教育运动中，开展“忆苦思甜”“访贫问苦”，请老工人、老农民到学校给师生作忆苦思甜报告。

1966—1976 年，开设的课程有毛主席语录、算术、军体、革命歌曲和生产劳动等，教学时数不固定。1976 年拨乱反正后，学校加强纪律教育和革命传统教育，学校秩序逐步得到恢复和建立。各学校开展坚持社会主义道路、坚持人民民主专政、坚持中国共产党的领导、坚持马列主义毛泽东思想的“四项基本原则”教育。1981 年，各校贯彻落实《小学生守则（试行草案）》，并制定实施细则，同时把政治课改为《思想品德》课，教师联系社会和学生思想言行的实际，有针对性地进行教育，效果良好。1993 年 2 月 10 日，凯里市教委下发《关于重新印发小学六年制教学计划的通知》，要求“继续试行部颁五年制教学计划和《贵州省六年制小学教学计划（试行草案）》《贵州省农村六年制小学教学计划（试行草案）》《贵州省农村初级小学教学计划（试行草案）》”。是年 2 月，贵州省教委发出《关于组织实施〈九年义务教育全日制小学、初级中学课程方案（试行）〉的意见》，提出具体实施要求：县及县以上的城镇小学和初级中学，以及具备条件的其他小学和初中，执行国家教委制定的《九年义务教育全日制小学、初级中学课程方案》。

2000年6月，开展小学教师继续教育工作。2002年，凯里市被确定为贵州省9个省级基础教育课程改革实验区之一。制定《凯里市基础教育课程改革的实施方案》，全市所有小学、初中起始年级全面启动课改实验，试行新课程计划、新课标准，使用新教材，启动地方课程与样本课程开发与管理的实践探究。2003年6月，市教育局印发《凯里市基础教育课程改革中小学生学科学业成就评价量化方案》，针对不同学科从“知识与能力”“情感态度与价值观”“过程与方法”“行为与习惯”“参与与合作”等方面进行科学量化评价，建立健全学生评价档案。2006年8日，召开全市中小学教师继续教育工程2001—2005年总结表彰暨2006—2010年工作启动会议，回顾总结“十五”期间中小学教师继续教育工程取得的成绩，启动新一轮中小学老师继续教育工程。

进入“十二五”后，随着经济社会的高速发展，城市户籍制度改革的深入推进，凯里市城市规模不断扩大，城区人口快速增长，城区学生人数不断增加，学校学位压力越来越大，在城区义务教育阶段的学校，“大班额”问题越来越突出，严重影响和制约了凯里市教育的发展。凯里市控制班级人数，从源头化解“大班额”。根据学校学位容量、区域预测适龄人口、义务教育阶段新生信息采集情况以及征求到的社会各方意见等，严格按照“就近入学”原则，将学校服务区域划分细化到社区和村组。按照学生待遇和学生人均公用经费与公办学校同等的要求，鼓励民间资本办学，支持民办学校面向社会招生，帮助化解城区“大班额”。同时，通过实施改扩建、整体搬迁、新建学校等项目，增加学校学位，改善城区义务教育办学条件，解决学位不足问题。从2014年起，小学一年级按照每班45人招生、初中一年级按照每班50人招生，从源头上解决“大班额”；同时，加强义务教育阶段学生学籍系统管理，学籍由教育部门统一管理，科学合理分流学生，严控学校私自招录新生和接收转学生，严控学生无序流动。

“十三五”以来，凯里市聚焦义务教育优质均衡发展，通过办好“家门口”每一所义务教育学校，逐步化解“大班额”“择校热”问题，破解义务教育发展不均衡难题。2020年起，凯里市续建、新建、改扩建普通中小学项目运动场、学生宿舍、食堂等53个，全面改善了办学条件。实施义教阶段学位建设项目7个，新增学位4145个。同时，实施公办强校计划，编制并印发了《凯里市义务教育阶段公办强校计划实施方案》，科学制定三年规划及相关措施，从中小学选派52名优秀骨干教师组成专家团队，以包校形式全程指导公办强校计划稳步推进。实施集团化办学，组建义教阶段教育集团19个，辐射覆盖凯里市所有公办义务教育学校，一体化集团内实现了文化创建、课程建设、教学管理、教师研训“四同步”。

三、中学和中职教育

1949年11月，炉山县立初级中学的学生多数或参加部队解放大西南，或参加地方干校，或参加地方工作队，投身于革命。学校开设政治课，以《中国革命读本》为教材，加强政治思想教育。1950年3月，贯彻中共中央“培养学生爱祖国、爱人民、爱科学、爱劳动、爱护公共财物的新道德，提倡养成集体主义、国际主义精神，并养成实事求是、勤劳朴素、忠诚老实、团结互助、紧张活泼、勇敢果断、艰苦奋斗的作风，坚定为人民服务的人生观”的指示，每天早晨和下午，举行升降国旗仪式和唱国歌。

抗美援朝期间，开设“抗美援朝的思想教育”“爱国主义与国际主义”“人民的国家与人民民主专政”“土地改革方针政策及其政治意义”等内容的政治课，组织学生学习黄继光、邱少云、易才学等英雄人物事迹，使学生深受爱国主义和国际主义思想教育。1952年秋，炉山民族中学建立团支部，组建学生会，协助学校开展思想政治教育。1953至1957年，改春秋两季始业为秋季始业。停开英语课，改开俄语课。1959至1960年，各校以“鼓足干劲，力争上游，多快好省地建设社会主义”总路线为中心，着重对学生进行总路线、“大跃进”、人民公社“三面红旗”教育，组织学生参加大炼钢铁、深翻土地等活动。

1963年3月，毛泽东主席发出“向雷锋同志学习”的号召，各校的团支部、学生会干部带头响应，组织学生学习雷锋的日记和模范事迹，各班级纷纷开展“学雷锋，见行动”活动。在校内，师生之间互相帮助，团结友爱，打扫公共场所，帮助伙房做事；在校外，尊老爱幼，拾金不昧，乘车让座位，为军烈属和孤寡老人送柴草、挑水等，成为学生争先恐后的自觉行动。1966—1976年，学校教学活动受到很大影响。

1977至1978年，拨乱反正，整顿教育秩序，加强纪律和革命传统教育，恢复建立学校规章制度。各校普遍开展“学雷锋，树新风，创三好”活动，同时开展讲文明、讲礼貌、讲道德、讲卫生、讲秩序和语言美、行为美、心灵美、环境美及热爱祖国、热爱共产党、热爱社会主义的“五讲四美三热爱”活动，促进了学校风气的根本好转，思想政治工作逐步走上正轨。1985年，贯彻中共中央《关于改革学校思想品德和政治理论教学的通知》，翌年凯里一中至五中分别设政教处，对学生加强政治理论教育。政治课教师在教学中着重抓理论联系实际，要求学生不仅学习马列主义的基础理论知识，而且学会初步运用马列主义的立场、观点和方法去认识和分析问题。

1990年，国家教委颁发了《现行普通高中教学计划的调整意见》，普通高中组织教育、教学及高中毕业会考等改革工作。国家教委印发《实行新工时制对全日制小学、初级中学课程（教学）计划调整的意见》和《实施新工时制对高中教学计划调整的意见》后，各中学积极探索新形势下如何开展思想政治工作的新路子、新方法，组织学生观看加强学生思想政治思想教育方面的电影或录像，举办主题班会，开展有关方面的知识竞赛，演唱革命传统歌曲等活动，开创思想政治教育的新格局。

2003年，凯里市教育局下发凯教成字〔2003〕11号文，鼓励教师树立终身学习意识，投身于中小学教师继续教育活动。鼓励小学教师达到大学专科以上，初中教师达到大学本科以上学历，学历未达标的教师要积极参加脱产或在职学历进修学习。2004年，全市本科以上学历的普通初中教师488人，学历合格比例为96.2%，超出凯里市《教育十五规划和2005年发展规划》提出的全市初中教师本科学历占80%的要求。普通高中专任教师合格率为87%。

2004年凯里市城乡学校已完成远程教育网的安装，建有信息站20个，接收站140个，播放站22个。为提高教学质量，市教育局采取“走出去，请进来”的方法，鼓励各校与外地学校联合办学，选送优秀学生到外地学习，教师到外地学校取经，请外地专家到凯里授课培训，组织教师或学生的竞赛活动，开展课题研究。

“十三五”以来，凯里市各级各部门坚持教育优先的发展战略，始终将教育作为重大民生工作抓实抓好；要毫不动摇地遵循质量第一的发展理念，强化党建引领的发展理念，强化优质均衡的发展理念，保持教育事业发展的活力和竞争力。坚持筑牢安全底线，加强校园周边环境治安整治，开展综治维稳和争创全国

“禁毒示范城市”、省级“安全文明校园”“无毒学校”工作，为学生提供良好的学习环境。2018 年全市无校园安全事故。黔东南苗族侗族自治州 2018 年校园消防工作现场会在凯里市举办。落实学校食堂规范化管理，开展食品安全三年行动计划，创建学校食堂“降 C 建 B 创 A”升级提升计划，2018 年 B 级以上食堂 2018 年达到学校食堂总数的 35%。突出教育的基础性、先导性和全局性地位，共同肩负起支持教育、发展教育、办好教育的神圣使命，努力办好人民满意的教育。

第三节 教育建设投入持续加大

凯里历届党委政府高度重视教育事业发展，始终坚持把教育摆在优先发展的战略地位，始终坚持以办人民满意的教育为宗旨，以建设教育强市为目标，以统筹城乡教育均衡发展为重点，大力改善办学条件，全面推行素质教育，努力提升办学水平。

一、教育专项投入不断增加

新中国成立初期，省立炉山初级中学和公办完小的教育经费由省教育厅直接拨款开支。乡（镇）小学经费由地方附加公粮解决。新中国成立后，县人民政府对教育经费的管理有完整的制度和机构。教育行政部门专设财务股（科），配备会计、出纳及审计员。中等学校设立总务处，配备会计与出纳员。小学也设专人管理教育经费。教师工资由县人民政府拨给（均以大米支付）。

1953 年，国民经济建设第一个五年计划开始，教育经费纳入国民经济建设计划，县财政部门将教育经费列入专项划拨，当年拨给教育经费 7.6 万元。1957 年，炉山县教育经费增到 18.18 万元。境内中学经费由州教育局管理，1958 年，中学经费由州下放给县文教局管理。各校根据下达的经费指标，按教育计划和各项经费开支标准结合具体情况安排使用，小学经费由县文教局管理。各中心完小均配备有滤水实验器、矿物标本、放大镜、山的崩裂模型、水的蒸馏实验器、霜的模型、地层模型、冰的模型、雹的模型、蒸气飞轮实验器、自制煤气实验器、水力的做工实验器、活动解剖蒸气模型、自来水实验器、固体热胀冷缩实验器、显微镜、海浪冲击模型、酒精灯、实用三脚架、水泥与混凝土标本；初小语文挂图、地理挂图、人体保健挂图；风琴、腰鼓、篮球、排球、羽毛球、乒乓球、单双杠、体操垫等文娱体育器械。

20世纪60年代初期，教育经费虽然紧张，1962年增至23.4万元。凯里文化教育局遵照州教育局部署，定期派员检查中小学经费收支情况，并帮助建立和健全财经制度，加强经费管理。

十一届三中全会以后，国家把教育列为战略重点，教育事业进一步得到重视，教育经费逐年增加，境内校舍建设出现了新的局面。凯里县教育行政部门及各学校均严格执行上级规定的经费管理制度，专款专用，账目清楚。1979年，教育经费投入首次突破百万元，达139.24万元。

1980年，执行国务院《关于“划分收支，分级包干”财政体制的通知》精神，中小学常年经费由县财政部门统一预算后下达教育局使用。1985年起，市财政实行“统一预算，分区包干”制，市教育局只负责管理完全中学、农业职业中学和教师进修学校的经费开支，其他中小学办学经费由学校所在地区、乡（镇）财政统收统支，全面管理。1986年，教育经费增至512.64万元。1990年，全市教育经费为800.10万元，是1953年的105.3倍，1956年的27.2倍，1978年的12.6倍。1984至1990年，国家共投资352.98万元新建和扩建境内中小学校舍，完成建筑面积2.77万平方米，其中教学用房1.47万平方米、生活用房1.30万平方米。同时，投资740.03万元维修和改造危房共计4.07万平方米，其中教学用房3.59万平方米、生活用房0.48万平方米。1987至1990年，遵照省政府“三年基本完成中小学现有危房维修、改造任务”的要求，教育基本建设“以改造危房为主，新建、扩建校舍为辅”，采取群众集资和国家投资相结合的办法，重点改造中小学校的危房，共核销危房2.13万平方米。1986和1987年，凯里市中、小学危房改造连获全州质量总评二等奖和一等奖。1990年，凯里市中、小学危房改造获州教委质量大检查评比三等奖。1990年，市属学校占地面积754.53亩，其中职业学校10.5亩、工读学校8.6亩、普通中学208.2亩、小学527.23亩；建筑面积10.57万平方米，其中职业学校0.17万平方米、工读学校0.15万平方米、普通中学3.31万平方米、小学5.96万平方米。全县中、小学教学设备逐年增加，教学条件不断改善。

20世纪90年代，凯里市教育进入电子信息化阶段，为远程教育、实验教学提供坚实基础。1990年，全市各中小学积极开展电化教学，建成放像点17个，共有录像机18台，彩色监视器20台，录制各种教学录像498课时，放像1763课时。各种幻灯投影教学583课时，录音教学1042课时。1991年10月，建立教育电视发射站，共录像297课时，放像37课时。在省教委组织各地州市交叉检查评比中，凯里市教委被评为省级电化教学先进集体。1992年春，市教育电视台正式以闭路电视形式开播。1993年，凯里市已完成乡（镇）以上中小学校教学仪器的配备工作。1994年，全市中小学有实验室60间，仪器存放室61间，仪器专柜550个，实验桌凳754套，专职实验教师43人，兼职实验教师17人。全市已配备仪器的学校59所，其中一类完小5所，二类完小36所。举办小学自然实验教师培训三期，共培训教师93人，有23所小学达到实验室规范化管理要求。从1984年到1994年，省州教委先后组织7次中小学实验室建设大检查，凯里市7次被评为“实验室建设和实验室教学先进市”。

2000年4月，贵州省人民政府“两基”评估验收团对凯里市基本普及九年义务教育和基本扫除青壮年文盲工作进行评估验收，认为凯里市“两基”各项指标已基本达到要求，认定为基本合格。经省审计组审计认定，教育经费达到基本要求，财政对教育的拨款做到了各级人民政府教育财政拨款的增长要高于同级财政经常性收入的增长、在校学生人均教育经费逐步增长、教师工资和学生人均公用经费逐步增长的“三个增长”。

二、鼓励社会参加投入

1953年，省人民政府拨专款1.65万元修建省立翁项民族小学时，当地农民踊跃献工献料，价值约0.5万元。1968年，平乐公社摆底大队民众集资4500元（县教育部门拨款500元）修建摆底民办小学，建成一楼一底的木结构教学楼房一幢。1985至1990年，群众捐资、集资办学款计101万元。有的乡村农民协会号召群众捐助，同时清理和整顿学田庙产，筹集办学经费。

1992年，香港邵逸夫先生捐资80万港币，市人民政府匹配64万元人民币，省、州各匹配8万元人民币修建舟溪中学主教学楼，1993年12月竣工，正式命名为“贵州省凯里市舟溪逸夫中学”。1995年，由农民企业家包正钰捐资40万元人民币，市政府、大风洞乡政府、广大人民群众集资，共筹措资金140万元人民币，兴建凯里大风洞中学，1996年竣工并开始招生，正式命名为大风洞正钰初级中学。2002年和2004年，炉山中学的校友冯川建先生先后捐资60万元，修建了炉山中学实验楼及学校大门。2004年，武伟先生捐资40万元，修建大昌隆教学楼。

“十二五”期间，凯里市筹资投入21.5亿元用于教育发展。通过融资、垫资等渠道，投入资金近1.3亿元用于解决义务教育“班班通”、图书、实验设备及音体美器材问题，使凯里市城乡教育装备达到了“一元化”配置，中小学微机装备率和音体美器材配备率均达到100%，初中理化生和小学科学实验室装备率、中小学图书室和规模以上学校多媒体教室建室率均达到100%。所有义务教育学校开通网络，实现了“班班通”。农村中小学内部装备实现了达标建设的历史跨越，农村孩子享受着与城区学校同样的教育资源。

三、构建教育均衡发展

进入21世纪，凯里市着力教育均衡发展，促进各民族共享教育公平。2003年，“全国农村中小学现代远程教育工程”启动。凯里通过政府投入、群众集资、学校自筹等渠道筹措资金，加大对各级各类学校物理、化学、生物、小学自然等实验室、实验准备室、仪器保管室“三室”建设。2002至2004年，全市投入实验室和仪器设备资金1867.89万元，新建实验综合楼11幢，建设面积13695平方米，改造和装修中小学实验室117间，面积6669平方米。2004年9月，建成计算机室18个，卫星接收站点140个，播放点30个，凯里市小学拥有计算机997台，建成校园网4个。到2005年，凯里市共建18个计算机室，137个收视点，32个播放点。凯里市中小学共有计算机2000余台（套），投影机100余台，投影仪200余台，视频展示台30台，彩电300余台，影碟机200余台，共计价值1500万余元。凯里市有实验室213间，按2000年颁布的中小学实验仪器配备标准，凯里市一类中、小学仪器品种配备率分别为98%、97.2%，仪器数量配备率分别为99%、96.4%，二类中、小学仪器品种配备率分别为96.6%、94.1%，仪器数量配备率分别为96.4%、97%；三类中、小学仪器品种配备率分别为86.9%、

87.53%，仪器数量配备率分别为85%、87.5%。学生分组实验开出率：一类小学达到97.3%，二类小学达到96.9%，三类小学达到95.2%。在基本普及九年义务教育和基本扫除青壮年文盲的（“两基”）复查和普及实验教学（“普实”）验收工作中，凯里市均被贵州省人民政府评估验收，认定合格。

2007年凯里市乡镇中心小学具备条件的学校均建立了微机室。农村学校师生利用远程教育工程提供的条件，获取丰富优质的教育资源和多种先进的教学手段，通过制作生动形象的课件，直接运用于教学，提高了学生学习的兴趣和学校教育教学质量。2010年7月30日，中共中央、国务院印发了《国家中长期教育改革发展规划纲要（2010—2020年）》（简称《纳要》）。《纲要》首次将学前教育从基础教育里分离出来，成为现代国民教育体系中独立组成部分。《纲要》颁布实施以后，凯里市坚持政府主导、社会参与、公办民办并举的办园体制，初步形成公办、民办幼儿互相促进、共同发展的多元化办学格局。

“十二五”以来，凯里市加大投入，投入资金1.1亿元，新建幼儿园16所、改扩建幼儿园21所。积极筹措资金500余万元，用于改善凯里一幼至八幼的办园条件，使总园的办园实力得到增强。筹措资金210万帮助民办幼儿园发展。每年划拨专项资金8万元，作为8个学前教育集团的工作经费。幼儿园和学前班管理与保教工作基本步入正轨，师资力量得到增强，教学小学化倾向得到克服。各类幼儿园和学前班以生动活泼的趣味性游戏、歌舞和促进幼儿身心健康、开发幼儿智力、培养动手习惯的科普性学习活动开展教学，有力地促进了学前幼儿身心的健康成长。2011至2015年，凯里市共招考了幼儿教师200名，为新建幼儿园配备了师资。2015年12月，凯里市义务教育基本均衡发展，顺利通过国家评估认定，是贵州省九个地州市唯一通过验收的首府所在地。

四、智慧教育开创新局

“十三五”期间，凯里市在推进教育事业发展上不断探索，其中“智慧教育”是全市教育事业的一个新起点、新征程，是脱贫攻坚的一项重要举措。

一是打造教育设施“硬实力”。“十三五”期间，凯里市投入21.5亿元，改扩建中小学、幼儿园101所。新增幼儿园学位7800个，小学学位10640个，初中学位6300个，高中学位2000个。其中投入53608万元实施易地扶贫搬迁安置点教育配套项目11个，实施建筑面积155266平方米，提供学位8800个，投资约4000万元为已建成安置点学校采购并完成设施设备安装，全面解决易地扶贫搬迁群众子女入学入园问题，有力推动全市脱贫攻坚工作。

二是提升智慧教育“软实力”。2017年底，凯里市基于原有教育信息化发展中的不足，启动了凯里市“智慧教育”项目建设筹备工作，投入资金2.5亿元实施教育信息化工程。2018年，投入3亿元启动凯里市“智慧教育”建设项目。投入1420万元，完成凯里十六中和凯棠二小设施设备采购。投入700万元，为全市22所公办幼儿园联网监控巡查与开放系统。投入378.502万元完成学校设施设备改善。全市各校内网及网络安全建设、班班通系统、网络阅卷系统、校级录播教室、智慧教室、校级应急指挥中心、3D/VR融合创新实验室、网络书法教学空间、幼儿园幼教互动学习空间等相继完成并投入使用，互联网络实现“千兆进校、百兆进班”。

三是构建集团办学“新模式”。凯里市在实施城乡教育捆绑评价、学前教育集团化办园、义务教育“一校多区”探索的基础上，积极探索城乡基础教育共同体试点工作，推动城乡基础教育集团化办学工作。教育集团化办园管理模式走在全省前列，义务教育基本均衡发展，通过国家评估认定，普及十五年教育通过省人民政府评估验收，5.26万农村学生（儿童）营养改善全覆盖。

第四节　师资数量质量双进双促

一、教师队伍建设

凯里市幼儿教师方面　1949年，境内有幼稚班4个，有兼任教师3人，专任教师2人。1952年，凯里小学和舟溪小学各有幼儿班教养员1人。1958年，各生产队、生产大队、公社纷纷举办托儿所，据1959年不完全统计，全县56所托儿所有保育员115人。这些保育员多数是未受过专业训练的家庭妇女，仅起到“管”的作用。1962年秋，有州委机关和凯里县委机关所属的两所托儿所，共有教师18人。1971年，县委机关托儿所有职工6人，州委机关托儿所有职工15

人。1990年，有幼儿园正副园长37人，教养员182人，保育员123人，共342人，其中受过学前教育专门训练的125人。另外，小学附设学前班有教员113人。1991年，各部门和社会力量办的幼儿园教职工195人，园长25人，教师170人。2018年，幼儿园教职工3527人（公办学校教师1138人，职工296人，民办学校1388人，职工705人）。

凯里市小学教师方面　1949年，全县小学有教职工152人，其中中心国民学校108人、保国民学校44人。1951年，全县有公办学校13所，教师72人，民办学校72所，有教师106人。这些教师中，一部分是解放前的公教人员，一部分是经过培训考试录用的城乡知识分子。1958年，全县有公办小学41所，教师320人；民办小学124所，教师279人。1961年，精简下放公办小学教职工132人，其中教师125人、工人7人。1962年，公办小学调整为36所，教师297人；民办小学14所，教师15人。1970年，公办小学增至59所，教师642人；民办小学101所，教师176人。1976年，有公办小学58所，教师595人；民办小学449所，教师1215人。这段时期，除师范学校分配的毕业生外，还录用一批复员退伍军人和上山下乡或回乡知识青年充实小学教师队伍。

1980年，全县公办小学60所，教师644人；民办小学257所，教师993人。同年，有11名民办教师转为公办教师。1981年，对801名民办教师实施考核，有144人获得合格使用证书，535人获试用证书，辞退122人。1983年，对民办教师进行教材教法考试、考核，获得双合格证书376人。1986年后，不再吸收民办教师。至1989年，先后有94名民办教师转为公办教师。1990年，境内共有小学教职工2401人，其中公办1228人、部门办427人、民办746人。在教职工中，有专任教师2096人，其中公办1002人、部门办374人、民办720人。在专任教师中，有1091人获技术职称（不含非市属学校），其中小学高级教师246人（女98人，少数民族126人）、一级教师510人（女161人，少数民族373人）、二级教师316人（女84人，少数民族240人）、三级教师19人（女9人，少数民族15人）。1991年，小学教职工2380人，其中教育部门办1244人，其他部门办431人，集体办705人。

从20世纪90年代中期开始，凯里市坚持面向全员、突出骨干和倾斜农村的原则，以“一德三新”培训为重点，强化小学教师继续教育工作，明确所有小学教师均接受不少于60学时的新课程岗前培训，为各乡镇小学培养学科带头人；认真开展新任教师培训，开展一期小学校长培训和两期教导主任培训共72人。凯里市教师训中心被贵州省教育厅表彰为语言文字工作先进集体并荣获贵州省2001至2005年“中小学教师继续教育先进单位”称号。

至2006年末，凯里市有小学教职工2394人，其中专任老师2299人，小学教师获得中学高级职称5人，小教高级教师924人，小教一级教师1055人，小教二级教师219人，小教三级教师12人。2008年，凯里市组织120名农村小学校长参加普通话培训；聘任小学高级教师71人、小学初级教师35人；开展师德师风整顿活动，并举办“凯里市教育系统师德师风演讲比赛”，组织师德巡回宣讲小组对小学学校中层以上干部和品德教师进行培训，组织教师参加全省“新时期师德修养”统一考试。

为加强师资队伍建设，2009年凯里市组织小学教师参加黔东南全州“过教材关”、新课程、教师师德等考试，组织义务教育阶段音乐、体育、美术和语文等学科骨干教师的二级培训330人；举办凯里市小学教师普通话培训，组织教师参加北京大学网络教育学院远程班主任培训，参加小学教师教育技术能力远程培训，组织小学语文和数学教师1000余人在凯里市行政中心中央会场观摩全国著名教育专家于水正、牛献礼等6位教师的课堂展示。

2011年，凯里市投入资金100万元，举办全市中小学德育管理、校长培训和语文、数学、英语、体育、美术学科骨干教师培训，组织校长、骨干教师到西南民族大学等高等学校培训、省外挂职306人。

2013年，凯里市推进城镇学校支援农村薄弱学校工作，选派323名教师进行交流培养。全年对教师开展校本、继续教育、“国培计划”等各类培训10035人次，平均每位教师参加2类培训内容以上，人均80学时。表彰先进集体22个，优秀教育工作者31名，优秀班主任112名，先进教师163名，先进教育乡（镇）街道3个，尊师重教先进个人1个。

“十三五”以来，凯里市着力培养一批、带动一批、提升一批小学教师队伍建设，发挥学科带头人“头雁作用”，带动教师牢固树立终身学习理念，加强学习，拓宽视野，更新知识，不断提高业务能力和教育教学质量，努力成为业务精湛、学生喜爱的高素质教师。一是配齐小学学校班子成员，配强教学科研队伍。

重视对学校班子成员考核配备工作，建立健全教学科研组织机构，形成主要领导亲自抓，分管领导具体抓，下设教导处（教务处）、科研师训处、教研组等科室机构，明确专人负责，确保教学科研工作运转流畅。二是大力实施人才引进，提高教学科研水平。近年来，凯里市面向全国985、211工程院校本科毕业生和普通高校硕士研究生招聘125名高层次人才和急需紧缺人才，并将这些优秀人才用在了教学科研岗位，补强科研队伍力量，提高教学科研水平。三是强化名教师、名班主任、名校长“三名”队伍建设，充分发挥引领作用。支持各个“名师工作室”坚持每月至少组织一次活动，如主持人开展讲座，向工作室成员传经送宝；聚焦课堂，广泛开展“磨课、听课、评课”活动；学员之间进行交流、分享个人亮点及学校教学、教研特色；组织外出观摩学习等。

通过几年来的培养培训，凯里市“三名”队伍逐步壮大，充分发挥其示范、引领、辐射作用，大面积提升教师队伍的整体水平，推动教育教学改革，不断提升教育教学质量。

凯里市中学中职教师方面 1942年，境内始建炉山县立初级中学，有教职工14人。1949年增至17人，其中专任教师12人。1950年3月，境内有省立初级中学1所，教职工28人。1957年，凯里民族师范学校由镇远迁至凯里，时有教师46人，1958年增至64人。1965年，凯里耕读师范学校有教职工12人，其中专任教师4人。1981年，凯里县民族师范学校有教职工35人，其中专任教师11人。1958年有普通中学6所，教职工71人。这一时期，大部分中学教师是从省内外高等师范院校和其他高等院校直接分配的毕业生，少部分是中等师范学校优秀毕业生。1961年，调整为3所，教职工66人。1966至1976年，教师队伍受到严重影响。

1978年后，普通中学稳步发展，教职工逐年增多。1983至1986年，对中学教师进行教材内容和教学能力考核，先后获教材教法双合格证、教师进修考试合格证的高中教师186人，初中教师459人。至1990年，有中学（职中）教职工1572人（公办974人、部门办598人）。在教职工中，有专任教师1158人（公办725人，部门办433人；初中教师853人，高中教师305人）；高等院校本科毕业以上321人、专科毕业或本科肄业535人。有427人获技术职称（不含非市属学校），其中中学高级教师63人（女9人，少数民族23人）、一级教师161

人（女41人，少数民族64人）、二级教师144人（女33人，少数民族73人）、三级教师59人（女11人，少数民族45人）。1991年，普通中学（职中）教职工1610人，其中教育部门办1017人，其他部门办593人。2018年中小学教职工7333人（公办学校教师5227人，职工1373人；民办学校543人，职工190人），特殊教育学校教职工75人（教师58人，职工17人），职业学校教职工1770人（教师1485人，职工285人）。

二、教师教育培训

一是加强师资能力培训。民国三十五年（1946）暑假，炉山县教育科举办教师讲习会，学习《小学运用教学法及其实例》，学习德可乐利教学法、设计教学法、赫尔巴特四段教学法、问题教学法、自学辅导法、社会化教学法等。1949年，贵州省立炉山师范学校办教师培训班两期，学员计92人。

1956年，全县语文教师和部分学校领导集中于炉山学习北京语音。此后，在全县学校推广普通话教学。1958年8月，全县小学一年级语文教师202人集中学习《汉语拼音方案》，随后在全县推广汉语拼音教学。

1970年，县革委政治部选送8名教师到州属凯里师范学校参加该校开办的初中教师培训班培训。1975年，县教育局先后两次组织全县中小学校长、部分教师并邀请厂矿子校部分领导共100余人赴湖南省湘潭、岳阳等城乡中小学校参观学习“开门办学”经验。回来后，境内中小学校普遍“开门办学”，开展学工活动。

1980年暑假，全县中、小学教师集中分科学习教学大纲和教材教法，进行“过教材关”考核，并开展示范性的公开教学活动。同年组织小学骨干教师和部分学校领导90多人赴贵阳实验小学参观学习。此后，每年分批次组织教师队伍及教育工作者到贵阳、北京等地参观学习。

20世纪90年代，按照《教师法》规定，出台《凯里市中小学教师进修培训工作的暂行规定》，要求全市各级政府及其教育部门和学校，努力创造条件，鼓励和支持教师“参加进修或其他方式的培训”。对参加进修培训的教师，按有关规定正常评聘教师职务，享受正常工资、奖金和各种福利待遇，并在课程和工作安排上给予优先和照顾。对努力自学、积极接受培训进修，取得突出成绩的教师给予表彰和奖励，反之将予以批评或处分。到1998年尚未达到任职应当具备的相应学历者，属小学的，视为不合格教师，取消其教师资格予以解聘；属中学的，变为小学教师使用。

凯里市教育委员会以教师进修学校为培训基地（师资综合培训中心），采取办中函班培训小学教师，运用“三沟通”的办法培训初中教师，采用“短平快”的办法，培训某些紧缺科目的教师。对于高中、职高和中专的教师，市教委采取措施创造条件，给予进修。市教育局相继发文，制定了小学教师继续教育实施意见及规划。小学继续教育的内容和要求是：职业道德教育、口语表达；三笔字（粉笔、钢笔、毛笔）；教学简笔画；制作教具；“三新”培训（新课程、新教材、新课程标准）。每一阶段教育培训后要进行考核、考试和验收。2004 年，全市组织 1978 名小学教师参加技术培训，经考核合格 1950 人，合格率为 98.58%；145 人参加因特网培训，均取得合格证。是年，全市小学专任教师 2383 人，学历合格为 2321 人，学历合格率为 97.04%；全市初中专任教师 1365 人，学历合格为 1330 人，学历合格率为 97.40%；普通高中专任教师的合格率从 2003 年的 85% 提高到 2004 年的 87%。小学教师专科以上学历 934 人；普通初中具有普通本科以上学历教师 488 人。

二是深化课程改革。凯里市坚持面向全员，突出骨干和倾斜农村为原则，以“一德三新”（师德教育和教育新理念、新课程、新技术）培训为重点，继续开展中小学继续教育工作。从 2006 年起，所有中小学教师接受不少于 60 学时的新课程岗前培训，为乡镇中小学培养 20 名学科带头人，组织 145 名中学教师参加计算机培训，省级培训 42 名。2007 年，培训新任的初中学校校长 39 名和小学校长 45 名。根据省教育厅《关于选拔和培训中小学骨干教师的意见》的要求和部署，至 2007 年，凯里市选拔和培训普通中学国家级骨干教师 2 人，省级骨干教师 26 人，州级骨干教师 63 人；小学有国家级骨干教师 1 人，省级骨教师 10 人，州级骨干教师 49 人。

三是加强教学研究。自 1990 年开始，教研室根据全市教学现状，制定了《教学工作常规》并印发给全市所有学校，具体规范了学校教师从“教学工作计划”到“备课”“课堂教学”“作业”“辅导”“质量检查”“教学总结”的职业要求。1991 年后，市教委每年暑期派教研员分赴北京、上海、成都、杭州、湖南、内蒙古等地考察学习和培训，借鉴外省市教学改革的经验广泛开展教改实验，先后开展“现代小学数学”教材实验、小学数学“三算”实验、九省市“注音识字，提前读写”小学语文教材实验、作文分级训练实验；配合省教委开展联合国教科文组织实施的“JIP行动计划”实验等。1992年，随着《中华人民共和国教育法》《中华人民共和国义务教育法》《中华人民共和国教师法》的颁布和贯彻执行，凯里市全面实施新教学计划、新教学大纲和使用人民教育出版社编写出版的全套九年义务教育新教材（简称“三新”）。市教研室围绕“三新”内容开展工作，先后选派教研员参加思想品德、社会、语文、数学、自然、音乐、美术的省级培训。同时，还针对少数民族地区的特点，开展“低年级汉语拼音教学”“低年级写字教学”“少数民族地区低年级说话教学”“小学阅读教学”“低年级学生数、形的认识”等专题研究，并根据教师平时的工作态度、教学成绩、学生辅导等作为教师评优、晋级的主要依据，建立完善教师业务档案。通过修订和出台《凯里市教研员工作考评细则》《凯里市教研室主任工作职责》《教研员主要工作职责》《教研室工作制度》等措施，狠抓基础学科教研，深入学校开展听课、说课、评课，发现和选拔优秀人才。

三、教师待遇提高

一是改变教师人生境遇。1949年后，教师成为国家的主人，被誉为“光荣的人民教师”和“人类灵魂的工程师”。新中国成立初期，中、小学教师经过接受爱国主义和国际主义教育，明确了自己的人生价值和历史使命，绝大多数忠诚于人民的教育事业，不讲条件，以身作则，认真执教，表现了良好的职业道德，受到政府和社会的普遍尊重。学生每逢节假日，往往互相邀约上门看望教师，感谢教师的培育之恩。1950至1951年，小学教员月大米84公斤；中学、师范教员月大米102公斤。1952年8月调整后，教师月工资大米150至275公斤。1954年底，调整教职工工资，改支大米为“折实工资分”计算。当时炉山县划为二类工资地区，每个工资分折合人民币0.22元，调整前，教师人均154.29分，调整后人均170.29分，较调整前增长10.37%，其中中学教师增长9.1%、小学教师增长13.7%。1955年7月，实行货币工资制，并进行工资调整，中学教师调资前人均工资为37.23元，调资后人均工资为38.93元；小学教师调资前人均工资为22.40元，调资后人均工资为24.42元。1956年，执行教育部《中、小学教员与行政人员的工资标准》，减少工资等级，增大工资级差，提高最低与最高的工资标准。经过这次工资改革，中、小学教师工资比 1954 年提高 20%。1959 年和 1963 年，分别对部分教职工工资进行调整。1971 年和 1977 年对部分工龄较长、工资偏低的中小学教师上调一级工资，升级面为教职工人数的 40%。1981 年 8 月，每个教职工增加一级工资，部分优秀骨干教师增加两级工资。1985 年 1 月，执行上级有关规定，进行工资改革，实行基础工资、职务工资、工龄津贴的结构工资制，教师月工资额比 1978 年翻一番。从 1988 年 10 月起，境内各级各类学校教师的职务工资，基础工资两项之和提高 10%，职工工资普遍上浮一级。1989 年 10 月后，将教师专业技术职务的起点工资标准和最高工资标准分别提高两个档次，同时对大中专毕业分配到境内学校任教的教师，见习期满后，不再实行定级工资，改为按本人表现和所审定的专业技术职务领取相应的标准工资。境内公办学校教职工的福利，如疾病治疗，病、产假期间待遇，离退休及退职，探亲假待遇，因公殉职和自然或意外死亡的丧葬抚恤等项，均与政府部门和其他事业单位干部职工相同。

二是重视民办教师保障。新中国成立初期，由村农民协会组织村民以变工代耕、轮流给养或付低微薪资的办法解决，以确保其收入不低于同等劳动力的收入水平为原则。另外，政府给每人每年 48 元的生活补助费。1957 年，对民办教师实行定额补助，年人均补助费在 120 元左右。1959 年，民办教师的经济待遇有评发工资、半工资半供给（即除包伙食外，每月发给一定补助费）、按稍高于当地强劳动力评记工分三种形式。以评发工资形式为多，每月评定一次，最高每人每月 33 元，最低 5 元，平均每人每月约 15 元。1963 年，实行工分制，由学校所在地生产队给民办教师评记略高或相当于该队同等劳动力的工分。同年，国家给民办教师以津贴补助，每月发给小学民办教师补助费 5 元，中学民办教师 14 元。1972 年，国家补助部分小学教师每人每月 7 元。1978 年后，小学民办教师每人每月 10 元，中学民办教师每人每月 13 元。1979 年，小学增至每人每月 12.50 元，中学增至每人每月 15.50 元。1986 年，贯彻执行省政府关于改善民办教师待遇的有关规定。在教师节前后，给教龄有 15 年以上或经过“过教材关”考试合格的民办教师每人补助 100 元，其余民办教师每人补贴 50 元。1987 年 10 月，给民办教师增加 10% 的工资。1990 年，市内民办教师工资，高的每人每月 80 元，少的不低于 60 元。

三是提升教师政治待遇。优秀教师代表开始走进参政议政的大门，1950年教育界有4名代表参加炉山县各界人民代表会议。1951年和1952年中，教育界分别有8名和7名代表参加炉山县各族各界人民代表会议。在1954年炉山县第一届人民代表大会代表142人中，教育系统的代表有8人，占代表总数的5.6%。党组织开始在公办中小学教师中发展党员。1956年，中、小学教师队伍共有党员11人，1964年有42人。1955至1966年，县人民代表大会都分配教育系统有适当的代表名额，参加县和乡镇历次人民代表大会。在县人民委员会中，每届均有1名教师代表当选为委员，参与政府的决策。

1978年后，贯彻党中央指示，明确知识分子是工人阶级的一部分，平反"文化大革命"期间的冤、假、错案，境内各级各类学校教师的社会地位日益提高，政府及教育行政部门为教师的工作调动、家属子女就业、农转非户口办理及中老年教师的体格检查等做了大量工作，从领导到群众，从城镇到乡村，尊师重教蔚然成风。1982年元旦，中共凯里县委、县人民政府召开30年以上教龄的教师座谈会，并颁发"荣誉证书"和赠送纪念品。从1984年开始，贵州省人民政府每年都给教龄在30年以上的老教师颁发"三十年教龄荣誉证书"。凯里市教育工会经常组织教师开展各种文体活动，组织部分先进教师和老教师到祖国各地观光旅游和疗养。

"十三五"以来，民族教育逐步迎来投入最多、政策优惠最大、民族地区办学条件改善最明显的时期，教育事业呈现欣欣向荣、健康发展的新局面。在巩固提升脱贫攻坚成果，大力实施乡村振兴战略关键时期，教育作为"三保障"之一，广大教育工作者仍然勇挑重担，深入推进"校农结合"，全面落实好控辍保学，共同肩负起支持教育、发展教育、办好人民满意教育的神圣使命，奋力书写凯里教育现代化的新篇章。

第五节　教育改革成效硕果累累

一、机构建设改革

1949年11月，炉山县人民政府设教育科，有科长1人、工作人员2人。1951年2月，教育科改为文教科。1956年5月，文教科分设文化科和教育科。同年12月两科合并为文教局。1967年3月，文教局被县革委政治工作领导小组文教办公室取代。1970年4月恢复文教科。1973年8月改称“文教局”。1981年6月改称“教育局”。1986年8月，教育局改为教育委员会，设主任1人、第一副主任1人、常务副主任1人、副主任2人。下设办公室、政工科、财务科、基建科、农教科、普教科、招生办、教研室等。1990年，增设保卫科、职教科、教育督导室、教育工会等机构。除正副主任3人外，工作人员共有51人。1950年，境内三个区人民政府分别设文教助理员（后改称“文教干事”）1人，乡（镇）设文化干事1人，协助各自区、乡（镇）的教育行政工作。1962年设区教育视导员，1984年在4个区所在地和凯里城区设教育办公室，办公室由3至5人组成。1986年，撤凯里城区教育办公室，分别在西门、湾溪、洗马河、大十字4个街道办事处成立教育委员会，1987年12月撤销。同时设凯里城区小学教育办公室。1951年，按13个乡（镇）设13个辅导学区。其中，凯里学区曾分为凯里小学、西门小学、金井小学三个辅导区。辅导员由各中心完小校长兼任。

1977年，恢复县教研室，并设置中学教研组。1978年撤销公社视导员，统设辅导学区。全县共有辅导学区26个，其负责人由各公社中心完小校长兼任。各中学拨乱反正，重新肯定教学、课堂、教师“三为主”的地位和作用，明确教学活动中“学生是主体、教师是主导、训练是主线”的原则。强调在加强基础管理和基层管理“双基”的基础上，培养和发展学生的能力和智力。贯彻执行《中小学工作条例（试行草案）》，各校重新建立健全教学制度，教学科研活动普遍开展起来。1985至1990年，凯里市区建立校际教研组，开展集体备课、问题讨论、“优质课”评比、经验交流、教学观摩、编写辅导材料等活动。初中校际教研组还成立“法律知识咨询小组”，帮助教师解答法学中的法律问题。

20世纪90年代，按照《中国教育改革和发展纲要》的要求，教育体制改革采取综合配套、分步推进的方针，加快步伐，改革包得过多、统得过死的体制，改变凯里市教育仍然不能适应加快改革开放和现代化建设的需要，教育的战略地位并没有完全落实，教育投入不足，办学条件较差，农村师资力量比较缺乏，教师的素质有待提高，教育质量在总体上还比较差，学校思想政治工作还需要进一步加强，“百年大计、教育为本”的思想观念还需要进一步增强等问题，使教育更好地为社会主义现代化建设服务。

经过系列教育管理体制改革，逐步向综合配套改革推进，凯里市基本普及九年义务教育；积极发展学前教育，力争城区幼儿接受教育达到95%以上，农村幼儿接受教育达到80%左右；稳定高中阶段教育，提高高中阶段教育质量；积极发展高中阶段职业技术教育，力争高中教育与职业高中教育比例相等；大力发展成人教育，要本着学用结合、按需施教和注重实效的原则，把大力发展岗位培训和继续教育作为重点，重视从业人员的知识更新，全市青壮年中的文盲率降到5%以下，初步建立起社会主义市场经济体制和政治体制改革相适应的教育新体制。

进入“十二五”时期，凯里市教育管理体制更加完善。2015年，根据《中共黔东南州委办公室黔东南州人民政府办公室关于印发〈凯里市人民政府职能转变和机构改革方案〉的通知》（黔东南党办通〔2014〕35号）、《中共凯里市委凯里市人民政府关于凯里市人民政府职能转变和机构改革的实施意见》（凯党发〔2014〕26号）及《凯里市人民政府关于机构设置的通知》（凯府发〔2015〕1号）精神，设立凯里市教育和科技局，为市人民政府工作部门。经过机构改革后，市教育和科技局内设办公室、基础教育科、职业与成人教育科、基建科、人事教育科、学前教育管理科、科技管理科、行政审批服务科、老干科等9个科室，辖财政全额拨款事业单位13个，其中正乡科级3个：中共凯里市委教育工作委员会、凯里市科学技术服务中心、凯里市青少年学生校外活动中心（凯里市民族青少年宫）；副乡科级4个：凯里市教育招生考试管理中心、凯里市学生资助中心（凯里市教育和科技局会计核算支付中心）、凯里市防震减灾局、凯里市师资综合培训中心；股级6个：凯里市远程教育技术服务站、凯里市学生安全教育监督管理中心、凯里市教育和科技人事档案管理中心、凯里市科学技术情报所、凯里市地震监测站、凯里市学生营养改善计划管理中心。

二、教学体制改革

（一）基础教学研究与改革

1950年，炉山县废除体罚学生，主张民主教学。1951年，建立13个中心辅导区，各辅导中心完小的校长或教导主任定期组织辖区内学校教师进行观摩教学，互相听课，讨论备课和教学方法。1953年4月，县召开教育行政会议，学习凯洛夫《教育学》，研究和运用苏联课堂教学制度和经验，废除“填鸭式”“注入式”教学方法。1956年，县教育行政部门决定，自当年秋季起，县属各小学使用普通话进行教学。1958年，县成立教育改革领导小组，创办《教育通讯》杂志，组织领导小学进行教学改革。在教材处理方面，语文教学提倡“文道结合”；数学教学注重数、形结合，概念与计算结合。在教法方面，采取知识集中归类，加强直观，加强辅导，精讲多练，讲授知识由浅入深，分步走等方法。1962年，贯彻州教育局《关于当前加强我州学校基础知识教学基本技能训练的意见》，各校把“双基”教学落实到各个环节，推广“精讲多练，抓住关键，突出重点，攻破难点”教学经验，狠抓教学质量。1964年，遵照毛泽东在春节座谈会上的讲话精神，州、县教育局组成工作组到凯里各小学进行调查研究。针对课程设置太多，讲授不甚得法，考试搞突然袭击等情况，提出8个方面改进意见。县教育局及时将蹲点总结报告向全县各小学传达，要求切实改进教学方法。

中共十一届三中全会后，教学秩序、教研教改工作逐步走向正轨。县教育局组织部分小学教师到贵阳甲秀小学听该校教师赵蓉霞讲课，参观学习先进学校的教研教改经验。回来后，就改进教学方法，提高语文、数学教学质量进行专题研究。在努力提高教学质量的同时，部分学校出现了片面追求升学率的现象。为此，县教育局提出要广泛宣传党的教育方针，德、智、体三者一齐抓，面向全体学生，“好、中、差”一齐抓，全面提高教学质量。不少学校开展“一帮一”学习小组，让优秀生帮助差生。许多教师充分施展自己的才智，除自己制作教具、模型、图片、表格外，还将所授内容编成顺口溜，教学语言简洁、准确、有趣，板书清楚规范，课堂教学充满趣味性、形象性和启发性。20世纪80年代起，部分小学把电化教学手段引进课堂。1981年，境内苗族聚居的部分农村小学开展“双语”（苗语、汉语）教学实验。1985年后，诸多城镇小学引进“注音识字、提前读写”“三算（笔算、珠算、口算）结合”“现代小学数学”“尝试教学法”“学导式教学法”“作文分级训练”等项目，并逐步向乡村小学推开。鼓励教师到农村边远地区工作，凡是到村工作的教师向上浮动一级工资，五年后转为固定工资，再向上浮动一级工资。

“十三五”以来，凯里市大力实施集团化办学，促进城乡教育均衡优质发展。一是构建学前教育市、镇、村三级管理网络。采取“1+N”抱团式组建集团园。全市分别以城区9个优质公办幼儿园为集团总园，将城区民办幼儿园纳入集团园管理，在各镇中心设立二级园，村上设三级园，统一由集团总园指导，集团园园长为集团总园园长，其他幼儿园园长为集团副园长。集团内幼儿园之间实施“管理互通、人才流动、师资共享、研训联动、质量共进、文化共建、项目合作、捆绑考核”八大行动。建立学前教育教研指导责任区，依托各集团园分别进行组建，实行幼儿园挂牌督导制度，对幼儿园实行动态管理。二是探索义务教育紧密型“捆绑式”教育集团。在“一校两区”办学模式的基础上，探索紧密型“捆绑式”教育集团，由一所学校牵头，按地理位置、生源范围，选择2—3所学校组建成一个办学实体，以牵头学校为集团总校，其他学校为校区，保留原有校名和组织机构，增挂集团学校校区校牌。集团总校校长兼任分校法人代表，对集团内各个校区统一负责，分校设执行校长，由总校校长在集团内推荐任命，具体负责分校日常工作。集团内实行“一个集团多个校区、一个法人代表、统一学校管理、统一财务结算、统一师资调配、统一教育教学、统一质量要求、统一评估考核、统一奖惩考核”的高度统一的管理模式，人、财、物等的管理和支配在集团内实现高度的统一，努力实现校长办学自主权的最大化。三是组建高中教育学科教研联合体。以学科为单位，组建教研联合体，搭建校际间学科研讨、交流基地，深化校际间教研资源共建共享机制，促进全市高中学校的教学质量、育人效果、教师专业发展等方面整体提升，实现共享前沿信息、共享教育资源、共享研究成果。自凯里市城乡基础教育共同体试点工作开展以来，学前教育“小学化”倾向得到有效矫治。通过实施集团化办园和开展学前教育教研指导，民办幼儿园的办园行为得到进一步规范，“小学化”倾向得到有效矫治，各镇中心幼儿园、村级幼儿园办园水平不断提高，逐步缩小了城乡学前教育办园水平的差距。凯里市学前集团化办学模式取得经验和成效，并在全省推广。

（二）中学中职教研改革

1952年，炉山民族中学按照课程相同和相近学科建立教研组，开展教学研究和教学改革。教师备课、讲课，普遍运用直观性、自觉性与积极性、巩固性、系统性与连贯性、通俗性与可接受性五个原则。课堂结构采用组织教学、复习旧课、讲授新课、巩固新课、布置作业五个环节。课型多为综合课。开展全组性、全校性的“公开教学”和“示范教学”活动，鼓励教师间互相听课，取长补短。1956年，为帮助苗族学生解决听不懂汉话的困难，教师运用苗语辅助教学。1960年，根据中央“适当缩短年限，适当提高程度，适当控制学时，适当增加劳动”的“教育必须改革”精神，县成立“教改委员会”，领导全县教学改革工作，强调知识集中，精讲多练，试行单元教学，采取谈话法、对比法、带动法、综合归纳法和分步训练法等多种形式进行讲授和练习；增加学生自习时间，加强课外阅读指导，控制考试次数。贯彻“抓住关键，突出重点，攻破难关，精讲多练”的原则，教学质量逐年提高。

1977年恢复中、高考制度后，国家教委下达《关于减轻义务教育阶段学生过重课业负担，全面提高教育质量的指示》，又下发《关于当前积极推进中小学实施素质教育的若干意见》的通知，强调全面提高教育质量，积极推进中小学质量教育。2001年，贵州省开始启动省级示范性普通高中创建工作，凯里市委、市人民政府加大高中基本建设经费投入，扩大高中办学规模，改善办学条件，完善教学设备，规范管理模式。2002年，凯里一中成为全州首批省级二类示范性高级中学。通过创建省级示范性普通高中，极大地扩大了普通高中优质教育资源，整体带动了全州普通高中办学规模、管理水平和教育教学质量的提升。同时，积极调整中等职业技术教育布局，进一步完善职校设施设备。凯里一职校被列为国家级重点学校，中等职业技术教育的迅速发展，为黔东南和国家培养了大量的技工人才。

进入21世纪，凯里市积极推进教研教改工作，一是组织教研员开展内部练兵，认真研究新课程标准，并深入基层帮助和指导学校开展教研教改工作；二是开展凯里市中小学教师优质课竞赛，并推荐优秀教师参加州、省及国家级比赛；三是注重教育教学质量提升。2006年，凯里市有6592人参加中考，总平均分314.8分，比黔东南苗族侗族自治州总平均分高出39.4分；及格率比黔东南苗族侗族自治州平均高出13.4个百分点；红分率比黔东南苗族侗族自治州平均高出11个百分点。凯里市有4198人参加高考，本科上线率43.78%，专科上线率（包含本科率）56.79%。

凯里市多措并举深化中学中职教育改革，2006年完成教学改革听课836节，课后交流和研讨220次。凯里一中教师在10月的全国第四届中学思想政治优质课比赛中荣获一等奖；教师撰写教研论文256篇，其中有198篇分别在国家、省、州级评比中获奖；《现代教育技术与少数民族地区基础教育学科整合研究》被中国教育技术协会纳入总课题最终成果，并被评为优秀子课题；《实验现代教育技术与少数民族地区基础教育学科整合研究报告》被贵州省教育厅评为优秀成果二等奖；凯里五中与州教科所、凯里学院共同研究的《民族地区初中数学新课程进展调研报告》被贵州省教育厅评为优秀成果一等奖。2008年，选派22名教师“送教下乡”，促进了城乡教师之间的交流与学习；开展跨校竞聘工作，25名长期在边远山区任教的教师进入城区工作。2009年，严格按照教育部颁发的课程标准，坚持“以德为基、以人为本、课堂渗透、实践育人”的指导思想，深化中学中职教育改革，加强对中学中职学生的理想信念、思想品德、行为养成教育，在部分中学开展蜡染、刺绣、芦笙、民歌、民间舞蹈、苗拳等优秀民族民间文化进课堂的试点培育，龙场中学、舟溪逸夫中学、鸭塘中学被列为贵州省、黔东南州“民族民间文化进课堂项目学校”。当年组织939名学生参加“2008年全国初中数学奥赛”，获国家级一等奖4人、二等奖10人、三等奖5人，省级一等奖9人；凯里市初、高中生参加全国物理、化学竞赛，获国家级二等奖4人、三等奖4人。

“十二五”期间，凯里市中学中职教育改革取得显著成效。2011年，凯里市拥有黔东南苗族侗族自治州环境育人先进学校15所，黔东南苗族侗族自治州常规管理先进学校4所，黔东南苗族侗族自治州办学水平先进学校12所，贵州省绿色学校8所，贵州省实验教学先进学校4所，贵州省校园文化建设先进学校2所。2012年，凯里市中考和初中文化水平测试成绩居黔东南苗族侗族自治州前列，高考理工、文史二本以上上线1899人，上线率39.22%，较上年上线人数增加146人，上线率增加0.93个百分点。加强教育改革课题申报及教学竞赛，2012年，凯里市申报立项的贵州省课题48个（其中重点课题11个），黔东南苗族侗族自治州课题19个（其中重点课题9个）；获黔东南苗族侗族自治州优质课竞赛一等奖19人、贵州省优质课竞赛一等奖2人。

2013年起，凯里市深入推进“高效课堂”教学模式。一是积极推进“减负提质”，出台《关于推进高效课堂教学模式的决定》，借鉴山东杜郎口中学“336”、昌乐二中“271”等学校教学模式，在凯里市进行试点推行。二是深化教育教学考评工作，出台《凯里市中小学校教育教学综合考评暂行办法》，将“校长教学管理与教学实践能力”“教科研发展水平”“教育教学常规管理水平”“学生特长发展水平”“学生学业发展水平”等作为学校考评的内容；出台《关于加强音、体、美教学的实施意见》，将音乐、体育、美术课程纳入年终考核内容；出台《关于加强中小学实验教学的实施意见》，开展对各中小学实验教学的评估，对没有达标的11所学校进行“黄牌”警告。三是加强教育督导，出台《凯里市责任督学挂牌督导实施方案》《凯里市责任督学定点挂牌督导单位工作安排的通知》，对责任督学进行挂牌督导，开展专项督查和综合督查8次，督查学校466校次。到2014年秋季，高效课堂教学模式在凯里市全面铺开，各校基本形成“合作、探究、展示”课堂教学结构，落实“把课堂还给学生”“学生为主体，教师为主导”的课程改革要求。

“十三五”以来，凯里市聚焦普通高中优质特色、职业教育融合发展，一是优化高中布局，不断提质扩面，立足现有省级示范性一类普通高中1所，省级示范性二类普通高中1所，全省普通高中“特色学校”建设支持计划项目学校2所等示范点推进凯里市第三中学、凯里市第八中学开展贵州省特色示范性普通高中评估；加强振华民族中学、凯里市第三中学、凯里市第八中学、凯里实验高级中学等学校扩容提质，纳入贵州省特色示范普通高中评估名录；支持凯里一中办成“省内领先，国内知名”的普通高中强校，促进普通高中示范、优质、特色多样化发展。二是不断深化产教融合、校企合作、校校合作，以凯里市第一职校为试点，积极寻求与大湾区优质企业、中职院校深度合作，建立健全“订单式人才”培养机制及“中职教育为地区服务”发展模式。按照“上升下延、左联右通”思路，打通中职学生升学通道，开办升本班、升专班，鼓励和引导学生到高职院校深造。至2020年底，凯里市第一职校开设专业15个，每个专业均配备完善的实训基地，办学规模达6400余人；学生就业率98%以上，学生升学、就业合计比例达到99%。三是充分发挥职业教育专业优势，促进稳定就业、优质创业，配合凯里市委、市政府的“三联三共”（党建联站共建、校企联站共促、村社联站共享）工作模式，派遣优秀师生到凯里市14个乡村振兴人才宜站及周边村寨，全面开展农村劳动力转移培训、农村实用技术培训等，培训新型职业农民5882人次，提高青壮年受教育年限，实现技能学历“双提升”。

三、增强教育保障

在脱贫攻坚战中，按照“两不愁三保障”要求，凯里市教育部门积极采取有力措施，确保各民族共享教育发展权利。

一是横向到边，控辍保学不落一人。继续落实政府线和教育线“双线”责任制，压实校长、家长等“七长”责任，采取“十个一”措施，严控辍学学生的发生。截至2020年年底，凯里市义务教育阶段失学辍学学生已按规定劝返复学，实现建档立卡家庭失学辍学学生“清零”，所有易地扶贫搬迁随迁子女全部安排入学，全市没有因贫失学、辍学学生。

二是纵向到底，学生资助应助尽助。凯里市认真贯彻落实各级各类教育精准扶贫政策，完善全市3至25周岁学生资助信息台账，全面排查、核实建档立卡学生、农村低保家庭学生、农村特困救助供养学生、家庭经济困难残疾学生等四类贫困学生信息，按照“应助尽助”原则，足额下达学生资助资金。2016年以来，落实“赛石扶贫奖学金”“泛海助学行动”“雨露计划·圆梦行动”“习酒·我的大学”“国酒茅台·国之栋梁”“春风行动”“金秋助学”等各项学生资助资金共计3.06亿元，资助学生36.04万人次。

三是教育帮扶，真帮实干彰显担当。凯里市充分利用在全州教育方面的综合优势，对台江县、丹寨县、从江县等全方位、多层次、可持续地开展帮扶。建立学校联盟结对帮扶制度，对帮扶各校从校长办学理念、学科队伍建设、班级管理建设、学校文化建设、安全保障建设等方面给予指导与扶持。每年分学段组织开展2次以上学科教学研究、送培送教、学科联考、质量分析等工作，真正实现区域性学校共同发展。2015年9月，黔东南苗族侗族自治州振华民族中学“两山”致远班开始招生，共招生1109人。学生全部来自黔东南州“两山”（雷公山、月亮山）地区，范围覆盖榕江、从江、黎平、雷山、台江、剑河、丹寨、锦屏、黄平9个县。学生中绝大多数为苗族、侗族、壮族、瑶族等，少数民族学生占97%，全部来自农民家庭，全部为建档立卡贫困户精准扶贫对象。2020年中考，振华“两山班”学生成绩优异，数学、物理、化学均分居凯里市属学校第一名，语文、英语均分居市属学校第二名，全校均分低分率为零。

四、加大社会教育

在抓好义务教育、职业教育同时，凯里市高度重视农村成人教育工作，大力扫除青壮年文盲、半文盲。各地采取办夜校、冬学培训班、农民业余学校、农民文化技术学校（或教学点）、包教保学和组织巡回辅导以及举办苗语文、侗语文教育等形式，大力开展“扫盲”教育和农村实用技术培训，提高农村的科学文化素质。

农民教育方面　因普教阶段中流失的学生增大文盲队伍，扫盲工作任务仍很大。据统计，1993年凯里市15至45周岁人口约145000人，其中社会非文盲（含大专、中专、高中、初中、小学及小学在校生、脱盲人员）138014人，文盲2517人，半文盲3078人，病残1395人，非文盲率95.18%，1991至1993年脱盲巩固率为87.6%。1993年，有乡镇农民文化技术学校11所，村级农技校28所。农民教育尚未达到高标准扫除青壮年文盲的要求，为完成高标准扫除青壮年文盲任务，实行政府统筹，各部门密切配合，走农科教相结合的道路，建立健全市、乡（镇、街道）扫除文盲领导机构，充实人员力量，保证必需的经费，制定扫除文盲的计划、规章制度、责任制度，依法扫盲、强化扫盲，政府部门、教育部门两条线层层签订高标扫盲责任状，将扫盲工作与干部年度考核实绩挂钩。把扫盲工作落实到各部门各单位及个人。1999年，全市15乡镇五个街道办有扫盲班275个，学员4440人，其中妇女3302人，少数民族人数4249人。通过扫盲考试，全市脱盲2066人，脱盲人数中妇女1411人，少数民族1958人。全市乡镇（街道）基本无文盲单位15个，基本无盲村271个，脱盲巩固合格人数1918人，合格率98.9%，巩固率97.9%。凯里市被黔东南苗族侗族自治州评为扫盲工作先进县（市）。至2007年，全市参加各种农科技培训及就业前培训360次

12.27万人次，涌现出一大批种植、养殖能手和科技示范户、专业户及外出打工经济收入超过小康（温饱）线户。

凯里市加大培训力度，培养新型农民。依托凯里市第一中等职业学校资源，创办“云谷田园分校”，对农民进行温室大棚种植、园林花卉、水产养殖等全方位培训；创办“苗侗百草分校”，对农民进行中药材种植技术的培训；创办“苗妹银饰分校”，对农民在苗族银饰的制作和加工、苗族刺绣等方面的技能进行培训等，根据农户需求对农民进行专项培训，促进农民创业增收。2016年培训农民2080人次，创办合作社12个，带动就业1.8万人，脱贫7000人。“十三五”期间，累计培训农民25000人次。

特殊教育方面　1995年黔东南州特殊教育学校在凯里建成并开始招收具有学习能力的残疾儿童进入该校接受正规教育，是年9月开设一个聋哑教育班。2000年，各乡镇、街道动员组织本辖区适龄残疾儿童就近进入当地学校随班就读，是年视力残疾儿童入学率77.3%，智力缺陷少儿入学率70.3%。2002至2003年学年度，凯里辖区7至15周岁残疾儿童少年183人，其中丧失学习能力46人，已入学91人。2005年，出台《关于凯里市残疾人义务教育优惠政策实施方案》，规定残疾儿童青少年学生享有入学（园）接受教育的权利，任何单位和个人不得歧视残疾人，不得拒收残疾人入学（园）读书，残疾人在接受教育期间，家庭经济困难，经乡（镇）街道、村（居）委证明属实，可免收学杂费，个别特别困难的免收书费、学杂费。

为了教育和挽救有违法和轻微犯罪行为的青少年，1987年凯里市抽调教育和公安部门人员开始筹办、创建凯里市工读学校。1989年11月正式招生，隶属市教委和市公安局。当年学校按学生、家长、单位三自愿的原则招一个班，共17人，实行开放式管理和教育。教学按普通中学初中一年级设置课程，一周上24节课，学制暂定为2年。坚持立足教育、挽救孩子、科学育人、造就人才的办学指导思想，将有违法和轻微犯罪行为的学生教育成为有理想、有道德、有文化、有纪律的一代新人。

“十三五”期间，为了保障残疾人受教育的权利，发展残疾人教育事业，根据《中华人民共和国残疾人保障法》和国家有关教育的法律，凯里市出台了《凯里市特殊教育学校残障学生入学制度》：实施特殊教育，全面贯彻党和国家的教育方针，并根据残疾人的身心特点和需要，全面提高其素质，为残疾人平等地参与社会生活创造条件。特殊教育是国家教育事业的组成部分。残障学生接受义务教育的入学年龄和年限，与本地儿童、少年接受义务教育的入学年龄和年限相同，必要时，其入学年龄和在校年龄可以适当提高或延长。到校学生按贵州学生的学籍管理方式进行规范管理，按规范程序进行入学的学籍登记、转学、休学、复学等。外籍学生或随父母进城打工子女与本地学生一样必须办理残疾证等相关手续，在校期间与本地学生一样享受同等利益。对家庭经济困难的残疾学生，学校将酌情减免其生活费或其他费用，给予力所能及的帮助。对学困生开展师生一对一的智力帮扶，对心智不健全学生进行心理咨询，促进学生身心健康。

凯里市社会教育已形成了多层次、多规格、多种形式的办学格局，办学模式和管理体系逐步成熟，教育教学管理与服务的功能逐步完善，人才培养质量逐步提高，有力推进全市经济社会高质量发展。

第七章　构建立体交通　天堑终成通途

中华人民共和国成立70多年来，凯里历届党委、政府坚持把加强和改善基础设施建设作为推动经济社会发展的重点，加快推进以通村公路、通县高速、城市路网和邮政、电信为重点的基础设施建设，基本建成了“高速公路为骨架、国省干线为支撑、县乡道为脉络、小康路为基础”的公路路网体系。高铁、机场、水运航道从无到有，“公铁水空”联运的立体综合大交通格局初步形成。如今凯里交通四通八达，区位优势明显，湘黔铁路、株六铁路复线、沪昆高速公路和320国道贯穿全境，清水江航运直通洞庭湖进入长江，是连接中原地区和西南边陲的枢纽，是西南经济区通往华东、华北地区的重要通商口，是贵州省的东部重镇和近海内陆区开放城市。随着凯里黄平机场的通航和沪昆高铁、贵广高铁的建成通车，高铁、航空、高速公路等立体化大交通系统的形成，大大缩短了凯里与全国各大城市的时空距离，加快了凯里融入长江经济带的步伐。凯里作为贵州东线旅游集散地，迎来了发展的黄金机遇期。

第一节　交通网络四通八达

一、县乡公路通村到组

民国二十四年（1935）8月，湘黔公路修通过境，凯里地区始有公路。至1949年底止，全县通车里程30.73公里，其中湘黔公路过境28.73公里，对江至官庄乡村公路2公里，平均每平方公里有公路0.024公里。由于建设标准低，质量差，加上长期失管，1949年，全州实际能通车的只有388公里。

1949 年 11 月，中国人民解放军由湘西进入黔东南，国民党军队溃逃时疯狂破坏湘黔公路，仅镇远至炉山就有 15 座较大桥梁被破坏，致使交通中断。同月 8 日镇远解放后，专署配合军分区组织修桥大队和工兵纵队以及四野工兵团进行抢修，12 月恢复通车。大部分被毁桥梁的修复工程，于次年 5 月前竣工。经过多年整治，已达二等运输线路。

1951 年，炉山县人民政府发动民工 3492 人，对炉山至凯里段进行续修，完成土石方 2000 余立方米、路面 1.75 万平方米、桥梁 13 座、涵洞 33 座、码头一对长 146 米、17 米长木质渡船 1 只，当年通马车。1954 年，省公路局和省森林工业局分别投资拨款 1.4 万元进行改弯、降坡，修建桥涵、保坎，整修路面、边沟，改善路面状况，当年 9 月通行汽车。1955 年，省交通厅第二测量队重新测设炉山至雷山段。1956 年 2 月，组织公路局固定工人 800 余人及动员沿线及州属部分县的民工数千人参加修筑，完成土石方 140 万立方米、桥梁 22 座、涵洞 124 座、路面 33 万余平方米、保坎 3.2 万立方米，当年 7 月上旬完工、8 月 1 日通车。

1956 年，炉山县用民工建勤（补助部分伙食费）方式修建鸭兴公路，北起于鸭塘果园场、谷三公路 63.67 公里处，南经舟溪、青曼至丹寨县兴仁，与隆（昌）三（都）公路衔接，长 42 公里，境内路段 22.69 公里，1957 年 5 月完工。1958 年，采用民工建勤办法，建成舟溪至漫洞简易公路。

1958 年，集中劳动教养人员修建岔大公路，起于洛棉乡关田村境炉榕公路 15 公里 +10 米处，向东北至大塘煤矿（位于洛棉乡平初村境），全长 4 公里，当年通车。同年，开工修筑虎洛公路，南起于虎庄炉榕公路 24 公里 +700 米处，北经龙场、洛榜、里仁至鱼良，9 月 10 日基本完工，23 日全线通车。虎洛公路经过地段都是高山悬崖和烂泥，工程十分艰巨，参加筑路民工 1135 人，投工 11.68 万个工日，完成土方 9.7 万立方米，石方 4 万立方米。此外，黔东南苗族侗族自治州党、政、军机关由镇远迁驻凯里后，企事业单位不断增加，为满足其生产、生活需要，专用公路不断得到发展。至 1990 年，共投资 316.8 万元，修建专用公路 40 条，全长 114.5 公里。其中〇八三系统 9 条，15.5 公里；煤矿 8 条，27.5 公里；水电部门 9 条，23 公里；铁路系统 6 条，33.5 公里；其他部门 8 条，15 公里。

1965 年州投资 30 万元，由凯里县组织民工 3300 多人划段包干修建凯旁公路，从凯里至旁海，全长29.1公里，1966年12月底竣工通车，用工54.45万个工日，开挖土石方59.55万立方米。1966年元月，谷三公路全线贯通，起于麻江谷洞，经麻江、凯里、台江至三穗，全长196公里，过境46.5公里。

1970年，州投资0.7万元始建三板桥至德立公路，境内路段18.65公里，后经多次续修，通车到格冲，达台江县境德立和台盘。

1984年后，国家动用库存粮、棉、布和中低档工业品，采取“以工代赈”的办法修建公路，公路建设出现速度快、质量好的新局面。至1988年，按照《贵州省乡村公路工程技术标准》，以粮食、棉布赈济方式，修建了蒿支坪小寨至开怀、开怀至龙井、大风洞至平良、大风洞至大田、翁琴至地午等乡村公路共5条，里程达31.4公里。1990年，全市计有126条，共373.91公里。1990年，全市有公路桥梁45座，其中大型5座、中型6座、小型34座。公路网的骨架初步形成，与毗邻地区间的主要干道基本贯通。

在西部大开发战略实施中，凯里市公路建设得到了前所未有的发展，到2007年底，国家先后投资29.5亿多元，扩、改、建各类公路943.38公里，建公路桥梁17座986延米，改、新建通村公路里程622.29公里，总投资和总里程分别是1978年的498倍和1.4倍。

2000年8月，黔东南州委、州人民政府决定，要把抓好以交通为重点的基础设施建设作为实施西部大开发战略的工作重点来抓。是年，贵新高等级公路凯麻高速建成通车，实现高速公路“零”的突破。

2003年，结合交通部“通达工程”的实施，启动了通村公路建设计划，每年按1000至1500公里的建设速度推进。此外，结合省交通厅、省公路局“畅通工程”的全面实施，启动了通乡油路建设。2003年底，凯里通往各县的主要干线公路全面油路化。

2007年，凯里市委、市政府“十件实事”之一龙湾（龙场至湾水）通乡油路建设项目，该路起于龙场镇街口，经洛榜、里仁、湾水接黄平重谷公路，里程20.87公里，总投资978.75万元（中央补助840万元，地方配套138.75万元）。4月11日动工，12月底全线完工，凯里市实现了乡乡通油路。

凯里市内的通村公路，多是采取民工建勤、政府出资（少量补助）、群众投工投劳、自筹自建及国家动用库存粮、棉、布“以工代赈”等方式修建。因通村公路既无统一修建设计标准，又无专人养护，通行能力较差。1999 年起，市政府将每年修通 10 条通村公路列为市政府每年要办的“十件实事”之一，其目标是 2003 年基本实现村村通公路。从 2003 年起将通村公路建设改造纳入建设计划，投入资金逐年增加。“十五”期间，平均每公里通村公路造价 3.4 万元，2006 年增至 4 万元，2007 年达 7 万元。同时，对扩、改、建的通村公路提出了统一要求，建设标准为路基宽 4.5 至 6.5 米，建设形式采用组织群众投工投劳，国家投入资金主要用于砂石、水泥、燃油等费用及必要的机械费用。2007 年，修建通村公路里程 69.5 公里，项目涉及 7 个乡镇、20 个行政村，总投资 486.5 万元。

1988 年至 2007 年修通通村公路共 501.86 公里，总投资 1974.24 万元，平均每公里造价 3.934 万元，2006 至 2010 年，交通建设力度进一步加大，根据自治州编制的《自治州重点旅游公路建设规划》，至 2008 年底，全市通村公路里程 948 公里，基本实现村村通公路。

2011 年 2 月 27 日，经自治州第十二届人民代表大会第六次会议通过，2011 年 9 月 27 日贵州省第十一届人民代表大会常务委员会第二十四次会议批准，《黔东南苗族侗族自治州农村公路条例》颁布实施，标志农村公路建设和管理步入了法治轨道。在《黔东南苗族侗族自治州农村公路条例》的指导下，凯里市不断加快构建农村公路网络，加快推进“建管养运”一体化发展，积极构建“质量监管、安全保障、运输服务、路网完善、政策支撑、考核评价”六个体系，认真落实农村公路小修保养资金，大力实施农村公路生命防护工程，农村公路管理能力进一步提升，公路整体通行能力显著增强。1991 年养护管理的县乡公路里程 103.72 公里，2000 年养护里程 142.9 公里，2007 年养护管理的县乡村道 181.1 公里，其中县道 6 条 129.2 公里，乡道 5 条 26.1 公里，市政府认可纳入养护管理乡道 6 条 48.5 公里，已在养护管理并已报上级主管部门待批准的 88 条 325 公里，农村公路建管养运实现了协调可持续发展。

2016 年，在各乡镇成立农村公路管理机构，引进农村公路智能检测车，探索农村公路养护向智能化管理转型，初步建成农村公路信息化综合管理平台，快速准确计算路面破损率等路面技术状况指标（PQI），提升农村公路检测智能化水平，公路整体通行能力显著增强，实现县乡公路路况自动化检测全覆盖。

2017年，凯里市着力提升农村公路等级，优化客货运输网络，建成“通村村”平台，利用大数据为群众出行提供班车实时查询与呼叫、公交实时查询、出租车实时叫车、包车服务、班车时刻表、一键呼叫客服、投诉与咨询等服务，实现“车”与“人”的数据互联互通。

2018年，投资105亿元，建设项目19个，其中5000万元以上投资项目17个，完成交通固定资产投资35亿元（含环城高速、凯都快速通道、旁海航电枢纽）。城市主干道，高速公路凯里出口位移改造、下司花桥路网等城市路网进一步完善，建成杭州路、红星美凯龙至凯二线等片区路网、鸭塘片区路网、银田物流园至金山大道、G551黄平重安江至凯里洪水塘公路、环城高速、凯都快速通道等交通路网项目。推进城东综合交通枢纽站建设项目、凯里高铁南站综合客运枢纽二期建设工程；启动凯里二小至粮校、垃圾填埋场至九寨公墓、龙头河至北出口、凯里市山江新城路网（一期）、凯里市滨江南路、凯里南线快速通道、凯里赏朗机场及进展道路等交通重点项目工作。完成农村“组组通”公路110.2公里，完成农村公路中修工程52公里、“四好农村路”66公里、农村公路3座、处置农村公路生命防护工程隐患226公里和农村公路重大安全隐患45处，改造湾水至江口四级油路工程5.5公里，推进台江台盘至凯里凯棠快速通道建设完成80%，农村路网通达深度和广度进一步优化。

如今凯里形成了通向邻近省、区和省内邻近市州间，以及到县城、到乡村的公路网络，极大地促进了交通和汽车运输行业的发展。截至2018年底，凯里市境内公路通车里程1785.3公里，其中高速公路84公里、国道主干线151.9公里、省道118.6公里、县道249.8公里、乡道425.5公里、村道755.5公里，共有173条客运班线，县境内64条、县际67条、省市际42条，有29条公交线路，站牌761块，全市234个行政村（居委会）道路客运覆盖率100%。全市道路旅客运输企业13户，城市公共交通运输企业11户，全市道路普通货物运输业户4331户，隶属凯里市道路危险货物运输企业16户，危险货物运输车辆169辆；全市有道路运输营业性车辆5585辆，其中班线客运车辆616辆，公交车322辆，出租车1145辆，网约车169辆，各类货物运输车辆3333辆。2018年公路客运量489万人，客运周转量67081万人；货运量2089万吨，货运周转量202867万吨公里。交通运输行业的发展，在给群众的交通出行、生产生活带来便利的同时，也带来产业聚集和更多商机，增强了农业产业化的带动和辐射能力，开辟了更为广阔的农村经济的发展空间。

二、高速公路通州达省

高速公路是专门为汽车交通服务的基础设施，在运输能力、速度和安全性方面具有突出优势，对支撑经济发展、推动社会进步、提高现代物流效率、促进区域协调发展、改善人民生活质量具有重要作用。高速公路不仅是交通运输现代化的重要标志，也是一个地区现代化的重要标志。

在我国高速公路建设之初，主要集中于经济发达、人口稠密的东部沿海地区大中城市。由于建设规模大、技术标准高、造价高、融资难，坐落在祖国西南崇山峻岭中的处于欠发达、欠开发地区的凯里，山高谷深，沟壑纵横，修建高速公路十分困难。

实施西部大开发战略以来，党中央、国务院实施积极的财政政策，用经济手段引导基础设施建设给欠发达、欠开发的西部内陆山区带来了难得的发展机遇，在政策上、资金上向西部地区倾斜，交通运输部加大了对贵州的帮扶力度，全省公路建设获得了前所未有的资金投入，给黔东南的高速公路建设，带来了巨大的发展机遇。

1998年，贵（阳）新（寨）高速公路麻江段动工修建，凯里至麻江高速公路初步设计外业测设技术资料通过省交通厅验收。1999年，贵新公路麻江段路基桥涵基本成型。同年11月8日，总投资为15.6亿元的凯里至麻江高速公路开工建设。同年10月29日，凯麻高速公路单拱跨径最大箱型拱桥——云泉大桥建成。

凯麻高速公路是国家规划的GZ65国道主干线上海至云南瑞丽公路贵州境中的一段高速公路，起于凯里市三棵树镇，向西途经凯里、鸭塘、下司、隆昌，在麻江与贵新公路麻江联络线相连接，全长50.9公里。该公路的建成通车，标志着凯里公路建设步入了高速发展时代。

2001年12月30日，凯（里）玉（屏）高速公路开工建设仪式举行。凯玉高速公路全长134.43公里，总投资45亿元，工程分两期完成。2003年6月12日，凯里至三穗段（87.226公里）开工建设，2006年10月29日建成通车；

2003年8月25日，三穗至玉屏段（47.214公里）开工建设，2006年3月20日建成通车。此段公路是国家规划的“五纵七横”国道干线上海至瑞丽公路在贵州境内的组成部分，是贵州经湖南东出沿海和进入华东的必经之路。项目起自铜仁玉屏县城东七里塘，接沪瑞国道主干线鲇鱼铺至玉屏高速公路，经岑巩、青溪、竹坪、三穗、台烈、岑松、剑河、台江，止于凯里市三棵树镇，与已建凯里至麻江高速公路相连，全长133.328公里。从此，凯里境内高速公路贯穿东西。

2003年9月15日，州委、州人民政府作出《关于进一步加快公路建设的决定》指出，要依托贵新高速、凯麻高速和在建的三凯、玉三高速公路，争取昆厦高速公路经过凯里，以凯里为中心，全州高速公路网络蓝图节节打开。

2010年11月28日，三穗至黎平高速公路开工建设，2015年1月23日正式通车运营。三穗至黎平高速是“678”网规划中的“第4联”首段与“第1纵”中段的组成部分，是贵州省东部地区南下珠三角及北部湾地区的快速通道。起点与沪昆高速三穗至凯里段相接，终点与黎洛高速相连，并通过其连接厦蓉高速公路。全长138公里，途经三穗、天柱、锦屏、黎平4县17个乡镇。它的建成通车，使凯里市与15个县之间的车程都缩短至4小时以内。

2010年12月20日，余庆至凯里高速公路开工建设，2014年12月30日建成通车。余庆至凯里高速（含施秉连接线）是“678”网规划“六横”（余庆至安龙高速公路）的重要组成部分，起点与“三横”（江口至六盘水高速公路）相接，终点顺接凯里至羊甲高速公路，并与沪昆高速公路凯里至麻江段相接，涉及凯里、黄平、施秉、丹寨4个县（市），全长109公里（含施秉连接线）。该项目施秉连接线是“678”网中四联（天柱—三穗—镇远—施秉—黄平）的最后一段，支线起点位于黄平罗朗，与主线相接，终点至施秉县城，向东延伸至镇远可接思南至剑河段高速公路，起点位于余庆县西面的长湾，经施秉牛大场、金坑，黄平罗朗、黄平、重安江，凯里龙场、虎庄，终点为凯里鸭塘，主线全长88公里。凯里至羊甲高速是“678”网规划“六横”（余庆至安龙）的重要组成部分，起点与沪昆高速凯麻段相接，终点与厦蓉高速相连。路线全长56.363公里，全线设鸭塘枢纽、鸭塘、大寨、兴仁、丹寨和羊甲枢纽五处互通。这两段高速路的通车，将余庆至凯里的车程由以前的3个小时缩短到1.5个小时，丹寨至凯里的车程缩短至40多分钟，同时也结束了余庆、黄平、施秉三个县城不通高速的历史，打通了连接贵州南部地区西去贵阳、北上成渝经济圈、南下珠江三角地区等区域的物流通道，带动沿线经济快速发展。

2011年11月19日，凯里至雷山高速公路开工建设，2015年12月24日正式开通营运，黔东南苗族侗族自治州与贵州省同步实现县县通高速。凯里至雷山高速公路项目是“678”网规划中第六横余庆至安龙高速公路的一条连接线，属贵州省县县通高速公路项目。起于凯里市三棵树镇下长坡寨，衔接已建成的沪昆高速玉屏至凯里段，途径雷山的西江、连城、黄里，止于雷山陶尧，与已建成通车的凯里至雷山二级路连接。项目主线全长21.919公里，其中西江景区连接线长4.6公里，雷山县城连接线长1.224公里。凯雷高速公路建成通车，结束了雷山县没有高等级公路的历史，形成凯里、凯里经济开发区、麻江、雷山、丹寨、台江“一市一区四县”半小时交通经济圈。从贵阳方向至西江、长沙方向至西江均实现了全程高速直达，对于促进贵州省东南部文化旅游产业尤其对雷山旅游产业跨越发展、打造“全国旅游名县”提供了强有力的交通保障，标志着自治州进入“县县通高速”的大交通时代。

2017年10月30日，凯里环城高速公路北段开工建设，该项目是《贵州省高速公路网规划（加密规划）》的重要组成部分，总投资124亿元，全长73.216公里，全线桥隧比达54.48%，主线起点位于凯里市三棵树镇，设枢纽互通与已建沪昆高速衔接，经过九寨、翁稍、虎庄、万潮、炉山、凤山等地，终点连接福泉市已建成通车的瓮马高速马场坪互通。麻江联络线起点为炉碧互通，经碧波至隆昌与沪昆高速凯里至麻江段连接。2020年11月16日开通运行，实现从凯里市至黔南州福泉市的“半小时经济圈”，对加快黔中经济区建设、支撑凯里—麻江—福泉同城化和新型工业化发展，完善全省高速公路网络，促进凯里市过境交通流转换和城区间衔接更加便捷高效，对凯里市经济社会发展具有重大意义。

三、铁路穿越苗侗明珠

为连接湘黔两省，构建西南出海通道，1958年4月，中共中央在第二个五年计划中修建湘黔铁路，先期进行凯里—都匀段的施工，不久，由于公路建设任务繁重，工程队陆续撤出，铁路建设被迫中断。

1959年，铁道部决定投资7000万元续建湘黔铁路。1960年元月，根据中共贵州省委指示，在凯里重新成立湘黔铁路西段修建指挥部。1960 年 2 月 7 日，湘黔铁路西段在凯里举行开工典礼，全线正式动工修建。为了加强农业第一线，参加修路的民工陆续遣返，1961 年初全段相继停工。

1969 年，铁道部决定继续修建湘黔铁路，并由第二铁路设计院重新进行勘测设计。黔境段路线改为从玉屏大龙起，经凯里至贵定与黔桂铁路联轨。原在 1958 至 1960 年开工修建的全部工程废弃。1970 年 8 月 25 日，经国务院、中央军委批准，同意续建湘黔铁路。是年 9 月，湘黔铁路会战贵州省指挥部成立，10 月开工建设。黔东南境内路段，由遵义、安顺、凯里三个分指挥部的全部民兵和铜仁、都匀分指挥部部分民兵约 50 个民兵团参加施工。1972 年 10 月 13 日，湘黔铁路在施秉县翁塘站接轨，全线建成通车。1973 年 3 月进行初步验收，1974 年 9 月 25 日举行通车典礼。1974 年 11 月验收，1975 年 1 月 1 日起正式交付成都铁路局经营。

凯里市境，地形崎岖，是全线的大战场。湘黔铁路入境后，计有大、中型桥梁 38 座，全长 6.32 公里；有隧道 45 座，全长 19.01 公里。桥梁、隧道总长 25.24 公里，占过境路段的 46.5%。其中长 100 至 500 米的大型桥梁 30 座，长 5807 米；20 至 100 米的中型桥梁 8 座，长 513 米。所过桥梁，最长达 336 米，最大墩高达 54 米；最长隧道为甘田坡隧道，坐落在沪昆线贵州东段绵延的大山深处。

湘黔铁路会战开始，由第二铁路工程局第二铁路工程处铁三营及黔东南苗族侗族自治州丹寨县民兵团三八女民兵连负责施工。东头的甘田坡 1 号隧道主要由女民兵连负责，这些铁姑娘“巾帼不让须眉”，像男人一样开山放炮，运石出洞，表现出新中国女性不畏艰险，战天斗地的豪迈气概。当年镌刻在洞口的毛泽东诗词“中华儿女多奇志，不爱红装爱武装”字样，至今依稀可见。为纪念女民兵在铁路修建史上的不朽功绩，经湘黔铁路会战总指挥部决定，甘田坡 1 号隧道命名为“三八隧道”。至今，这条隧道已经使用 50 年，状态良好。

建成通车的湘黔铁路，横跨湘黔两省，途经 22 个县（市），线路全长 902 公里，东起湖南株洲，西至贵州贵定，是联通西南、中南与华东的重要干线。湘黔铁路横穿自治州镇远、施秉、黄平、凯里、麻江 5 县，全长 203 公里，设 23 个车站。湘黔铁路的建成，打通了黔东南苗族侗族自治州通往东部沿海地区的通道，缩短了凯里到中南、华南、华东地区部分大中城市的距离，对凯里市及黔东南苗族侗族自治州的经济建设起到了极大的推动作用。

1986 年 7 月，电气化改造工程开始施工，1988 年 12 月竣工。至此，湘黔铁路贵州段率先实现电气化运输。

1998 年 6 月 26 日，东起湖南株洲、西至贵州六盘水的国家一级电气化干线铁路——株六复线铁路开工建设。2001 年 11 月 11 日全线建成通车。湘黔铁路铜仁境内建有玉屏、大龙、羊坪、青溪、郎洞、焦溪 6 个火车站。其中，玉屏火车站为客货运三等站，隶属成都铁路局凯里车务段管辖。该线的建成和运营，满足了黔东南苗族侗族自治州东出华东、华北物资运输的需求，有力地促进了当地经济的发展。因火车第六次提速的需要，从 2006 年 12 月起，湘黔铁路与沪杭铁路、浙赣铁路、贵昆铁路合并称为沪昆铁路。

2015 年 6 月 18 日，沪昆客专贵阳以东段建成通车。沪昆高速铁路东起上海，西至昆明，途经上海、杭州、南昌、长沙、贵阳、昆明 6 座省会城市及直辖市。线路全长 2264 公里，其中贵州段全长 559.5 公里，黔东南苗族侗族自治州境内 162.8 公里。沪昆高速铁路为双线电气化客运专线，设计速度为 250—350 公里 / 小时（贵州段设计时速 250 公里），在黔东南境内设凯里南站和三穗站，凯里进入高铁时代。

随着贵广、沪昆两条高速铁路的贯通，从凯里到北京、上海只需八九个小时，到广州只需两三个小时，到昆明只要一个多小时，到贵阳只要半个小时，大大地缩短了黔东南到周边城市的时空距离，为黔东南的经济发展插上了腾飞的翅膀。截至 2018 年底，黔东南境内普速铁路运营里程 226 公里，高速铁路运营里程 217 公里。每天计有高速动车经停凯里南站 71 次，直达快车、快速列车和普通列车经停凯里站 40 次。凯里与北京、上海、杭州、广州、南宁、南京、南昌、济南、郑州、福州、武汉、长沙、贵阳、昆明、重庆等直辖市和省会城市以及沿线地区中小城市经济、文化逐步得到融合，并快速地融入到珠三角“3 小时经济圈”和长三角“8 小时经济圈”。

四、内河航运赓续发展

凯里市境共有河流 56 条（含溪流 35 条），属长江流域沅江水系，其中流域面积大于20平方公里以上的一、二级支流有21条，分属清水江、重安江、巴拉河。

凯里市境内航道主要有清水江、重安江、巴拉河等航道。

清水江航道系长江流域沅江上游，自西南部麻江县流入，贯穿中部至东北出境，过境46公里，最宽处50米，最窄处20米，最深处10米，最浅处2米，可通行5吨以下木船。从凯里逆江而上可达都匀，全程103公里，境内13公里。1965年于三江村境河段筑坝后，至都匀航道中断。从凯里顺水而下可达湖南洪江，全程388公里，境内33公里。

重安江航道系清水江的主要支流，由福泉县自北流入，至湾水鱼良河口注入清水江，过境31公里，最宽处50米，最窄处10米，最深处8米，最浅处2米，可通行2吨以下木船。自重安顺水而下，经境内湾水、旁海达湖南洪江，全程391公里。1972年于平良乡都兰村境河段筑坝，上游航道中断。

巴拉河航道系清水江的主要支流，由雷山县自南部入境，经平乐、开怀、挂丁至台江县境入清水江，过境42公里。清雍正十二年（1734），从清水江可通行2吨木船至南原寨（台江属），长17公里，1959年上延至小岩寨（台江属），增加航程至28公里，1966至1970年新辟台盘至挂丁航道，增加航道34公里，全河共通航62公里。1977年台江县在老屯筑坝修建老屯电站后，巴拉河航道中断。

凯里市的渡口主要有龙头河渡、旁海渡、青虎渡、三江渡、湾水渡、对江渡等。

龙头河渡位于凯里城西清水江河段龙头河，距市中心2.5公里，右岸有天然码头。自明起，该渡口即为清平至凯里要渡，凯里所产之铅、农副土特产品及所需工业品均经此输出和输入。1953至1956年，该渡口可载运汽车横渡，同时为炉山县粮、油水运湖南的始发地；20世纪60年代是凯里纸厂原料运输的总汇渡，年吞吐量0.8万吨。20世纪70年代渡口移至下游湾溪，1973年建50吨级码头1个，长25米，有斜坡缆车道和两侧阶梯道，年吞吐量增至1.3万吨。由于公路、铁路运输迅速发展，水运货源锐减，20世纪80年代渡口码头闲置。

旁海渡位于旁海镇驻地河岸，设有上、中、下阶梯式码头，历为湖南洪江等地至重安、凯里、下司的重要中继码头，同时又是凯里（炉山）、黄平、台江、施秉等县（市）边境村民及商户的过往要渡。20世纪50年代，该渡口以往湖南输运粮食、桐油为主，1959年吞吐量为0.63万吨；20世纪60年代，该渡口是凯里纸厂原料转运渡，年转运裁草0.4至0.6万吨。公路、铁路运输取代水运后，逐渐变为民用渡口。1985年，贵州省交通厅运输处拨给一艘机动过渡船给旁海渡使用，因水位较浅，无停靠码头，遂调往里禾水库。1990年，旁海大桥通车，乘渡人锐减，但每逢旁海场期，在该渡口停靠船舶仍达近百只，主要为来自上、下游的民用船。

青虎渡原称“老虎苗渡”，位于鸭塘乡青虎寨脚。《重刊清平县志》载：“老虎苗渡，城东南六十里。清邑往舟溪要路，向系湾溪、腰、翁舟等寨造船，老虎苗人撑渡。乾隆丙辰年县令刘勒石永远遵照。”该渡横过清水江，北往规腰、格河，南达鸭塘、舟溪。

三江渡位于格河乡三江寨脚，以寨得名。《重刊清平县志》载：“山江渡，城东南五十里，通麻哈平定司”，即此渡，系木船人渡，横过清水江，北达马田、格河，南到红岩（岩寨）、翁义。

湾水渡位于湾水乡驻地，木船人渡，横过重安江，历为湖南洪江至重安航道船只中途停泊码头、湾水至黄平加巴等地要渡，年过渡量约10万人次。1987年湾水公路大桥建成后，乘渡人数逐渐减少。

对江渡，《重刊清平县志》载：“重安渡，城北四十里，界清（平）黄（平）之交，船只及撑渡人役清、黄附近土司办理。夏秋隶黄，冬春隶清。清拨落榜司把路寨苗等办渡事，免一切役派，分赈田作船田，有碑记。”即此渡，位于冠英乡对江寨脚。该渡系木船人渡，横渡重安江，对岸为黄平县重安镇。湘黔公路通车前（1935），日渡约2000人次。1990年日渡量约700至1000人次，赶场天略增。

镰刀湾渡位于鸭塘乡镰刀湾寨脚，系木船人渡，横过清水江，北往马田、格河，南达清新、鸭塘。

菩萨寨渡位于鸭塘乡岔河寨西面，横过清水江，木船人渡，北往普舍寨火车站，南到川新、中坝、鸭塘。

米蒿渡位于米蒿乡小米蒿寨南面，木船人渡，横过清水江，北达米蒿、格种，南到翁项、地午。

岔河渡位于重安江、清水江汇合处，木船人渡，横过清水江，东达笔香、大风，西往鱼良、里仁。至凯棠乡，北往两河、大溪达黄平县。

狗窝河渡位于平良乡大坡村河坎（狗窝河）寨脚，木船人渡，横渡重安江，东至平良大坡，西达福泉县境。

船口渡位于冠英乡官庄村船口寨脚，木船人渡，横渡重安江，对岸为黄平县境。

江口渡位于白水河注入重安江江口处。横过重安江，木船人渡，北到黄平县境，南达江口电站通龙场镇。

小河沟渡位于湾水乡江口村小河沟寨脚，木船人渡，横过重安江。渡口两岸陡绝，地势险要，北通双元达黄平县，南到江口往龙场镇。

岩寨渡位于湾水乡岩寨村下岩寨脚，木船人渡，横过重安江。两岸崖壁陡绝，北达岩寨通黄平县境，南达乐安、王司公。

平良渡，《重刊清平县志》载："平良渡，城北三十六里。"即此渡，位于平良乡驻地，木船人渡，横过重安江，南为平良，北为黄平县境，系凯里市西北部至黄平县的边陲渡口。

鱼良渡位于湾水乡鱼良寨旁，木船人渡，横过重安江，北到加乐、大翁困，南达里仁、格种。

同兴渡位于湾水乡同兴寨脚，木船人渡，横过重安江，为两岸村民生产、生活要渡。

凯里境内水上运输兴起于清代，在航道、渡口上多为木船，通称"麻雀尾"船，因其尾部窄而上翘，形似麻雀尾而得名，又因船来自清水江流域苗族聚居地，被称为"苗船"。船一般总长13米，最宽处1.5米，载重2.5吨。雍正九年（1731）三月，黔楚商船"千帆箕张"自清水江下游经旁海、凯里直航都匀。乾隆、嘉靖年间，凯里铅厂所产之铅自矿区陆运至龙头河下船，经清江、洪江、常德下汉阳，年运量一二万市斤。嘉庆十三年（1808）将下司辟为商埠码头后，包括凯里、旁海在内的清水江上游以及重安江，水上运输得到较大发展。光绪年间，筏运兴旺，仅舟溪年下运就达3000至5000两码。民国时期，水路外运以桐油、茶油、药材、烤烟、粮食为主，由湖南运入的物资主要有江西的陶器、两湖的棉纱、棉布、铁具、百货、煤油及食盐等。抗日战争时期，淮盐断运，川盐自下司、重安运至凯里、旁海后陆运达各地。民国三十年（1941），云南大米不敷军需，国民政府自湘西月征大米5000至1万大包由清水江船运经旁海、凯里至下司转陆运至昆明。同年，自剑河、台拱水运2万石军粮经旁海、湾水、凯里等地至重安、下司积贮，以待转运昆明。

1950年，因土匪为患，水上运输受阻。1951年水上运输恢复，翌年客运量为3800人，货运量为1950吨。自1953年起，出省运输主要为粮食，特别是20世纪60年代初期援湘灾区的救济粮，多从清水江由木船运去。1956年元月，全省交通工作会议和镇远专区财经会议后，炉山县先后建立木船运输合作社4个，至1958年止，内河运输任务主要由新江木船运输合作社、良新木船运输合作社、先进木船运输合作社、红星木船运输合作社等承担。

1980年后，随着农村经济体制改革的深入，水上运输逐步过渡为个体运输。随着铁路、公路运输的迅速发展，大部分物资改用汽车和火车运输，往来于境内的船只多系农用船。

凯里历届党委政府十分重视航道治理。采取炸除礁石、扩宽取直航槽等措施，对境内干支流河道进行疏浚整治，大力开发各河航道。1952年冬，重安航管站组织疏通重安江9滩。1954年，省交通厅航务管理局第二河道工程组对结洞滩进行整治，共炸礁石826立方米、淘泓槽20立方米、修纤道150米。整治后，卸货搬滩的历史结束。1955年后，转入重点险滩治理。至1958年，航道治理工程累计投入400余万元（全清水江河系），占全省同期水道工程投资的8.7%。1964年3月，黔东南苗族侗族自治州交通局组建养河队（后改称交通工程队），对清水江、重安江的险滩、暗礁进行不断治理，至1990年，往来于清水江、重安江的船只畅通无阻。

为加强水上交通秩序维护，1952年先后在凯里、旁海设立航运服务组，受理水上运输业务。1958年在旁海成立旁海航运管理站，负责管理从狗窝河至旁海河段的运输业务和安全工作。1959年10月，成立凯里航运管理站（旁海站降为服务组，由凯里站统一领导）。凯里站管理的河段：清水江从麻江的卡乌到黄平的镰刀湾，共122公里；重安江从狗窝河到岔河，15公里。管理站是代表当地政府管理水上运输市场的机构，业务属清水江航运中心站，行政属凯里县交通局。管理站成立后，对船员、船长进行登记、考核、发照，对船舶进行检查、丈量、登记、发照，对船舶进出口装货、载客进行检查登记，对船舶事故进行检查调解等，使水上运输管理逐步规范化。1985年1月，成立凯里港航监督站（由航运管理站分设），主担安全监督，包括船舶的检验、丈量、发证和航行监督、事故处理以及船舶进出口签证等。港航站成立后，立即着手进行船舶的普查和整顿，他们走遍沿江53个村寨，召开大小会议48次，组织2147人（次）学习、贯彻《中华人民共和国内河安全管理条例》，以及交通部、公安部等有关部门的有关文件，检验和丈量农用、副业用、打鱼用、过渡用船舶550艘，总吨位793吨，核定载客5084人。其中农用船288艘，184.9吨；副业运输船224艘，534吨；渔船47艘，14吨；渡船27艘，63.7吨，759人。签发船舶证书204本、牌照204块、驾驶执照97本。随着铁路、公路的快速发展、加上水利部门在河道上筑坝，使畅通的河道中断，内河航运通航能力越来越差，航务管理所的业务也随之逐年减少。2007年，凯里市地方海事处结合渡口渡船的专项整治，对市辖渡口渡工22人进行业务培训和考试，并对渡船载客20人以上的渡工进行特殊培训，取得相应证书后持证上岗。2018年，投资30万元安装下司水域监控设备。开展安全培训6次期187人次，悬挂宣传横幅6幅，发放宣传单400余份，开展水上安全进校园活动，发放各类宣传读本1600本、宣传画140份。巡查辖区重要航路28次，出动海事执法人员216人次，巡查5428公里，检查渡口渡船32道次，检查船舶142艘次（其中：渡船12艘次，乡镇自用船130艘次），现场发现整改问题18个。由于常年坚持定点、定线、定场检查，采取各种有效措施，使航行安全得到了保证。

五、空中航线日益密集

凯里民航事业发展相对发展较晚，却呈现后来居上之势。凯里黄平机场于2007年开始选址，于2010年12月17日获国务院、中央军委批准立项建设。该机场功能定位为贵州省旅游支线机场和黔东南州的州府机场，总投资9.8亿元。2010年12月28日，凯里黄平机场奠基仪式暨试验段开工典礼举行。2012年2月8日正式开工建设，2013年4月27日通过竣工验收，同年10月2日正式通航并投入运营，航站楼面积3500平方米，站坪设3个机位；跑道长2600米，宽45米；可满足年旅客吞吐量20万人次、货邮吞吐量800吨、飞机起降2381架次的使用需求。2016年1月1日，凯里黄平机场正式移交给贵州省机场集团有限责任公司直管。至 2018 年，凯里黄平机场相继开通了昆明、杭州、海口、北京、济南、桂林、广州、贵阳、温州、南宁、郑州、上海、福州、天津、兰州、石家庄、重庆、成都、深圳、合肥、南昌等 21 个国内航点城市航班，累计运行 19 条航线；共安全保障航线航班起降累计 11882 架次，安全保障测绘、地勘、飞行训练等其他通用航班起降 9479 架次，实现旅客吞吐量累计 73.8376 万人次。2019 年，凯里黄平机场共完成旅客吞吐量 9.4791 万人次，同比下降 33.0%，排名全国 214 位；货邮吞吐量 4.5 吨，同比增长 160.6%，排名全国 217 位；飞机起降 2596 架次，同比下降 18.6%，排名全国 199 位。

凯里黄平机场作为国内支线机场，飞行区等级为 4C。主要服务于旅游开发和经济社会发展，兼顾保障通用航空的使用需求。凯里黄平机场的建成通航，对完善自治州综合交通运输体系、扩大对外开放、助推产业升级、提升区位优势、推动经济社会加快发展具有十分重要的意义。

为改善机场的运行条件，提高机场利用率和航班正常率，满足机场安全运营和航空业务量日益增长的需要，黔东南州人民政府与贵州省机场集团启动了凯里黄平机场站坪改造工程。2017 年 6 月以来，相继编制完成了《贵州省凯里黄平机场国际化航空口岸开放报告（项目建议书）》《凯里黄平机场站坪改扩建方案》《贵州凯里黄平机场站坪改造工程项目可行性研究，并（代立项）报告》。2018 年 6 月 13 日，凯里黄平机场站坪改造项目已完成可行性研究，并通过中国民航工程咨询公司评估，凯里黄平机场站坪改造工程进入立项批复阶段。

为了助推打造国内外知名民族文化旅游目的地战略的实施，结合雷公山、月亮山、云台山、清水江、都柳江、湃阳湖和凯里中心区的旅游精品路线的空间布局，黔东南苗族侗族自治州启动了天柱民用运输支线机场和 19 个通用机场（3 个 I 类、16 个Ⅲ类）的规划建设工作。着力构建以凯里黄平、黎平、天柱 3 个支线机场为骨干、以 3 个 I 类通用机场为支点，以 16 个Ⅲ类通用机场为节点，覆盖全州并辐射周边省份和地区的航空运输网络。在拟建的 19 个通用机场中，凯里、岑巩、榕江为 I 类通用机场；另外的 16 个Ⅲ类通用机场中，雷山县有 3 个（分别建设在西江、雷山县城以及雷公山三个区域），镇远建 2 个（高过河景区及镇远县城区域各 1 个），其余的县（市）除天柱外，每县各建 1 个。

民用运输支线机场和 19 个通用机场建成后，全州将形成通用航空网络，实现机场联动，“空中走廊”将得到进一步完善。凯里市充分利用航线资源，制定机场精品旅游线路，打造航空旅游产品，围绕珠三角、长三角和环渤海地区继续开辟新的航线，促进对外交流和旅游发展。

第二节　城市公交全域发展

作为黔东南苗族侗族自治州最早发展城市公共交通的凯里市，公交发展曾经历了数次反复。20 世纪 60 年代末以来，凯里市曾实行公有化的公交运行模式，最终因城镇化水平低、运营效果差而作罢。此后，凯里市又尝试引入社会资金参与公交运营，实施有偿经营。结果各方利益掣肘，后期矛盾突出。从 2007 年起，凯里市政府强化公交的公益、民生定位，以市场化的管理方式有计划地推行“公车公营”，持续加大投入，公交线路逐年增加，公交服务地方经济社会发展、方便百姓生产生活的能力持续增强。

经过数十年发展，凯里市公交总公司由成立之初 3 辆公交车、2 条线路的小规模运营，发展成为拥有 80 条公交线路、715 辆公交车的全域公交。主营城市公交客运，兼营出租汽车、汽车租赁、汽车维修与检测及广告传媒等。

一、全域公交，构建新局

从 2011 年起，凯里市公交总公司按照黔东南苗族侗族自治州确立的“公交一体化”的合作发展思路，在凯里市委、市政府的支持下，以“市政府 + 县政府”的合作发展模式，即由市政府安排凯里市公交总公司提供车辆、维护设施、技术、管理，由各县政府提供土地、基础设施、贴息，双方合作，共同推动县域公交发展，形成“一市十四县”公交一体化经营新格局。2011 年 6 月，黄平县域公交线路正式开通运营，凯里市公交总公司迈出了跨区域发展战略的第一步。此后，公司先后在丹寨、天柱、黎平、从江、榕江、岑巩、雷山、台江、三穗、锦屏、麻江、施秉等县开通县域公交。

2018 年 8 月 28 日，凯里市公交公司开通炉碧工业园至麻江的 6 路公交线，打破了行政区域条块分割，实现了公交线路的跨区域运行，成为黔东南首条跨县公交线路。凯里市公交公司积极承担社会责任，大力实施“公交 + 扶贫”，助力脱贫攻坚；实施“公交 + 旅游”，助推全域旅游发展；实施“公交 + 高铁”致力高铁与公交的无缝接驳；实施“公交 + 大数据”，努力寻求公交发展的新动能。全域公交的发展，基本形成了满足乘客不同层次出行需求的服务体系，为广大人民群众营造了便捷、安全、舒适、经济、环保的出行环境。

二、绿色公交，环保出行

2007 年以来，凯里市公交按照“低能耗、低排放、免维修”的车辆技术要求，加大清洁能源及新能源公交车的投入使用，先后购置了 LNG、混合动力、纯电动公交车投入运营，车型不断上档升级，所选车辆品质不断提高。从 2014 年开始，公交公司启动实施了《新能源公交车 2020 行动计划》。同年 12 月，公交公司首批投入 128 辆清洁能源公交车和新能源公交车，并在凯里市先后开通混合动力公交示范线、清洁能源公交示范线、纯电公交示范线，城市公交发展从此迈入新能源时代。2018 年 12 月，凯里市公交总公司新购进 151 台纯电动公交车，其中：60 台长 10.5 米，续航里程 180 公里；91 台长 8.5 米，续航里程 120 公里。这次投入运营的纯电动公交车，是凯里市公交总公司继 2015 年 12 月以来第四批投入。与之前购进的纯电动公交车相比，新购进的这批车辆在续航能力、安全配置等方面均有明显提升。这 151 台纯电动公交车已投入到凯里等 11 个县（市）运营。其中，凯里市投入运营 30 台，按计划完成了老旧柴油公交车的淘汰工作，使传统的柴油动力公交车彻底退出营运，实现了凯里市“绿色公交”全覆盖。

三、智行公交，国内领先

2012 年 9 月，凯里市公交总公司建立智能调度指挥中心，着手进行公交智能调度系统建设，加强了对公交车辆运营的管理。该系统具备智能调度、自动报站、实时监控、报表统计、分析等功能。2015 年 3 月 5 日，凯里市作为贵州唯一的示范点，率先进行“智行公交”APP 试运行，互联网信息技术在城市公共交通行业的应用，向前迈出了坚实的一步。同年 8 月 8 日，“智行公交”APP 正式上线，并在凯里市全面推广应用。在“智行公交”基础上，进一步升级各项功能，开发“智行黔东南”手机APP系统，为市民提供即时的公共交通信息服务，开通了来车预报、IC卡充值、便捷服务、用车服务等功能。凯里市公共交通总公司智能调度指挥中心已建成覆盖“一市十四县”的公交智能调度系统、自动报站系统、车辆3G实时监控系统等平台，实现了对公交车辆运营的网络化、可视化、智能化管理，将人工智能技术充分应用到公交行业，达到国内先进水平。

四、增效公交，提质扩面

凯里市公交总公司经营区域已覆盖凯里市、凯里经济开发区、炉碧经济开发区等“一市两区十四县”，营运线路80条，站点3400多个，线路里程777.4公里，公交线网长度78.2公里。2018年末，凯里市公交总公司共有营运车辆801辆，其中公交车715辆（折合792.4标台），驾驶员991人。全年营运里程3572.62万公里，客运量12650.5万人次。出租车保有量53辆，租赁车辆33辆，客运量394.3万人次。凯里市城市建成区公交站点500米半径覆盖率达96.4%，市区内公交出行机动化分担率为56.42%，换乘一次即可到达目的地，城市建成区公交线网密度达2.02公里/平方公里，公共交通乘客满意度为82.2%。

截至2018年，凯里市已建有开怀临时公交场站、凯里综合客运枢纽项目（一期）、舟溪镇公交枢纽场站充电站、凯里苗侗风情园充电站、华亿国际商贸城充电站、下司公交场站及各县分公司场站共21个，占地面积212554.39平方米（约318.83亩）。车均场站面积268.24平方米/标台，城市公共汽电车进场率达到100%。公交中途站801个，其中港湾式中途站140个，公交优先通行交叉口4个。同时，凯里市加快充电设施建设，从2016年起，凯运集团先后与特来电、黔之星等单位合作，不断完善充电桩建设，至2020年末，建成充电桩基础设施920个。下一步，凯里市还将进一步加大对公交基础设施的投入，完成城东绿色公共交通综合体、城南公交总站、高铁南站公共交通综合枢纽、黔东南高新区公交停保场站等服务设施建设，推动长短途公路客运站、铁路站点、机场、城市公交车首末站、出租车停靠站、邮轮游艇码头等一体化衔接，形成城市东、中、西三个区域都有公交停保场站，不断提升公交的服务保障能力。

五、贴心公交，广受好评

凯里市持续推行“礼让斑马线”“首站站立服务”“为乘客做件好事”等活动，受到社会各界关注和好评。2015年10月，凯里市公交总公司对公交IC卡收费系统进行改造，在凯里营运区域推出“60分钟换乘优惠”及“分段计费”惠民利民措施，在节约市民出行时间和费用的同时，提高了公交出行分担率和运营效率。积极推行公交“一卡通”工作，逐步推广非现金支付乘车方式。2016年，在全省率先实现公交一卡通及中行、农行等8家银行的金融IC卡在城市公交的使用，并按照交通运输部要求完成全国IC卡互联互通工程。凯里市进一步加大“60分钟换乘优惠”和“分段收费”措施所涉及的范围，积极拓展公交支付新方式。2018年4月30日，凯里市公交总公司与腾讯公司合作完成手机移动支付乘公交，在凯里区域所有线路全面推行微信扫码支付乘车。同年9月17日，全面实现“云闪付”扫码支付乘车，公交乘车支付更加便捷。

六、品牌公交，谱写辉煌

2010年8月，凯里市公交总公司已通过ISO9001：2008质量管理体系认证，安全生产标准化达标考评获二级标准。2013年8月，凯里市作为贵州省唯一一个县级市，入选国家住建部公布的全国第二批智慧城市试点名单。2016年7月，交通运输部“我的公交我的城”重大主题宣传活动走进凯里公交。2017年7月，凯里市公交总公司与亚洲城市发展中心国际专家对城东绿色公共交通综合体项目建设工作进行研究探讨，首开自治州公共交通与国际合作交流的先河。2017年8月，凯里市被列为“十三五”期间交通运输部全面推进公交都市建设第一批创建城市，凯里市公交总公司获批贵州省公交优先示范城市创建企业，成为省级第一批5个创建试点企业之一。2018年8月，凯里市公交总公司顺利通过交通运输部“公交都市”创建督查。目前，凯里市公交总公司已取得质量、环境、职业健康安全管理体系认证证书，公司质量、环境、职业健康安全管理“三标一体”标准化建设工作顺利完成。在跨区域发展、智慧公交、绿色公交等方面，凯里市公交总公司已走在贵州省公交行业的前列，经营规模（按产值统计）位居省内公交行业第三名，是省内公交行业市场集中度最高、全员劳动生产率最高的企业，是省级科技型企业、首批百家诚信示范企业。

凯里市公交总公司认真贯彻落实国家优先发展城市公共交通的战略决策，以深化公交供给侧结构改革为主线，努力推进企业的转型发展。同时，充分发挥公共交通对城市发展的引领和带动作用，加快推进快速公交系统（BRT）建设，提高公交运转效率，把幸福公交的触角延伸到苗乡侗寨的每一个角落，为人民群众营造“出行更便捷、乘坐更舒适、换乘更方便”的公交环境。

第三节 邮电事业日新月异

一、邮路建设不断拓展

1949年前，炉山县邮路只有6条，总长255.4公里，其中汽车邮路1条（湘黔线过境公路），其余系步班邮路。因交通不便，邮件均靠人担马驮，昼夜兼程，邮员十分艰辛。新中国成立后，随着交通事业的不断发展，从20世纪60年代始，逐渐以自行车、摩托车、汽车等交通工具运送邮件，继续设自办、委办汽车邮路，从凯里出发，通达各县。

1953年开始恢复贵阳至铜仁汽车邮路，炉山邮局主要改由汽车运送。1957年开通炉山至雷山邮路，全长83公里。1959年1月1日改为炉山至凯里，当天往返，与凯里至黎平自办昼夜兼程邮路衔接。1959年1月1日开通凯里至黎平邮路，沿途涉及榕江、从江、雷山等县，邮程270公里，自办、委办邮路交叉行驶。1960年9月15日，凯里邮局进一步拓展邮路，途经万潮、凯里、雷山、榕江等局到达黎平，与贵阳至铜仁班车实现连通，1965年6月延伸至从江，采取自办、委办汽车邮路相结合。1984年6月，榕江至从江直达公路通车后，调整为凯里—榕江—从江—凯里3天往返的环行自办汽车邮路，继续保持凯里—榕江—黎平的间日委办汽车邮路。1959年3月9日开通凯里至剑河邮路，全长101公里，自办与委办相结合，后因油料供应紧张，自办邮路曾一度停办。1960年6月26日恢复，调整为每旬自办车开2班、委办车开3班，逐年增加。1977年12月20日，停用委办邮路，全部改为自办汽车邮路。1959年10月16日开通凯里至麻江谷硐委办邮路，1980 年 4 月 10 日起，将原凯里开至 208 厂的自办汽车邮路延伸至麻江。1967 年 3 月 15 日开通凯里至锦屏邮路，采取自办、委办相结合，全长 297 公里。1972 年开通凯里至丹寨委办邮路。1973 年，开通凯里经黄平至施秉自办汽车邮路，1977 年 12 月，改为委办汽车邮路，1978 年 10 月，恢复自办汽车邮路。

湘黔铁路建成通车后，设立凯里火车站支局、加劳邮电所，扩大接送邮件业务，每日与贵阳至怀化、贵阳至北京、贵阳至上海、北京至昆明、上海至重庆各次火车交换邮件。

1990 年，凯里区域建成农村投递线路 21 条，全长 1196 公里。其中自行车班 369 公里，步班 827 公里，私人承包的投递线路 9 条，全长 474 公里。邮件报刊每日投递一次的有 14 个乡镇 15 个行政村；2 日投递 1 次的有 12 个乡镇 153 个行政村；3 日投递 1 次的有 27 个行政村；4 日投递 1 次的有 10 个行政村。

二、邮政业务更趋完备

邮路建设不断拓展的同时，邮政业务逐渐覆盖函件、包裹、汇兑、报刊发行、储蓄、集邮等服务领域。

函件业务方面　1947 年炉山邮局开办国内报值挂号函件业务，规定一切有价值的文件、单据，经报明价值都可交寄，但不能装寄钞票。收寄时只问价值，不问内容，报值费为所报价值的 2%，最高报值额为法币 100 万元。1950 年停办。同年 9 月，开办装钞保价信函，限装 16 元以下现钞。1960 年 10 月，开办特种挂号信函业务，邮局有特制信封可装寄粮票、油票、户口证及其他重要文件，不许装现钞。1961 年 8 月，停办装钞保价信函业务。1966 年 9 月 1 日，实行对毛泽东著作一律免费并作印刷挂号收寄，1969 年 5 月 1 日取消。同年 4 月 1 日，免费军事邮件改为按章收费。1987 年 10 月 1 日，开办国内限时邮件业务，同年 11 月 1 日改称快件业务。

包裹业务方面　1957 年 4 月起，以收寄个人使用的零星物品为主的包裹服务逐渐兴起，包裹和快递小包计费起重由 500 克改为 100 克。快递小包按函件程序处理并按址投递，限重为 500 克，其费率比普通小包多 50%。1979 年 7 月 1 日起办理“乙类保价包裹”业务。为适应商品经济日渐活跃的新形势，1986 年 7

月1日起开办商品包裹业务。

汇兑业务方面 炉山邮局于新中国成立前就开始办理汇兑业务。1949年停用印好面值的定额汇票（民国时期曾多次改变汇票式样）。1950年，汇票式样改为汇票与票根间印万、千、佰、拾、元、角、分字样，按汇票额剪格，交汇款人自寄给收款人，收款人凭票领取。1953年，个人汇票由邮局办理，每笔最高额为300元，机关、团体、企事业单位汇款由银行办理。1957年，由汇款人自寄汇票改为邮局以汇套寄往兑付局投交收款人到邮局领取。1959年4月，改为由汇款人填写汇款通知单交邮局寄往兑付局投递给收款人到邮局领取。1978年，对个人汇款每笔限额从原300元提高至500元，1981年7月又提高至5000元。

报刊发行业务方面 1950年，炉山邮局开始办理报纸发行业务。1952年，由书店发行的杂志交邮电部门发行。1984年1月，开办报刊零售业务。1990年有报刊门市1处，报刊零售亭2处。

储蓄业务方面 炉山邮局储金业务历经1947年“人嫌细徽，我宁繁琐；不争大利，但求稳妥”方针，主要吸收公教人员的小额存款，满1元即可开户，不足1元可先买成邮票贴人储金片，同时还开办普通经费及特种基金存款，主要收储机关团体的经费，到新中国成立后，仍办邮政储蓄，但发展不大，直至1953年9月1日停办。1986年10月1日恢复，当天参加储蓄近300户，储金2.3万元。1990年末，收储余额为422.3万元。

集邮业务方面 1956年4月炉山邮局开始办理。1969年2月停业。1980年7月恢复。1981年5月21日，在凯里举办黔东南州首届集邮展，参展人均获得以苗族妇女胸花为图案的刻制纪念戳一枚。此届邮展展出邮票193套，共10641枚。参观者逾千人。200余人选购，两天共销售纪念邮票932套，4362枚，销售款1451元。《集邮》杂志当年9月刊载了纪念戳式样。

1979年以后，为适应改革开放新形势的发展，满足商品流通领域和人民群众社会交往日益增加的需要，凯里邮局又开办代发广告、商品包裹、鲜花礼仪、邮政快件、储蓄、邮购、声讯、电视互动点播等业务。

三、体制改革深入推进

1984年后，凯里邮电企业开始实行经济体制改革，逐级下放权限。根据邮件流量、流向，对市内邮路进行调整，实行私人承包邮路。此后，邮政业务由单一的邮件投递发展为速递、集邮、储汇、邮购礼仪、广告信函、机要全面发展，储蓄、报刊发行、零售、函件、速递、物流等业务实现专业化经营的发展格局。

1995 年，凯里邮政营业实现电子化，邮电费用条码卡自动查询和交费微机处理系统开通，实现同城各支局所分片自动查询收费。1998 年 11 月，随着邮政、电信分营，凯里邮局深化改革，不断推进业务现代化、专业化、个性化。1999 年，相继建成和开通或更新了“绿卡”远程终端、汇兑资金清算系统、统计电算化、特快专递查询站点系统、电视电话会议系统、全局自动化 OA 系统、邮政综合计算机网广域网、邮政储蓄系统、邮政“185”客户服务系统、“11185”声讯服务系统等。

2000 年 1 月，开通“信息港工程”、政府网站，实现专用网络涉足汇款电报、银行电报、新闻电报、水情电报等领域。2004 年，成立储汇局、报刊发行局、零售局、函件局、速递局、快运局等专业局，储蓄、报刊发行、零售、函件、速递、物流等业务实行专业化经营。2005 年，安装国际电子汇兑系统，开通电子化支局系统、无线 POS 代收代付业务，受理普通电报业务以传真的形式传送至 10000 号服务中心，由 10000 号服务中心统一拍发至全国各地。2006 年，凯里市报刊收订实行网上信息传送，一改过去手工路单交接模式，实现市内总包邮件交接从手工抄登到完全信息化的转变。2007 年，凯里邮局实现电子化支局系统和封发系统两网互通，全国统一财务系统和人力资源系统、全国电子汇兑大集中工程、给据邮件收寄封发总包信息全网共享等项目纷纷完成。2008 年，凯里邮局启动生产作业系统及邮运指挥调度系统，实现系统互联互通成效、总包数据的一次录入、全网共享，邮件的扫描勾核、实时查询和邮运网路的实时指挥调度。条码袋牌的识读率为 100%，出口邮件每日扫描率平均在 99.9% 以上。是年，报刊分发电子格眼系统安装、邮政远程教育培训基地建设和“11185”系统改造完成，邮政代办航空机票业务和代收货款系统开通，速递业务新系统启用，邮储银行成立。

2010，凯里邮局实现对金库的远程监视和控制，原有网络核心设备改造升级，增加了防火墙和高档交换机，交警罚款系统上线，代售火车票、“新农保”、代收“非税”等项目建设启动实施。是年，速递物流公司实行独立运营。此后，邮政、快递行业持续快速发展，市场秩序逐步规范，信息化水平不断提升，服务能力和服务水平进一步提高。

2015 年 11 月，凯里邮局启用邮件自动分拣设备，实现“乡乡设所”，农村地区基本实现“村村通邮”。2016 年 1 月，开通邮政电商业务。自此，邮政、储蓄、报刊发行、零售、函件、速递、物流、邮政电商等全部实现专业化经营。

2018 年凯里市邮政行业完成 3.2 亿元业务收入。其中，金融业务同比增长 5.61%；报刊业务同比增长 24.54%。成本费用增幅低于收入增幅，国有资产保值增值率达 105.9%，员工年平均收入同比增长 6.19%，员工收入与企业发展同步增长。全年流转额分别同比增长 33% 和 244.83%。增值业务邮税项目收入完成年计划的 119.4%。通过“黔邮乡情”等邮政电商平台解决农户销售难题。聘请第三方公司开展全州邮政金融业务转型升级培训暨支局长能力提升培训。拓展便民业务，全州开通邮税通的网点 129 个，完成年计划进度为 119.4%。在全州 66 个乡镇推出摩托车注册业务。投入 300 余万元进行四类业务库异地值守项目技术改造，为新装修金融网点安装 12 套报警设备。投资 500 余万元对第五轮安全评估隐患问题进行改造。投资 80 万元更换 4 辆运钞车。开展岗前安全培训教育，定期开展应急预案演练，定期或不定期对营业办公场所、邮件处理中心、业务库进行安全检查及隐患排查。在全州普遍服务网点新增监控设备 38 套，241 个网点实现监控全覆盖。建制村通邮率达 98.91%。

四、电信通信快速便捷

凯里市通信业务从单一的电报、传真、电话会议到视频聊天、“互联网 +”、物联网、天翼云等新型业务，实现了信息化建设与新型工业、城镇化、农业现代化的深度融合。

1956 年以后，在农业合作化运动、“大跃进”和农村人民公社化运动中，农村电话建设发展极为迅速。1958 年，开通凯里至贵阳及州内各县韦氏快机自动电路。1959 年至 1986 年，凯里至贵阳，凯里至镇远、榕江、锦屏、黎平、三穗、黄平、天柱、岑巩、从江、台江、剑河、丹寨、麻江、施秉等县相继改为电传电路，以凯里为中心的电信网路逐步形成，并按行政区划逐级辐射。

改革开放以后，凯里市通信网络能力、用户规模、信息化建设等方面都得到了快速发展。1984 年，凯里市话扩容至 2000 门。至 1990 年末，凯里市有电报电路 32 路，其中省内二级电路 26 路。在电报电路总数中，有线电路 22 路、无线电路 10 路、电传电路 17 路。主要设备有载报机 2 部、播报机 18 部、电传打字机 56 部、全电子电传打字机 18 部（其中外国进口 16 部）、机械式电传机 38 部。1993 年，凯里市建设万门程控电话，1994 年投产使用，同年开通凯里电话用户电话费微机自动催缴查询系统。

2006 年 9 月，中国电信凯里分公司成立，下设中心营业厅 1 个，固定与移动营业代办网点 18 个，下辖 5 个农村支局，客户共 20 余万户。推出“118114 号码百事通”、“我的 e 家”、中小企业进销存系统、数码 E 房、先锋工程及乡镇信息、GPS 车载定位系统、数字城管、校校通、企业上网或自助网站、家庭上网等业务。2007 年凯里有城市固定电话用户 3.9 万户，农村宽带及致富星用户 1.6 万户，移动用户 3.27 万户，固定电话普及率为 114 线 / 百人，行政“村村通电话”比例为 100%。

围绕电信集团、省和州公司总体战略部署，按照公司新三年战略目标，推进“无限网络 · 满格黔东南——信息网络全覆盖”“光网黔东南”等信息基础设施建设工程，2018 年，凯里市新建 4G 基站 122 个，累计 4G 基站达到 727 个，城乡集镇的 4G 网覆盖率 95%，实现市内所有乡镇以上区域开通 4G 服务，同时在市区开通 2 个 5G 试点基站，新建 FTTH 光宽带 672 个点，新增 FTTH 端口资源 22300 个，光网络资源到达 181863 个端口，城区 200M 光宽带接入能力覆盖率达 97%，乡镇及行政村 100M 光宽带以上接入的覆盖率达 97%。

凯里电信公司发挥自身优势，围绕党委政府中心工作，积极参与政府“互联网 + 教育”“互联网 + 扶贫”“互联网 + 医疗”“互联网 + 旅游”“互联网 + 精准移民”“互联网 + 政务”等行业信息化建设。以“智慧校园”推动凯里各大中院校、中小学的教育信息化，与黔东南职业技术学院达成“数字校园”项目合作。落实提速降费，家庭用户普及百兆光宽带，打造千兆智能光宽。完成 156 家中小企业、商务客户的互联网专线提速。加大凯里农村偏远村寨的光网宽带和 4G 网络的建设。向凯里市建档立卡贫困户推出 9 元电信“小牛卡”“十全十美”融合 39 元套餐，向贫困村的党群活动或文化室免费提供宽带和高清电视接入，向驻村帮扶干部实施通信 3 折优惠。以终端补贴方式在乡镇向老百姓上柜 4G 智能移动终端。配合政府、省州公司，以“互联网+精准扶贫+工业品下乡+农产品上行”搭建“益农信息社”的农村专业信息化平台。截至2018年底，凯里市天翼高清电视用户累计达到4.8万户，固网电话用户5.8万户，移动用户新增同比增长76%，累计达到12.5万户。宽带用户新增同比增长21%，累计达到7.1万户。

1996年，全州第一套模拟移动电话系统在凯里投入运营。1997年第一套数字移动电话系统开始投入运营，1998年凯里市客户发展到3500户。1999年，凯里移动通信公司从电信公司分离出来，独立运营，拥有交换机2万门，基站16个，客户1.15万户，形成光传输网、GSM 900数字移动通信网、支撑网、GPRS移动分组数据网、中国移动互联网（CM NET）等网络体系。

2003年11月，凯里市10个乡镇实现移动通信信号全覆盖，乡镇网络覆盖率达100%。2004年底，凯里市启动“村村通移动电话工程”，2007年初，凯里市102个行政村网络覆盖率达100%。

凯里市实施网络提速降费，推进大数据应用，2018年完成基础建设投资5.7亿，重点实施传输、4G、宽带建设。一是网络提速，持续推进农村4G网络建设，经过连续五期工程，在农村共计建设4G基站3339个，累计投资6.9亿元。2018年启动农村扶贫专项工程和三年内30户自然村100% 4G覆盖工作计划。二是网络降费，至2018年12月底，综合单价0.22元/M，较2017年末（0.3155元/M）降低30.27%。其中，移动数据流量单价降低52.38%，有线宽带单价降低29.51%。2018年7月1日，取消手机流量“漫游费”。

2000年9月8日，中国联合通信有限公司贵州分公司在凯里市万博广电大厦成立中国联合通信有限凯里分公司。2003年4月10日至8月16日，中国联通凯里分公司率先在全省联通公司系统，组建凯里营业部、业务区，拓展县城和农村乡（镇）市场。2006年底，综合电信业务从初始的GSM移动电话，寻呼198/199、126/127/省内外寻呼业务，发展到130、131GSM和133CDMA两网移动通信电话和TP电话、193长途电话、电子商务、165互联网、联通宽带、无线商话、如意通智能网、视频会议系统、可视电话系统、警务通等多元化、多功能综合通信网络新格局、新优势。2007年，中国联通凯里分公司在市境内建立营业厅2个；一级代理合作他营营业厅10个；乡镇形象店7个；二级乡（镇）

代理网点 18 个，总计营业厅、经营网点 37 个。

此后，中国铁通集团凯里分公司、中国网通（集团）有限公司凯里分公司等相继挂牌成立，在国际长途电话、国内长途电话、本地电话、IP 电话、公共数据传送、互联网、视讯、卡类、呼叫中心、虚拟专网、网络托管、传真存储转发等方面提供多项业务服务。

如今，电信、移动、联通、铁通、网通等通信行业在凯里市鼎足而立，触角延伸到农村，形成以凯里市区为中心，沟通城乡、四通八达的现代通信网络。电信网、计算机网和有线电视网的“三网融合”有序推进，以大数据为引领的电子信息产业加速发展，大数据核心业态、关联业态、衍生业态逐步聚集，以移动互联网为平台的电商、金融支付、网购、外卖、共享经济等新兴业务如雨后春笋拔地而起，大数据企业集聚发展态势良好。围绕政府治理、服务民生和行业管理，凯里大数据财源建设、通村村 APP 平台、扶贫云系统 APP 平台、综合治税信息平台、互联网 + 医疗健康平台、民生资金云、腾讯·为村、农户之家等一批特色应用不断推广，智慧党建、智慧政务、智慧教育、智慧医疗、智慧旅游、智慧交通、智慧消防等大数据应用深入推进，有力地促进了凯里市经济社会高质量发展。

第四节　物流集散阔步前进

随着沪昆高铁的开通、不仅给在凯里投资的外地客商带来了便利，也给凯里带来了机遇。近年来，凯里市抓住沪昆高铁开通带来的机遇，新建连接凯里和沪昆高铁凯里南站的城市干道专线“凯高线”，开通凯里国际商贸城和凯里苏商物流园的快车道，同时，有序织密高效衔接贯通的立体交通网络，将凯里打造为黔东物流中心。

一、道路建设奠定发展基础

经过近年来的大力发展，如今凯里市交通四通八达，凯里（黄平）机场建成通航，沪昆高速公路、沪昆铁路穿境而过，G320 国道、S306 省道横贯东西，S308 省道纵贯南北，县内镇乡公路均实现 1 小时通达市区。

目前，凯里市向西通往贵阳方向有“一高两铁”：沪昆高速公路、沪昆铁路及其复线（湘黔线）和沪昆高速铁路，该通道是凯里西至贵阳及昆明的重要通道；向东通往湖南方向有“一高一铁一江”：沪昆高速公路、沪昆铁路、清水江航道，该通道联系凯里与玉屏、铜仁和湖南，为凯里向东扩大经济腹地的主要运输服务设施；向北通往遵义、重庆、四川方向，通道有“一高一铁”：余庆至凯里高速公路、沪昆铁路，通过此通道快速通达黄平机场；向南通往丹寨榕江方向有“一高”：凯里至羊甲高速公路及相关县际公路。此外，在羊甲通过转换厦蓉高速及在独山转换兰海高速快速通达广东、广西，是凯里地区联系两广的又一条快速通道；向东南通往雷山方向有凯里至雷山高速公路，是雷山融入凯里及凯里向南辐射的又一重要通道，是凯里生态旅游通道的重要组成部分。

二、路网通达带来无限机遇

凯里市不断推进交通路网与高铁的互联互通，麻江、碧波片区通过凯麻高速，炉山、大风洞、万潮片区经炉山至下司快速通道，台江经济开发区、凯里城区、三棵树（开怀）片区通过挂丁至下司城市主干道和凯开二线，丹寨（舟溪）片区通过凯羊高速、阳光铝厂至舟溪公路等均已与凯里经济开发区实现连接。凯里经济开发区及高铁南站已形成路网集聚规模效应，沪昆高速公路凯里东站、凯里西站、凯里站互通改造完成，凯里城市主干路网、环城高速公路、凯都大道正在加快与沪昆高铁的互联互通。

良好的交通网络，推动着物流业的建设发展。凯里市近年来通过新型工业化、特色城镇化、农业生态化、信息现代化建设的融合推进，特别是加大了经纬国际汽车城、现代物流配送中心、新峰·红星美凯龙家居建材城等 10 个商贸物流专业市场改扩建和苏商物流园、凯里国际商贸城、中心城地下空间开发、大十字地下人防工程、王府井国贸百货广场等 5 个商业地产商贸综合体项目的实施力度，使凯里物流体系更加完备，商业消费空间、环境更趋优化，消费承载能力进一步提升，夯实奠定凯里作为贵州黔东地区现代物流业的中心区域城市的地位。

三、枢纽地位助推转型发展

沪昆高铁的开通，不仅开启了客货分线运输的新格局，有效分担了庞大客流，极大地缓解了原有铁路和公路运输压力，较好实现了“人便于行、物畅其流”，更助推凯里市，特别是凯里经济开发区沿线地区提速转型发展，推进凯里作为黔东区域旅游目的地、集散地的战略定位成为现实。

2015 年，黔东南高新技术开发区（原凯里经济开发区）完成了区内滨江大道和凯高线铺油建设，与凯里市区和下司集镇无缝连接的道路达到 4 条。商业和各种交通要素整合在了一起，正在建设的长途客车站、公交车站、的士车站，使游客出行换乘更方便，此外，这一交通枢纽还将是一个商业中心，物流中心和人流聚集地。

高铁带动产业转移向内陆纵深配置，区域开放合作呈现新格局。高铁的开通，打破了长期制约贵州、黔东南及作为贵州东部区域中心城市的凯里与周边地区融合发展的交通瓶颈，铺垫了产业转移的“高速跑道”，“长三角”“珠三角”及湖南、四川籍客商主动对接项目，为区域经济开放合作提供了现实支撑条件。高铁区域园区建设步伐加快，凯里积极承接东部沿海产业转移的步伐也正在加快。2015 年，凯里经济开发区已着手建设电子信息产业园、医药产业园、装备制造及新材料产业园、民族文化创意产业园 4 个专业园区，规划面积共 14.43 平方公里，已入驻企业 50 户，其中建成投产 17 户，建成试产或运营 7 户，其余的正在加快建设中。申黔数据中心、苗之灵药业、惠生源药业等 10 余户企业建成投产。凯里经济开发区在园区之间修建了多条专道，把园区连成一体，打造产业发展大平台，加快了园区和城市融合互动发展。

四、资源集聚加速凯里建设

优化布局各类专业市场，助推现代物流产业发展创造条件。针对市境内没有农业生产资料专业市场，现有农资经营户零散地分布于市郊的二龙、杀人坳等片区，给农业生产企业和农户购买造成很大困难等问题，凯里市建成了银田大型农产品物流园，将农产品生产资料市场建设纳入其中，完善农资配送。在物流市场方面，分别在凯里市城东城西，推进了苏商物流城、华亿大西部商贸城、凯里西站物流园、炉山工业园区物等流园建设，促进凯里快递物流迅速发展。

加快“大凯里”建设步伐，促进城市区域间资源要素的集聚整合。按照“大凯里”建设的构架，以凯里为中心，打破凯里—麻江、凯里—丹寨、凯里—雷山、凯里—黄平的地缘边界传统概念，促进区域间资源要素的整合，加强沿线生产力的统一布局，以此加快推进大凯里区域同城化、一体化进程。使围绕凯里至周边县沿线投资环境加快改善，使凯里作为黔东南区域中心的地位进一步彰显，焕发其城市发展的新生动力与活力。

大力推进划行归市工作，充分发挥凯里市专业市场集聚效应。引导和指导工业企业实现精细化管理和现代化经营，特别是高端制造、生物制药等新兴工业产业。推动工业产品以升限贸易企业形式进入流通市场，增加贸易业市场主体培育的总量和盘子、增加就业、做大服务业，真正推进大凯里产业发展建设。

参考文献

［1］毛泽东．毛泽东选集：第一卷．北京：人民出版社，1991.

［2］毛泽东．毛泽东选集：第二卷．北京：人民出版社，1991.

［3］毛泽东．毛泽东选集：第三卷．北京：人民出版社，1991.

［4］毛泽东．毛泽东选集：第四卷．北京：人民出版社，1991.

［5］邓小平．邓小平文选：第一卷．北京：人民出版社，1989.

［6］邓小平．邓小平文选：第二卷．北京：人民出版社，1983.

［7］邓小平．邓小平文选：第三卷．北京：人民出版社，1993.

［8］江泽民．江泽民文选：第一卷．北京：人民出版社，2006.

［9］江泽民．江泽民文选：第二卷．北京：人民出版社，2006.

［10］江泽民．江泽民文选：第三卷．北京：人民出版社，2006.

［11］胡锦涛．胡锦涛文选：第一卷．北京：人民出版社，2016.

［12］胡锦涛．胡锦涛文选：第二卷．北京：人民出版社，2016.

［13］胡锦涛．胡锦涛文选：第三卷．北京：人民出版社，2016.

［14］习近平．习近平谈治国理政：第一卷．北京：外文出版社，2018.

［15］习近平．习近平谈治国理政：第二卷．北京：外文出版社，2017.

［16］习近平．习近平谈治国理政：第三卷．北京：外文出版社，2020.

［17］古州厅志：卷九人物志．刻本，1888（清光绪十四年）.

［18］贵州省文史研究馆．贵州通志：前事志（四）．贵阳：贵州人民出版社，1991.

［19］杜文铎．黔南识略．贵阳：贵州人民出版社，1992.

［20］徐家干．苗疆见闻录．贵阳：贵州人民出版社，1997.

［21］谢东山，张道．（嘉靖）贵州通志：上下．成都：西南交通大学出版社，

2018.

［22］林耀华 . 民族学通论 . 北京：中央民族大学出版社，1997.

［23］王桐龄 . 中华民族史 . 长春：吉林出版集团有限责任公司，2010.

［24］伍新福 . 中国苗族通史 . 贵阳：贵州民族出版社，1999.

［25］石朝江 . 中国苗学 . 贵阳：贵州人民出版社，1999.

［26］《苗族简史》编写组 . 苗族简史 . 贵阳：贵州民族出版社，1985.

［27］吴泽霖，陈国钧，等 . 贵州苗夷社会研究 . 北京：民族出版社，2004.

［28］翁独健 . 中国民族关系史纲要 . 北京：中国社会科学出版社，2005.

［29］罗贤佑 . 中国民族史纲要 . 北京：中国社会科学出版社，2009.

［30］金炳镐 . 民族理论与民族政策概论 . 北京：中央民族大学出版社，2006.

［31］王钟翰 . 中国民族史概要 . 太原：山西出版传媒集团，2016.

［32］吕思勉 . 中国民族史 . 长春：吉林出版集团股份有限公司，2016.

［33］甘肃省民族研究所，甘肃省民族学学会 . 中国民族关系史论文选集 . 兰州：甘肃民族出版社，1983.

［34］郑长德 . 中国少数民族地区的后发赶超与转型发展 . 北京：经济科学出版社，2014.

［35］贵州省政协文史与学习委员会，贵州政协报社 . 黔史纵横 . 贵阳：贵州出版集团，2013.

［36］《贵州城镇》编委会 . 贵州城镇 . 贵阳：贵州科技出版社，1991.

［37］田兵 . 苗族古歌 . 贵阳：贵州人民出版社，1979.

［38］佐佐木乔 . 稻作综合研究 . 农业出版社，1959.

［39］杨国仁 . 侗族祖先哪里来 . 贵州人民出版社，1981.

［40］徐松石 . 泰族僮族越族考 . 北京：中华书局，1946.

［41］王凤刚 . 苗族贾理 . 贵阳：贵州人民出版社，2009.

［42］《黔东南苗族侗族自治州概况》编写组 . 黔东南苗族侗族自治州概况 . 贵阳：贵州人民出版社，1986.

［43］《黔东南苗族侗族自治州概况》编写组 . 黔东南苗族侗族自治州概况 . 北京：民族出版社，2008.

［44］中共黔东南州委党史研究室，黔东南自治州人大常委会民族委员会，

黔东南自治州民族宗教事务委员会 . 党的民族政策在黔东南的实践 . 贵阳：贵州民族出版社，2006.

［45］国家民委文化宣传司 . 民族区域自治制度的成功实践：民族自治区自治州发展成就 . 北京：民族出版社，2009.

［46］黔东南州民族宗教事务委员会 . 苗族卷 . 贵阳：贵州大学出版社，2017.

［47］黔东南州民族宗教事务委员会 . 侗族卷 . 贵阳：贵州大学出版社，2017.

［48］罗世庆 . 贵州仫佬族 . 贵阳：贵州民族出版社，1997.

［49］陈正军 . 贵州仫佬族历史文化 . 贵阳：贵州民族出版社，2003.

［50］范松 . 黔中城市史：建设循环经济生态城市群的征程 . 贵阳：贵州人民出版社，2015.

［51］《当代贵州城市发展》编辑委员会 . 当代贵州城市发展 . 北京：当代中国出版社，2013.

［52］张继焦 . 中国民族地区经济社会调查报告・凯里市卷 . 北京：中国社会科学出版社，2015.

［53］中共黔东南州委党史研究室 . 中国共产党黔东南州简史 . 北京：中共党史出版社，2013.

［54］中共贵州省委党史研究室，中共黔东南州委党史研究室 . 贵州改革开放 40 年丛书・黔东南卷 . 贵阳：贵州出版集团，2018.

［55］中共贵州省委党史研究室，中共黔东南州委党史研究室 . 奋进发展的贵州（1949—2019）・魅力黔东南 . 贵阳：贵州出版集团，2019.

［56］贵州省民族事务委员会 . 贵州民族工作五十年・1949—1999. 贵阳：贵州民族出版社，1999.

［57］杨谨华，扈伦 . 贵州省经济开发现在与未来 . 北京：经济管理出版社，1995.

［58］《贵州省县情大全》编委会 . 贵州省县情大全 . 贵阳：贵州人民出版社，1993.

［59］罗丹，郭彩云，吴玉生，等 . 从脱贫攻坚走向乡村全面振兴：黔东南州样本 . 北京：人民出版社，2021.

［60］凯里市年鉴编纂委员会办公室 . 凯里市志（上、下）. 北京：方志出版

社，1998.

［61］凯里市年鉴编纂委员会办公室.凯里市志（1991—2007）.北京：方志出版社，2016.

［62］黔东南苗族侗族自治州地方志编纂委员会.黔东南苗族侗族自治州志·教育志.贵阳：贵州人民出版社，1994.

［63］黔东南苗族侗族自治州地方志编纂委员会.黔东南苗族侗族自治州志·民族志.贵阳：贵州人民出版社，2000.

［64］凯里市年鉴编纂委员会办公室.凯里年鉴（2002）.贵阳：贵州人民出版社，2003.

［65］凯里市年鉴编纂委员会办公室.凯里年鉴（2007）.北京：方志出版社，2008.

［66］凯里市年鉴编纂委员会办公室.凯里年鉴（2008）.芒市：德宏民族出版社，2008.

［67］凯里市年鉴编纂委员会办公室.凯里年鉴（2009）.昆明：云南民族出版社，2009.

［68］凯里市年鉴编纂委员会办公室.凯里年鉴（2010）.昆明：云南民族出版社，2010.

［69］凯里市年鉴编纂委员会办公室.凯里年鉴（2011）.昆明：云南美术出版社，2011.

［70］凯里市年鉴编纂委员会办公室.凯里年鉴（2012）.昆明：云南美术出版社，2013.

［71］凯里市年鉴编纂委员会办公室.凯里年鉴（2013）.昆明：云南美术出版社，2014.

［72］凯里市年鉴编纂委员会办公室.凯里年鉴（2014）.昆明：云南美术出版社，2015.

［73］凯里市年鉴编纂委员会办公室.凯里年鉴（2015）.昆明：云南美术出版社，2016.

［74］凯里市年鉴编纂委员会办公室.凯里年鉴（2016）.昆明：云南人民出版社，2016.

[75] 凯里市年鉴编纂委员会办公室 . 凯里年鉴（2018）. 昆明：云南人民出版社，2018.

[76] 凯里市档案馆（凯里市年鉴编纂委员会办公室）. 凯里年鉴（2019）. 昆明：云南人民出版社，2019.

[77] 凯里市档案馆（凯里市年鉴编纂委员会办公室）. 凯里年鉴（2020）. 昆明：云南美术出版社，2020.

[78] 凯里市档案馆（凯里市年鉴编纂委员会办公室）. 凯里年鉴（2021）. 昆明：云南美术出版社，2021.

[79] 黔东南年鉴编纂委员会 . 黔东南年鉴（2016）. 北京：中国文史出版社，2016.

[80] 黔东南年鉴编纂委员会 . 黔东南年鉴（2017）. 昆明：云南科技出版社，2017.

[81] 黔东南年鉴编纂委员会：黔东南年鉴（2018）. 北京：中国文史出版社，2018.

[82] 黔东南年鉴编纂委员会：黔东南年鉴（2019）. 芒市：德宏民族出版社，2019.

[83] 黔东南年鉴编纂委员会 . 黔东南年鉴（2020）. 贵阳：贵州人民出版社，2020.

[84]《贵州年鉴》编辑部 . 贵州年鉴（2014 年）. 贵阳：贵州年鉴社，2013.

[85] 中共凯里市委党史研究室 . 中共凯里市委执政纪要（2012）. 昆明：云南美术出版社，2014.

[86] 中共凯里市委党史研究室 . 中共凯里市委执政纪要（2013）. 北京：中国文史出版社，2015.

[87] 中共凯里市委党史研究室 . 中共凯里市委执政纪要（2014）. 北京：中国文史出版社，2016.

[88] 中共凯里市委党史研究室 . 中共凯里市委执政纪要（2015）. 芒市：德宏民族出版社，2017.

[89] 王友生 . 中共凯里市委执政纪要（2017）. 北京：中国党史出版社，2019.

［90］凯里市人民政府.凯里市国民经济和社会发展第十二个五年规划纲要.2013 年 3 月 16 日凯里市第七届人民代表大会第五次会议通过.

［91］2001 年凯里市人民政府工作报告.凯里市人民政府网，2001–07–02.

［92］2003 年凯里市人民政府工作报告（2003 年 2 月 22 日在凯里市第六届人民代表大会第一次会议上）.凯里市人民政府网，2003–03–22.

［93］2004 年凯里市人民政府工作报告（2004 年 3 月 10 日在市人大六届二次会议上）.凯里市人民政府网，2004–03–10.

［94］2005 年凯里市人民政府工作报告（在 2005 年 3 月 15 日市六届人大第三次会议上）.凯里市人民政府网，2005–03–15.

［95］2014 年凯里市人民政府工作报告（2014 年 1 月 3 日在凯里市第八届人民代表大会第四次会议上）.凯里市人民政府网，2014–01–13.

［96］2015 年凯里市人民政府工作报告（2015 年 2 月 10 日在凯里市第八届人民代表大会第五次会议上）.凯里市人民政府网，2015–02–24.

［97］2016 年凯里市人民政府工作报告（2016 年 1 月 17 日在凯里市第八届人民代表大会第六次会议上）.凯里市人民政府网，2016–01–22.

［98］2018 年凯里市人民政府工作报告（2018 年 1 月 18 日在凯里市第九届人民代表大会第二次会议上）.凯里市人民政府网，2018–01–26.

［99］2019 年凯里市人民政府工作报告（2019 年 1 月 22 日在凯里市第九届人民代表大会第三次会议上）.凯里市人民政府网，2019–03–19.

［100］2020 年凯里市人民政府工作报告（2020 年 1 月 11 日在凯里市第九届人民代表大会第五次会议上）.凯里市人民政府网，2020–02–28.

［101］2021 年凯里市人民政府工作报告（2021 年 3 月 11 日在凯里市第九届人民代表大会第六次会议上）.凯里市人民政府网，2021–03–17.

［102］凯里市 2014 年国民经济和社会发展统计公报.凯里市人民政府网，2015–02–28.

［103］凯里市 2015 年国民经济和社会发展统计公报.凯里市人民政府网，2017–02–14.

［104］凯里市 2016 年国民经济和社会发展统计公报.凯里市人民政府网，2017–05–18.

［105］凯里市2017年国民经济和社会发展统计公报．凯里市人民政府网，2018-05-28.

［106］凯里市2018年国民经济和社会发展统计公报．凯里市人民政府网，2019-06-20.

［107］凯里市2019年国民经济和社会发展统计公报．凯里市人民政府网，2020-07-16.

［108］凯里市2020年国民经济和社会发展统计公报．凯里市人民政府网，2021-10-11.

［109］陈美玲．城市群相关概念的研究探讨．城市发展研究，2011（3）.

［110］刘延旭．着力构建民族和睦的基石：贵州省凯里市民族团结进步创建工作结硕果．中国民族报，2014-04-22（10）.

［111］践行州府城市担当　书写时代奋斗答卷：凯里市“十三五”经济社会发展综述．黔东南新闻网，2021-01-08.

［112］“十三五”巡礼——凯里：善作善成铿锵行 砥砺奋进奔小康．时政凯里，2020-11-14.

［113］奋楫扬帆再出发：从高质量发展看凯里市宏观调控大作为．黔东南日报，2018-12-28.

［114］凯里市教育、医疗等社会事业发展综述．凯里市人民政府网，2021-12-12.

［115］教育事业步入高质量发展快车道：凯里市“十三五”期间教育发展回顾．黔东南日报，2021-03-19.

［116］姜秀波．也谈凯里“城市精神”．凯里市文明网，2019-09-09.

［117］改革开放40年凯里交通建设辉煌巨变．搜狐网，2018-12-13.

［118］凯里打造特色智慧交通．凯里市人民政府网，2018-07-26.

［119］40年持续建设　凯里交通换新颜．搜狐网，2019-01-17.

［120］凯里全域公交引领“苗乡侗寨”经济发展．凯里市文明网，2016-07-03.

［121］凯里市“十三五”期间公交事业发展回眸．黔东南日报，2020-11-27.

后 记

在全面建设社会主义现代化国家新征程上，回顾中国共产党百年民族政策的光辉成就，总结在党的民族政策光辉照耀下凯里市经济社会发展取得的历史性成就，激励鼓舞全市上下高举中华民族大团结的旗帜，坚定不移贯彻党的民族政策，奋力开创新时代凯里民族团结进步繁荣发展新局面，有形有感有效铸牢中华民族共同体意识。

一部中国史，是一部各民族广泛交往交流交融汇聚成多元一体中华民族的历史，是各民族共同缔造、发展、巩固统一伟大祖国的历史。我们伟大的祖国幅员辽阔、源远流长，各民族共同开发了祖国的锦绣河山、广袤疆域，共同创造了悠久的中国历史、灿烂的中华文化。长期以来，我们党始终高度重视搞好民族关系，高度重视维护民族团结，高度重视民族地区发展。中国特色社会主义制度和国家治理体系的独特优势和取得的历史性成就，在凯里大地上的每一个行业、每一个民族、每一个角落都得到具体体现。特别是党的十八大以来，在党中央国务院、省委省政府、州委州政府的强有力领导下，凯里市坚定不移地以习近平新时代中国特色社会主义思想为指导，衷心拥护“两个确立”，忠诚践行“两个维护”，牢记嘱托、感恩奋进，以脱贫攻坚统揽经济社会发展全局，集中精力抓牢全局性、战略性重大问题，凯里城乡面貌发生了翻天覆地的变化，经济社会发展实现了历史性跨越，可以说凯里篇章是“中国之治”的一个缩影，很好地印证了中国特色社会主义制度的巨大优越性和丰富实践成果，进一步坚定了中国特色社会主义制度自信的政治自觉、思想自觉和行动自觉，坚定了把中国特色社会主义制度优势充分展现在凯里大地上的决心和信心。

在黔东南州委、州人民政府的支持下，凯里学院于 2020 年 10 月启动了“黔东南山乡巨变”丛书专项课题工作。“凯里市篇”作为课题成果之一，在调研、收集、整理、编撰过程中，得到了凯里学院专项资金资助，得到了凯里市委、市人民政府的大力支持帮助，得到了黔东南苗族侗族自治州民宗委、州地方志办公室、州民族研究所以及凯里市民宗局等州、市有关部门的密切配合和关注，课题研究成果才得以结集出版。

本书内容的形成得益于凯里学院宋建波书记、赵守盈院长、李斌副院长，州民宗委胡素滦主任、吴成华调研员等领导指导，得益于凯里学院办公室、科研处、民族研究院等支持，还得益于谢景连教授、吴才茂教授、曾祥慧副研究员、王雨容教授等指点帮助，更得益于我家人的理解和付出，谢谢他们！

民族出版社马少楠老师为本书的出版做了大量细致工作，在此表示诚挚的感谢。对本项研究开展及本书写作出版提供过帮助的单位和个人还有很多，在此一并表示诚挚感谢！

民族地区的后发赶超和高质量发展是一个具有重大意义和实践价值的命题，涉及内容很丰富，难度也很大，本书才刚刚作了一个起步，尚有许多领域有待后续不断深化研究。虽然本项课题研究暂时告一段落，但是还有许多材料来不及消化，许多地方理解还不到位，仓促之间呈现出这些文字，错漏之处在所难免，恳请大家批评指正。

田维扬

2022 年 9 月